石榴花 石榴红

SHILIUHUA SHILIU HONG

ZHULAO ZHONGHUA MINZU GONGTONGTI YISHI
GUANGXI GUSHIJI

铸牢中华民族共同体意识广西故事集

◎本书编委会

U0889666

Gvangjsih Minzcuz Cuzbanjse
广西民族出版社

编 委 会

编委会主任：韦秀观　韦花荣

主　　　编：蒙树起　吴玉富

执 行 主 编：黄浩云

编　　　委：（以姓氏笔画为序）

韦亦玮　韦运益　韦花荣

韦秀观　韦颖琛　苏　朝

杨兰桂　吴玉富　何宗威

陆奕晓　陆照德　赵德飞

唐　龙　黄　云　黄其龙

黄浩云　梁　晴　覃祥周

覃雅妮　曾庆春　蒙树起

目　录

习总书记讲过的民族团结进步故事：瓦氏夫人抗倭“若有战，召必往”

韦颖琛

在历史长河中，农耕文明的勤劳质朴、崇礼亲仁，草原文明的热烈奔放、勇猛刚健，海洋文明的海纳百川、敢拼会赢，源源不断注入中华民族的特质和禀赋，共同熔铸了以爱国主义为核心的伟大民族精神。昭君出塞、文成公主进藏、凉州会盟、瓦氏夫人抗倭、土尔扈特万里东归、锡伯族万里戍边等就是这样的历史佳话。

——习近平总书记在2019年全国民族团结进步表彰大会上的讲话

“若有战，召必回！”如果说这誓言是对当代退役军人拳拳爱国之心的生动诠释，那么“若有战，召必往，敢战能胜”，则是明朝抗倭英雄瓦氏夫人忠贞勇毅、誓死维护祖国利益的真实写照。

瓦氏夫人是明朝中期广西田州（位于今百色市田阳区）土司岑猛的夫人。嘉靖年间，瓦氏夫人率俍兵从广西田州顺右江而下，经邕江、西江抵梧州，又经广东佛山北上，翻大庾岭到江西赣州，转水路过南昌、湖口入安徽，一路跋山涉水数千里至浙江嘉兴抗倭，奋勇杀敌，屡立战功，成就了一段保家卫国的传奇。

田州地处祖国西南边陲，田州岑氏土司素有保家卫国的优良传统。田州俍兵多为居于当地的少数民族，他们平时务农，战时为兵，因骁勇善战而受到中央王朝器重。从北宋崇宁到明朝嘉靖年间，田州岑氏有 8 位土司应诏率兵出征，有的被封为“武略大将军”。明朝抗倭名将胡宗宪评价俍兵“可死而不可败”，讲的正是瓦氏夫人带领的抗倭俍兵。

嘉靖年间，东南沿海地区倭患猖獗，明军久战不利。1554 年，嘉靖皇帝启用南京兵部尚书张经总督浙江、福建、山东、湖广诸军，剿灭倭寇。张经曾在广西任职，深知广西俍兵强悍能战，上书朝廷请求调俍兵赴江浙御倭，获准后从广西田州、归顺、南丹、东兰、那地等五州调俍兵。

当时，田州正处于风雨飘摇的困难时期。自岑猛被诬谋反身亡后，田州降府为州，地盘缩小，内部不稳定。瓦氏夫人的孙子、前任田州土司岑芝，应诏出征海南，战死未满一年，随其出征的俍兵因在外征战 3 年多而疲惫厌战。袭职的岑芝长子岑大寿年仅 6 岁。当时，家族上下均反对应征。

年近六旬的瓦氏夫人从国家大局出发，审时度势，力排众议，请命亲自率兵出征，被任命为“女官参将总兵”，率兵员 1.3 万余人到广西梧州候调。最终朝廷准调 4100 人、战马 450 匹，田州幼主岑大寿及其弟岑大禄随征。

作为抗倭大军中唯一的女将，瓦氏夫人面临着来自封建社会的种种偏见和压力。途经苏州时，郡守以祖宗旧制为由不许俍兵入城，远道而来的俍兵不得不露宿枫桥。在漕泾之战中，瓦氏夫人遭倭寇埋伏，血战突围，损失惨重，手下二十四将战死一半……

困难，不能阻挡瓦氏夫人为国效忠的决心。正如她所说的：“是行也，誓不与贼俱生！”

在此后的 9 个月中，瓦氏夫人率兵在江浙战场上先后参战 10 余场。王江泾之战歼敌 1900 余人，被誉为明朝抗倭以来的第一大捷。此战，瓦氏夫人受命尾随倭寇并堵住其退路，立下大功。

在漕河泾之战中，瓦氏夫人率兵打退倭寇的多次反扑。战后，当地百姓纷纷犒劳俍兵，称颂瓦氏夫人为“宝髻将军”。因抗倭有功，瓦氏夫人两次受到皇帝诏赏，被封为“二品夫人”。

1555年，朝廷止征俍兵。瓦氏夫人率领余下的俍兵耗时3个月回到田州，立庙祭祀随征阵亡将士，修官塘与民同乐。不久后，瓦氏夫人去世，葬于田州城东。

瓦氏夫人为守护国家和人民安全做出了杰出贡献，她在国家危难之时挺身而出、奋勇当先的爱国主义精神，成为一笔宝贵的精神财富，代代相传。

八桂大地上，保家卫国的传统从未中断。近代以来，有抗法名将冯子材、刘永福抗击外国侵略者；抗日烈士庞汉桢，1937年在淞沪会战中以身殉国；红色农民运动领袖韦拔群，把一生献给革命事业，一门17人牺牲……

位于今广西百色市田阳区田州镇隆平村那豆屯的瓦氏夫人墓，1994年被认定为自治区级文物保护单位；田阳区雷公屯的雷公祠里至今供奉着瓦氏夫人像。人们不断通过壮剧、唐皇（一种民间说唱艺术）等艺术形式，传唱瓦氏夫人的英勇故事。

2019年，在纪念五四运动100周年大会上，习近平总书记强调：“爱国主义自古以来就流淌在中华民族血脉之中，去不掉，打不破，灭不了，是中国人民和中华民族维护民族独立和民族尊严的强大精神动力，只要高举爱国主义的伟大旗帜，中国人民和中华民族就能在改造中国、改造世界的拼搏中迸发出排山倒海的历史伟力！”

时代流转，精神永续。无数中华儿女将爱国情感转化为实际行动，奋力拼搏，为国效力。这种精神力量如涓涓细流汇成汪洋大海，正成为推动实现中华民族伟大复兴的磅礴之力。

习总书记微笑着对她说：“广西我会去的。”

黄浩云

“报告总书记，我是苗族的，我来自广西壮族自治区柳州市融水苗族自治县安陲乡江门村。”

“你辛苦了，今天我来给你颁奖。”

“感谢总书记，感谢您对广西的关心、对少数民族地区的关怀，欢迎您抽空到广西来指导工作。”

“广西我会去的。”习近平总书记微笑着对她说。

2021 年 2 月 25 日上午，在全国脱贫攻坚总结表彰大会上，身穿美丽苗族服饰的融水苗族自治县安陲乡江门村党总支书记、村委会主任杨宁作为“全国脱贫攻坚先进个人”代表，现场接受了习近平总书记的颁奖。一时间，颁奖视频迅速火遍全网，这位苗族女村干成为社会关注的焦点，广西各族人民为之骄傲，也备受鼓舞。

在中国共产党成立 100 周年之际，党中央决定表彰一批“全国优秀共产党员”“全国优秀党务工作者”“全国先进基层党组织”。2021 年 3 月 2 日，中共广西壮族自治区委员会公布“全国优秀党务工作者”推荐名单，杨宁光荣地名列其中。

土生土长的苗家女，回村当起大苗山里的第一位女大学生村干部

1986 年出生的杨宁是个土生土长的苗家妹子。她个头不高，圆圆的脸上戴着黑框眼镜，朴实憨厚的笑容很有亲和力。她的家乡融水苗族自治县安陲乡江门村地处元宝山脚下，是一个山清水秀、民风淳朴、民族风情浓郁的苗族寨子，苗族人口占全村人口的三分之二。过去这里交通不便，经济相对落后，曾经是个贫困村。从小，杨宁的父母常年外出打工，她成为村里的一名留守儿童，是奶奶一手把她拉扯大。她记得小时候，村里阿娘们没钱买鞋穿，大冬天赤脚走在路上，大多数人家用不起电，只能点煤油灯。一颗五分钱的糖奶奶都没钱给她买，她家隔壁的阿娘看得心疼，悄悄塞了两颗糖给她吃。她还天真地问奶奶："为什么村里大人也喜欢吃糖？"奶奶无奈地回答："生活太苦了，嘴巴里能吃上一颗糖就觉得生活还有点甜。"这句苦涩的话深深印在杨宁幼小的心里，这是她对贫困生活的最初认识。生活虽然贫苦，但在亲情和乡情滋养下成长的杨宁，性格活泼开朗、乐观向上，勤奋好学的她通过努力考上了广西大学行健文理学院。

2010 年，杨宁从广西大学行健文理学院工商管理专业毕业。当时，南宁几家用人单位给她发来了录用通知，但她对老家年事已高、体弱多病的奶奶放心不下，打电话征求奶奶的意见。奶奶说："阿孙，你回我们县城工作吧，既进了城，离家又不远。"

这是一次重要的选择。就在她举棋不定的时候，当时村里的老主任打电话告诉她家乡正在选聘大学生村干部。老主任劝她说："城里多你一个大学生不多，少你一个不少，但是村里多一个大学生那就大不一样了。"一边是留在城里过朝九晚五的安稳日子，另一边是回到贫困的小山村生活，奶奶对她殷切的目光、村里阿娘们从小对她的关爱、大苗山贫困的景象不断交替浮现脑海，让她彻夜难眠。可是一想到如果不斩断穷根，乡亲们吃

不饱穿不暖的日子什么时候才能到头？大苗山养育了她，而此时家乡急需改变贫困面貌的人才力量，带着一颗反哺的心，最终她还是选择回到出生地江门村，通过考试当上了一名大学生村干部。

扎根苗寨苦干七年，“小杨”光荣当选“杨主任”

刚刚回到老家，杨宁听得最多的是这样一句话：“山里的大学生都往外跑，你倒好，还从山外跑回来！”

在校期间就加入中国共产党的杨宁，深知群众工作的重要性。到任第一天，她细心地换上一双解放鞋走村入户。日子久了，村民们朴实的一句话让她心里暖暖的：“这个阿妹不错，懂得穿解放鞋，是个做事的人。”村委会附近住着很多空巢老人。2011 年，有关部门安排给符合条件的老人申请低保，杨宁负责帮老人填写申请资料，连续加班两天才完成任务。忙完后的第二天一早，杨宁又跟其他村干部一起下村，傍晚刚回到村委会，就有一名老人向她连声道谢，还塞给她一个橘子。看着她摸不着头脑的样子，工作人员解释说：“老人来办公室好几趟了，说你连夜帮她填表，要谢谢你。”杨宁握着橘子，双眼湿润了。虽然只是举手之劳，可乡亲们却记在心上，这让她越发感到自己工作的价值所在。

由于地处偏僻，信息闭塞，江门村经济发展较为落后，村里很多人都外出打工。当时江门村有 200 多户村民，大部分家庭年收入都低于 3000 元，如何帮助村民们摆脱贫困是杨宁考虑得最多的问题。

安陲乡拥有丰富的竹子资源，发展竹子粗加工业有着独特的优势。为此，她曾自费前往广东、海南和广西北海等地考察竹子产业。她发现，将经过粗加工后的竹子销售给外地的老板，可以省去竹子收购差价，从而提高村民卖竹子的收入。2013 年 1 月，她通过签订销售协议，将粗加工的竹子发往广东、海南等地。由于她的竹子收购价格比别的收购渠道高，所以群众都愿意将竹子卖给她。仅此一项，安陲乡农民当年总共增收 10 万元左右。

带领群众脱贫致富的道路并非一帆风顺，杨宁也遭遇过许多失败和挫折。有一次，她打听到县里一家农业公司销售种子、化肥和农药，还可以免费传授辣椒种植技术，辣椒成熟后负责回收。于是，她就跟那家公司签了合同。回村后，她好不容易筹集十几万元本金，招聘 20 多名村民种植了 50 亩（1 亩 ≈ 666.7 平方米）辣椒，结果长出的辣椒都是"病椒"，根本销售不出去。找那家公司讨说法的时候，对方居然跑路了。这件事情对她打击非常大，她甚至怀疑自己的能力，当情绪低落到想放弃的时候，父亲给她打来电话："孩子，不要担心，想做什么就大胆去做，没有人可以一次成功，爸爸还有一片杉木林支持你！"要知道，那片杉木林是父亲养老的老本，是他的命根子呀！平日里不善言辞的父亲如此毫无保留地支持和鼓励，让她又重燃了信心。这时，好消息传来：政府为了鼓励大学生村干部创业，给村里新修了一条 1.6 公里的砂石路。这给村民的出行带来了很大便利。

总结经验教训后，几经论证和协商，她决定带领群众发展现代农业，以早日实现脱贫致富的目标。首先是发展高山生态农业。2014 年，杨宁以"党支部 + 公司 + 基地 + 农户"的模式，成立高山葛根示范种植基地。2015 年，她在交通便利的暖坪村流转了 100 亩土地，带领 43 户农户种植高山葛根，同时把科学的种植技术运用到山区中。这种做法对改变村民观念起到很大的引导作用。2016 年，96 户贫困户加入高山葛根种植队伍，种植面积达 300 亩；同年，杨宁组织留守妇女成立"苗阿嫂"种养专业合作社，通过各种有效的种养合作方式，将每亩地的收益从过去不足 1000 元提高到近 3500 元，10 多户建档立卡贫困户因此增收脱贫。2017 年，杨宁带动全乡 385 户贫困户种植 613 亩高山生态禾花稻，采取"稻 + 鸭 + 鱼 + 菌"的生态模式，每亩收入 3200 元。杨宁以产业助扶贫，切实让贫困户脱贫。

真诚的付出，看得见的收益，让杨宁赢得了全村人的信赖。在村里工作七年，在杨宁和其他村委会干部的带领下，村子里 94 户 326 人成功脱贫。2017 年 8 月 17 日，村“两委”换届选举，她被村民一致推选为村委会主任，成为大苗山第一个女大学生村委会主任。

从“杨主任”到“杨代表”，她带领苗乡群众奔小康

2017 年，脱贫攻坚战开展得如火如荼。一天，杨宁下村入户精准识别贫困户，看见贫困户阿嫂家里有一种紫色的糯米。阿嫂告诉她，这是苗家人千百年传承下来的独特品种，叫紫黑香糯，听说卖得很好。杨宁回来后算了一笔账，发现种紫黑香糯的收益是种普通糯米的两倍。于是她召开动员会，发动村民用苗族传统的“稻 + 鸭 + 鱼”共作模式种植紫黑香糯，每亩稻放养 13 只香鸭和 150 尾禾花鱼。她对村民说：“你们不要有顾虑，我免费提供稻谷、鸭苗和鱼苗，你们种养，我来收购。国家还有针对贫困户的产业奖补资金，你们放心跟着我干。”

好几个村民对杨宁的提议充满质疑，瞎起哄道：“小杨，你自己都种不好，种啥赔啥，别拉上我们一起赔啊，我们可不能相信你。”“小杨，你村干期满了，还不如找个好人家嫁了靠谱，快别瞎折腾了。”

正当她感到为难时，贫困户刘枝福站了出来：“不就是种糯米嘛！小杨我相信你，跟着你干！”他家三口人，妻子杨梅秧身有残障，孩子常年外出务工，他的支持给了杨宁信心。

为了筹集启动资金，杨宁偷偷把家人给她准备好的婚房卖掉，总共筹集了 30 多万元。在她的带领下，全村 63 户贫困户种植了 120 多亩紫黑香糯。那年秋天，迎来了大丰收。通过发展紫黑香糯种植，这 63 户贫困户当年每亩地增收 1500 元左右。刘枝福却在这个时候不幸离开人世，他的妻子杨梅秧眼含泪水，打着手语对杨宁说：“小杨，老福走的时候说谢谢你，

正因为跟着你干，我们家才顺利脱了贫！”

作为年轻一代的村委会主任，杨宁时刻关注市场需求，走在不断探索的道路上。2016年夏天，为了帮助瓜农销售西瓜，杨宁尝试在微信朋友圈打出了“泉水灌溉的高山西瓜”招牌，赢得客户青睐，销量非常好。受此启发，她开始通过网络推广村里的农副产品，传播大苗山的美食和文化。她还动员6名大学生村干部组成融水大学生村干创业联盟，建起“苗村馆”农产品电商服务中心，并开设了微信公众号。四年间，“苗村馆”共帮助农户通过销售农产品获利900多万元，为江门村集体经济增收7万余元。

通过几年的脱贫攻坚，2017年底，江门村贫困发生率从20%降低到0.05%，年人均纯收入从2000多元提高到7000多元，实现了整村脱贫摘帽。这极大激发了村民致富的内生动力。杨宁趁势带领村民种植西瓜、香菇、木耳、竹笋等农副产品，还帮村民创建了“苗阿嫂”“苗阿公”品牌，在村里办起了农产品加工厂。历时三年，她带领村民努力干、加油干，使村集体经济扭亏为盈，增收31.2万元。

近年来，由于表现突出，杨宁先后获得“全国三八红旗手”“全国农村青年致富带头人”“广西五四青年奖章”等多种荣誉。2020年，她荣获“全国脱贫攻坚奖奋进奖”。2021年2月，她获得“全国脱贫攻坚先进个人”称号，并被公示为“最美城乡社区工作者”候选人。

江门村的巨变是党和国家脱贫攻坚伟大成就的缩影，也是杨宁这个土生土长的苗家女扎根基层十年实现人生价值的体现。

脱贫摘帽不是终点，而是新生活、新奋斗的起点，必须乘势而上，再接再厉，接续奋斗。习近平总书记的教导，杨宁听在耳中，记在心上：“获奖对我来说不仅是荣誉，更是责任担当和使命。我一定牢记总书记的嘱托，继续带领我们苗乡的父老乡亲奔向更美好的生活，让青春继续在基层闪光。”

时刻保持着军人和党员的硬气

——记奋战在脱贫攻坚第一线的自治区民宗委军转干部黄军河

何宗威 唐 龙

在2021年2月25日召开的全国脱贫攻坚总结表彰大会上，习近平总书记庄严宣告，经过全党全国各族人民共同努力，现行标准下我国9899万农村贫困人口全部脱贫，832个贫困县全部摘帽，12.8万个贫困村全部出列，区域性整体贫困得到解决，完成了消除绝对贫困的艰巨任务。

全国脱贫攻坚战中涌现出千千万万个优秀共产党员，自治区民宗委军转干部黄军河就是其中一位。

军人本色，情系边关

黄军河是广西贵港市人，1998年高中毕业后参军入伍，服役于中国人民解放军驻宁明县边防某部，2000年光荣加入中国共产党。他在部队工作十几年，先后参与对宁明县212公里边界线的勘测、排雷清障工作，以及对凭祥市、宁明县共309公里边境线上的驻军军事设施的改造和修建工作。2016年，他转业到自治区民宗委工作。

2018年3月，全国脱贫攻坚战进入决战阶段，自治区民宗委定点帮扶的宁明县5个村也进入了脱贫攻坚战最后的冲刺阶段。为了夺取脱贫攻坚战的全面胜利，自治区民宗委继续派出驻村工作队。在机关人手短缺、驻村人选难以落实的关键时刻，黄军河主动请缨回到曾经服役的桂西南边陲宁明县，担任该县寨安乡那练村驻村工作队队员。

黄军河与孩子、父母住在南宁市区，而妻子住在离南宁约300公里远的桂平市南木镇，她也同样奋战在脱贫攻坚第一线。夫妻两地分居，聚少离多，孩子尚处于学龄前，双亲年逾古稀，老人、孩子每天都需要他照顾。黄军河在这个时间节点上提出下乡驻村，让他的家人完全无法理解，领导、同事和朋友也都感到惊讶。

“你走得开吗？”同事和朋友为他担心。

“你发疯了？老人和孩子谁来管？！”家人发出近乎呵斥的责问。然而，黄军河没有动摇，简单收拾后风尘仆仆地赶到了那练村。

带娃扶贫，感动乡亲

脱贫工作是一件苦差事，黄军河早已做好了心理准备。然而，他到岗的时候发现困难还是比自己预想的要棘手得多。

那练村总人口为2300人，其中2014年建档立卡的贫困户有162户，贫困人口为598人。2015年10月，根据自治区党委、自治区人民政府的统一安排，自治区民宗委定点帮扶宁明县5个村，该县寨安乡那练村就是其中一个。经过3年的努力，那练村取得了147户458人脱贫的显著成绩。当黄军河驻村时，那练村还有15户40人尚未脱贫，而此时离脱贫攻坚战收官仅剩下一年多的时间。脱贫工作越往后越难做，这是众所周知的，原因是能脱贫的家庭不是有一技之长就是有劳动力，而不能脱贫的家庭则各有复杂的原因。

时间紧迫，任务繁重，初来乍到的黄军河面对眼前严峻的扶贫现实，不得不重新调整工作与家庭的关系。开弓没有回头箭，既要驻村工作，又要照顾家人生活，如何做到两全？经过深思熟虑，他决定把孩子和父母带到身边。也是从那时起，那练村的“常住人口”中多了两位老人和一个孩子。白天，黄军河正常上班，晚上则带着孩子入户了解贫困户的家庭情况。慢慢地，村民们都亲切地称黄军河为“轩爸”（轩是黄军河儿子名字中的一个字）。

在宁明县定点帮扶后盾单位自治区民宗委及中国电信股份有限公司广西分公司、中国移动通信集团广西分公司等的大力支持下，黄军河与驻村第一书记卢子斌协同作战，至2020年底，那练村最后2户3人成功脱贫。至此，该村建档立卡贫困户162户598人全部脱贫，整村顺利通过了全国脱贫攻坚普查。

因地制宜，发展产业

自治区民宗委定点帮扶的宁明县5个村全部脱贫之后，2020年4月，黄军河调到爱店镇堪爱村任驻村第一书记。黄军河深知，脱贫摘帽不是终点，而是乡村振兴的新起点。如何防止脱贫户返贫，让老百姓真正过上幸福美满的生活，这是他到宁明驻村以来一直在思考和摸索的。

宁明自然资源丰富、生态环境优良，是“全国粮食生产先进县”、全国蔗糖生产基地、“中国八角之乡”和“中国松香之乡”。然而，仅靠小规模种养只能勉强脱贫摘帽，想过上更好的生活还面临相当大的困难。面对糖价下跌、米价低迷，人工成本高、化肥投入大的现实，很多农民宁可丢荒也不愿意去耕种和打理田地。

“我在农村长大，小时候家里仅靠种植8亩田地就能送几个孩子读书，现在显然是行不通了。”远眺着东一块西一块、零星散落在丘陵山谷边的田地，黄军河若有所思地对记者说。

从农村来，现在又回到农村去，他意识到，农村致富之路千万条，但是必须因地制宜，切不可千篇一律地照搬。他在那练驻村时，根据那练丘陵少、平原多，土地连片、平整，饮用水资源重点保护水域派连河穿村而过，生态环境保护良好，那练大米受青睐等特点，重点引导村民拓展稻谷、甘蔗的规模种植，辅以发展小规模禽类和牲畜养殖业。事实证明，这是一条适合那练村的脱贫发展之路。

到爱店镇堪爱村任第一书记后，黄军河的农业产业思路发生了改变。堪爱村属于丘陵地区，山多地少，如果还是按照那练村那套思路发展稻谷、甘蔗种植，将事倍功半。记者到堪爱村采访的时候，正好碰上宁明县全面推广种植澳洲坚果树。在村委会办公室，记者见到了刚参加有关坚果种植的会议回来的黄军河。

澳洲坚果树苗一般在种植后 4 ～ 5 年开花结果，第 6 ～ 7 年起进入盛果期，每一棵树的经济寿命长达 50 ～ 60 年。种植澳洲坚果树，往往能使几代人受益，可见这是一种很有发展前景的坚果树。黄军河带记者到堪爱村板堪屯的坚果种植地参观。这里原是村头的一块闲置空地，地里的坚果树如今已经长成与成人齐肩高。他对记者说:“1 亩地可以种植坚果树 20 棵，到盛果期平均每棵收果几十斤，按目前市场生果每斤 6 元左右的价格计算，1 亩地就可以收入几千元，比种稻谷和甘蔗的收入多出好几倍。”根据堪爱村的实际情况，黄军河积极鼓励村民在丘陵山坡荒地、门前屋后等闲置地块种植坚果树。

“为什么不在林地或者耕地里大面积种植？”记者提问。

“发展产业需要循序渐进，不能一拥而上。”他认真地对记者说，“以上收入只是理论上的算法，最终情况如何，谁也不能百分之百地做保证。之前糖业市场好，政府发动农民大量种植甘蔗，可是后来由于白糖供应过剩，市场持续低迷，糖价下跌了，农民种甘蔗的收入降低，很多人就没有那么积极了。现在推广种坚果，村民也有看法，他们还不敢大面积种植，这很正常。”

对于坚果种植，黄军河因人而异地进行沟通交流，尽量把优点说清楚，但不夸张宣传前景，不强行推广种植。他说："看好前景的村民就规模种，同时，为了保险起见他们还间种中药材；谨慎的就在自家房前屋后的空地上种，在丘陵荒地上种，权当植树造林、绿化环境。为了鼓励农民种植，宁明县给予种植户每亩补助 1000 元，散种 22 棵按 1 亩计算。"

安居乐业，乡村振兴

爱店口岸位于宁明县爱店镇、中越边境 1223 号界碑处，北距宁明县城 51 公里，南距越南首都河内 180 公里、禄平县 17 公里，与越南峙马口岸相对。2015 年，国务院批准爱店口岸升格为中越双边性常年开放公路客货运输口岸，爱店镇从此热闹起来，边贸活动一度十分活跃，堪爱村为此成立了上千人的边贸互助组，村民从中获益匪浅。新冠肺炎疫情发生后，边贸往来减少，许多之前从事边贸生意的村民生活受到了很大的影响。

城市打工族流传着这么一句话："有工作的地方没有家，有家的地方没有工作。"在黄军河的眼中，堪爱村正是这句话的真实写照。履新堪爱村驻村第一书记后，黄军河开始琢磨如何改变这一情况。

为了解决这一问题，他首先想到了扶贫车间。扶贫车间可以使村民在家门口就业，让他们既能够照顾老小，又能够打理农活。堪爱村有一位经济能人叫马建生，在深圳制衣业打拼 20 多年，有意向回到宁明开制衣厂。黄军河获悉后十分高兴，立马登门拜访。在黄军河的热心帮助下，马建生的制衣厂很快落实了场地，次年春节一过就如期开工。记者去采访的时候已经有几位堪爱村的妇女在车间里忙碌工作。她们都没有学过缝纫技术，每个人都是从零开始。马建生对记者说："按常规，工资是计件发放的，但由于她们都是新手，每天做不了几件，所以我每个月给她们保底工资 2000 元，超过部分不封顶。"

在堪爱村委办公室，记者见到了一名新入职的年轻员工。他叫赵振利，是堪爱村下辖的瑶族聚居的禄旭屯居民。赵振利 2013 年从广西华侨学校平面设计专业毕业后一直在深圳做平面设计工作。过节回家看到村里发展这么好，加上妈妈养了 50 多只山羊忙不过来，他决定留下来，在村委任职。他表示很有信心在家乡发展。

采访结束时，记者注视着黄军河，只见他身材瘦高、皮肤黝黑、面庞消瘦。军旅和驻村的磨砺，使他身上少了机关干部的文气，多了农村干部的“土气”，以及共产党员和军人的硬气。

2016—2018 年，黄军河连续 3 年被评为“自治区民宗委优秀共产党员”。2020 年，他荣获第四届“全国民委系统先进工作者”称号。2020 年 12 月 28 日，《中共广西壮族自治区委员会、广西壮族自治区人民政府关于表彰第四届全区“人民满意的公务员（集体）”和记一等功公务员（集体）的决定》发布，全区 76 名个人获记一等功，黄军河因在脱贫攻坚战中的优秀表现而光荣上榜。

一位基层老党员永不褪色的初心

——记“全国脱贫攻坚先进个人”、百色市田阳区那坡镇尚兴村党支部原书记莫文珍

覃蔚峰

2021 年 2 月 25 日，70 岁的百色市田阳区那坡镇尚兴村党支部原书记莫文珍作为“全国脱贫攻坚先进个人”走进了庄严的人民大会堂，接受了属于他的荣誉勋章。这是他 30 余年来投身脱贫事业获得的最高荣誉。

对莫文珍来说，扶贫是一辈子的事。即便已退休多年，他仍带着豪情壮志奔走在一线，续写着一位基层老党员永不褪色的初心。

从 1987 年起，莫文珍带领全村 17 个屯 270 多户 1300 多人，用 10 多年时间，陆续从“九分石头一分土”的大山深处整体搬迁出来，前后用了 30 年时间在几十座荒坡上种植杧果，让全村人“搬了出来、稳了下来、富了起来”。

穷则思迁，带领村民搬出大山

那坡镇尚兴村原地处田阳南部大石山区，全村 17 个屯分布在怪石嶙峋、重峦叠嶂的大石山脚下的数十个山弄里。这里自然条件恶劣，土地资源贫乏，人均耕地不足 0.2 亩，缺水缺地缺粮，不通电不通路，群众出山一趟来回需步行 7 个小时。真的是“一方水土养不活一方人”！

而莫文珍所在的尚兴村谷隆屯严重缺水，村民为了生活，每年旱季只能到村对面山腰上 48 米深的岩洞去打地下河水。他们需用 12 条牛绳连接着吊上一个个小竹筒，一筒一筒地往上提，取水过程异常艰难。为节约用水，每家每户都是一水三用（先洗菜，后洗脚，再喂牲口），日子过得十分艰苦。

“你看我们以前住的山坳，只能在石头缝里种几棵玉米，这样巴掌大的地加起来人均不到两分。每家每天还要出一个劳动力到山洞的井里拿竹筒打水，走的都是悬崖峭壁边的小路……”在村里的杧果种植基地，莫文珍指着宣传牌上尚兴村搬迁前的旧照片向前来采访的记者们介绍。

20 世纪 70 年代，莫文珍从村文书做起，逐渐成长为尚兴村的村委会主任，最后当上村支书。

“山里没有土地，又缺水，再怎么发展也发展不起来，一定要走出去！”1987 年，莫文珍提出一个大胆的想法：带领乡亲们搬到山外去！

“搬出去，就要寄人篱下了。”村里人担忧。

“不能再这么苦下去，年轻的先跟我走！”莫文珍动员大家。

全村 270 多户人家，经过动员，只有 16 户愿意每户出两个劳动力跟着莫文珍到山外开荒，就连他的父亲也坚持留在山里。

“看你怎么带出去怎么带回来。”留在村里的人持观望态度。

倔强的莫文珍带着 16 户 32 个人到山外的弄蕉屯承包了 450 亩荒坡，在荒坡上搭一个工棚，几十个人白天开荒修路、造田造地，种玉米、种甘蔗和杧果，晚上就睡工棚的大地铺，一日三餐喝粥。

莫文珍回忆说：“当时真的很困难。村里很多老人都反对，说‘我们祖祖辈辈都居住在这里，从来没人敢走这种路’，有的群众还发脾气骂人。”

无志山压头，有志人搬山。在弄蕉屯租来的 450 亩荒坡被莫文珍看作宝贝，可以播种希望和未来。他组织群众修路、修水利、造田造地、发展产业……四五年后，看着莫文珍带领的一帮人在山下不仅站稳了脚跟，日子还越过越好，留在山里的村民待不住了，在当地政府的支持下也陆续搬迁，到 2002 年全村 1300 多人全部搬出，形成 10 个移民安置点。这是我国贫困村民自发开展的一次易地扶贫安置搬迁，其时间跨度之长、搬迁人口之多堪称壮举。

坚持32年，给土地带来金色希望

既然带着村民搬出了大山，莫文珍就得兑现承诺，帮助他们找到脱贫致富路。但对莫文珍来说，寻找产业扶贫的路径绝对是一场不亚于移民搬迁的硬仗。

刚下山开荒种玉米时，3 年没赚钱。1991 年，莫文珍到银行贷款 3600 元买来甘蔗种子要改种甘蔗。他父亲听说了这件事，把莫文珍挡在家门外，用手指着他说："你这么大胆，不要命了？你是家里的第一个败家子。"莫文珍当时连吃饭的钱都没有，却将甘蔗种子分给搬下山的 6 名党员，拍着胸脯告诉他们说："你们拿去种，成功了大家有份，失败了贷款我一个人承担。"

幸运的是，当年 11 月甘蔗丰收，40 亩甘蔗长势喜人，总收入达 1.2 万元，扣除还贷的费用，纯收入有 8000 元，这给了莫文珍巨大的信心。

1993 年，莫文珍做了一个更大胆的决定：将效益不好的玉米和甘蔗种植业换成杧果种植业。但在起步阶段，依旧是困难重重：缺乏资金买种苗，他就带着村民去捡别人丢弃的果核来培育；没钱买化肥，他和村民提着箩筐去捡猪粪、牛粪，甚至到人流量大的码头厕所去挑"人工肥"；不懂技术，他就去县里开办的农技培训班旁听，回来再用壮语方言翻译给村民。连续 4 年，莫文珍边做木工边用赚来的钱自费学习杧果栽培技术。那时候，县里、镇上办的培训班总能看到莫文珍的身影。除此之外，他还到高校旁听，站在门口或窗户外跟着学。功夫不负有心人，4 年后，村里的 5000 株杧果树硕果挂满枝头。

1996 年，莫文珍被评为“全国十大扶贫状元”，在北京第一次吃到了“台农一号”杧果。那时候的广西还没有种植这个品种，此后两年间，他一直对那口杧果念念不忘，想着把这个品种带回村里种植。1998 年，一个老板来到田阳收购杧果时，告诉他在海南可以找到这个品种。他当即向镇政府借车出发去海南找种苗。可到了海南，人家一开口 5 厘米长的枝条就要价 2.5 元一根。他咬咬牙，拉着同行的人凑齐了 8000 块钱，买了一泡沫箱的枝条回来育苗。后来，“台农一号”这个品种成为百色甚至广西杧果的主力军。

果园硕果累累，杧果树成了“摇钱树”，村民因此脱贫致富，从而激发了更多山里人移民出来开荒种地，形成了一种趋势和一个标杆效应。目前，尚兴村杧果种植示范基地已扩大到了 3200 多亩，仅杧果产业就实现收入 1300 万元，全村年人均纯收入达 9300 元。

莫文珍不仅是田阳县（现百色市田阳区）劳动致富的带头人，更是科技兴农的“领头雁”。他撰写的《实用杧果生产技术》一书由广西科学技术出版社出版并面向全国发行。

“穷则徙迁告别山村过去，富而思进再创尚兴未来”，莫文珍家门口贴着的这副对联代表着尚兴村 30 多年的艰辛历程和他对美好生活的向往。

莫文珍带领村民探索的杧果种植和良种培育，促成了田阳乃至百色近 130 万亩杧果产业发展壮大，成为当地最大、最富有成效的扶贫产业，他因此被远近村民称赞为“杧果大王”。

32年后，扶贫壮志接续不止

在脱贫攻坚路上，莫文珍走了 30 余年。2017 年，66 岁的莫文珍将村党支书的担子卸下，但他却更忙了，新一轮的脱贫攻坚为他提供了更大舞台。莫文珍主动报名参加县里组织的宣讲队伍。他将课堂搬到杧果园里，用壮语方言宣讲党的十九大精神，向村民传授杧果种植技术。

老当益壮是莫文珍的人生写照。为解决群众卖果难、收入低的问题，他组织全村果农成立了“七月香”杧果合作社，并自告奋勇地担任社长。从此，莫文珍不辞辛劳，走南闯北，了解市场行情，通过互联网和几十个城市建立了购销合作关系，“一站式”把全村水果和邻近村的水果直接销往消费区，既方便群众，又能卖个好价钱，几年来仅价格提高部分就使全村每年增收 100 多万元。

田阳区计划易地扶贫搬迁 4.2 万余人，作为“过来人”的莫文珍经常被请去上课。莫文珍不仅用自己的故事激励他人，还经常义务为果农授课。“我去给贫困村村干和贫困户参加的一期培训班上课，先给他们‘洗脑’：要想脱贫，先要转变观念，不能‘等靠要’，关键靠自己，一要勤，二要懂技术，三要舍得投入。”

“一些人问我搬迁后没有地种怎么办，我就给他们讲我们搬迁的故事，再苦有我们那时苦？现在国家帮建好了房子，有产业的发展产业，没有产业的政府帮牵线搭桥外出务工，你还想怎么样？”莫文珍感慨地说。

如今，莫文珍每天都要去杧果产业园指导农户护理杧果树。“我都 70 岁了，还给我这么大压力。”莫文珍打趣地说，“不过，我觉得这样做很值得，乡亲们脱贫了、富裕了，我心里也舒服。”望着山峦叠翠的一坡坡杧果树，他开心地笑了。

当谈起走进人民大会堂接受“全国脱贫攻坚先进个人”的嘉奖时，莫文珍兴奋地说：“拿到这个奖我很激动，我最大的感受是我们的国家太伟大了，2015 年精准识别后，全国还有这么多的贫困人口，在党中央的领导下，仅用 5 年就实现了全面脱贫。听了习近平总书记在全国脱贫攻坚总结表彰大会上的重要讲话后，我更是激动，虽然我已经 70 岁了，但我还要继续努力，为乡村振兴做出自己应有的贡献。”

坚守苗寨第一线　真心扶贫勇担当

——记融水苗族自治县杆洞乡锦洞村第一书记韦斌

龙林智

他，一位70后中共党员。为了扶贫，2018年3月，他自告奋勇报名到地处桂黔交界处的融水苗族自治县杆洞乡锦洞村任驻村第一书记。

他，就是融水苗族自治县融媒体中心派驻该县杆洞乡锦洞村的第一书记韦斌。不管是在工作单位，还是驻村扶贫，他都讲政治守底线、舍小家顾大家，为苗乡群众铺就幸福路、致富桥，改变贫穷落后的乡村面貌，赢得了广大苗族同胞的充分信赖，展现出一名共产党员忠诚的政治品格、强烈的担当意识、真挚的为民情怀和崇高的精神境界。

锦洞村，一个不起眼的村落，距杆洞乡政府15公里，距离县城159公里，与贵州省从江县翠里乡接壤，是融水苗族自治县最偏远的贫困村之一。因地处偏远、人多地少、资源缺乏，农业产业发展滞后，村民收入低。该村是“十三五”时期的深度贫困村，也是该县挂牌督战深度贫困村之一。2018—2019年，在韦斌的带领下，全村262户1208人实现了脱贫，贫困发生率由他驻村前的54%降至5.62%。但当时还有28户130人未摆脱贫困，怎么办？面对这样的数据，他再次立下了军令状：不全面脱贫决不收兵！

两年决战，按规定，他本可以回到县直单位，但在群众期盼的眼神中，在大家的挽留下，他留了下来，与苗族同胞一起继续战斗。经过不懈的努力，2020年该村终于实现了脱贫摘帽的目标，他光荣地被评为柳州市第二届“百佳工作队员”，荣获“融水苗族自治县脱贫攻坚特别奉献奖”，锦洞村破天荒地荣登县级文明村光荣榜。

讲政治守底线，争当廉洁好榜样

“多为群众争取到产业补助金，是我们基层干部应该做的，难道是我做错了吗？你说说看！”2018 年 9 月，锦洞村党总支部书记韦学富面对村干部的埋怨激动地说，“如果不给贫困户这些补助，就是不关心群众、不爱护群众，你就不配当这个第一书记！”

刚到村任第一书记不久的韦斌，受到这样的“礼遇”，心里感到十分委屈，曾想撂下担子，不管此事。但作为第一书记，不能因为村干部的埋怨就放弃，更不能因为别人不理解就失去信心，而应该充分发挥第一书记的监管作用，决不能让国家扶贫资金不明不白地流失。

原来，韦学富之所以说出这番话，是因为在乡政府开会时对会议精神理解有误。会议明确要求，在验收农户养猪时，没有享受过产业补助的建档立卡贫困户所养的猪都要进行验收。而韦学富把这一要求的前提条件忽略掉了，理解为凡是养有猪的贫困户，都要进行拍照验收，并且都能发放补助。为此，韦斌马上与乡干部李敬成通电话，对此事进行“免提”核实，并与韦学富讲明道理。解释清楚后，韦学富知道韦斌并没有错，而是自己弄错了。面对自己的失误，他感到惭愧，于是向韦斌道歉。“对于这样的产业补助，我们必须重新入户和农户进行解释，让农户真正了解国家的惠民政策，并充分利用政策积极发展产业，切实增加收入。”韦斌真诚地回答。

随后，韦斌立即与村干部、村民小组组长组成核验小组，再次进入建档立卡贫困户家中，对 153 头黑香猪进行拍照、登记，经过询问，确定有 83 头猪已于 2017 年享受过产业补助（每头猪补助 600 元），补助资金也已发到农户的手中。在农户家，韦斌讲政策、说道理，让群众能够真正理解政策要求，避免了 4.98 万元产业扶贫资金的错误发放。

对于涉及低保评定、危房改造、公益性岗位、建设项目资金等与群众息息相关的大事小事，韦斌从来没有搞“一言堂”，而是组织党员代表、村民代表、村民小组组长及村委干部等人员，通过召开会议、问卷调查、现场测评等方式进行相关的评议，并把相关事项向群众说明、公示，让群众充分了解情况。

舍小家顾大家，坚守扶贫第一线

“你快点回来吧，我们儿子的病一直不好，我一个女人家，怎么办？家里需要你啊！”2018 年 11 月的一个深夜，妻子一个急促的电话划破了夜空的宁静，让韦斌从梦中醒来后无法入眠，“回还是不回”这个问题一直在他的心里纠结着。第二天，1 公里的通电路要踩线测量、篮球场要动土建设、集体经济项目要立项、乡村干部马上要进村对贫困户进行脱贫“双认定”……而 7 岁的儿子正在发高烧，爱人将他送到县人民医院住院治疗后，一直不见好转，后又转到柳州市妇幼保健院进行治疗，仍然不见好转。这让妻子焦急万分，彻夜难眠。“怎么办？怎么办？”多少个问号在他的脑中回转，他权衡再三，终于说服了爱人，放弃了到医院看护儿子的想法，而是坚守在村里继续做扶贫工作。

人到中年，上有老、下有小，家里需要照顾。韦斌的母亲于 2017 年 6 月脑出血，经抢救命是保住了，但落下了右手残疾和精神、智力障碍等后遗症，生活不能自理。屋漏偏逢连夜雨，母亲需要人照顾不说，他的父亲也患有脑血栓、高血压等病，走路都非常困难，只能靠药物维持生命。更为糟心的是，2020 年 10 月 31 日，他的父亲在家突然摔倒，造成左手骨折和右手无名指骨折。自古忠孝难两全，就算家里有这么多困难，韦斌仍坚守在村里继续做扶贫工作。“我总感觉对不起父母，对不起儿子，更对不起妻子。我从内心深处非常感激妻子的理解和支持，有了她，我才能在村里好好工作；有了她，我才能安心地带领村民们打赢脱贫攻坚战。为了扶贫事业，舍小家顾大家是值得的。”讲到家人时，韦斌动情地说。

强基础抓产业，打赢脱贫攻坚战

“他做工作很认真，很到位，经常到我家了解情况，这是对我们的关心，做得很好，我们很高兴也很满意。”锦洞村大屯原建档立卡贫困户韦兴旺谈起韦斌时，感激的话说也说不完。

韦兴旺年纪大，身体也不好，而他的儿子又患有残疾，缺少劳动力成为他家不能脱贫摘帽的根本原因。韦斌多次到韦兴旺家中走访，根据他们家的实际情况制订帮扶计划。他鼓励韦兴旺儿子外出务工增加收入，并根据实际情况帮忙找到合适的工种。现在，韦兴旺的儿子在广东打工，有了稳定的收入，2020 年底他们家也顺利实现了脱贫摘帽。

“韦书记对我们村民无私奉献，让我们村变化很大，我们现在的生活过得很幸福。”锦洞村小屯村民潘著辉发自肺腑地说。

村民们对韦斌的感激和信任，让他感到自己肩上的担子更重了。他暗下决心，一定要想办法帮助村民改善交通基础设施，解决行路难问题，然后发展产业增加收入。韦斌为此多次向上级部门汇报，争取专项资金对村里的道路进行硬化，对村里的基础设施进行提级改造，多渠道发展产业，促进增收致富。

韦斌积极联系县级有关职能部门，争取资金共计 1483. 9 万元，并利用驻村第一书记帮扶经费 15 万元，解决村里的人畜饮水难题、硬化屯级公路和村里至贵州省从江县翠里乡高猫屯的联网公路、安装路灯、完成杆洞至锦洞 13.4 公里的村级道路安保工程、完成水毁道路维修工程、建成村小学宿舍楼、为群众购买农田引水管。在他的协调下，后盾单位柳州市文化旅游投资发展集团有限公司为锦洞村小学捐资助学，改善村小学的办学条件和村委的办公条件，为村里建灯光球场和风雨桥。

为使村民增收致富，韦斌带领村“两委”班子成员积极组织村民发展高山优质水稻、红薯、蓝莓特色产业。2020 年收获稻米 1.15 万公斤，销售大米收入 5.8 万元，带动 138 户贫困户增收；种植红薯 72 亩，销售红薯收入 7.6 万元，带动 61 户贫困户增收；种植蓝莓 256 亩，销售蓝莓果收入 5.7 万元，带动 158 户贫困户增收。另外，韦斌还发动 384 户贫困户发展稻田养鱼、养螺、土鸡放养及种植灵芝菌、茶油树等产业，产业覆盖率达到 100%。2020 年全村人均纯收入达 6380 元。

如今走进锦洞村，幸福的笑出现在每一位村民的脸上，焕然一新的村容村貌让大家的心亮堂堂的。

“作为一名共产党员，群众脱贫致富，让我感到无比的欣慰，这是我最大的心愿，更是我最大的幸福。”面对自己奋斗了三年的苗寨，韦斌无比自豪地说。

坚守初心使命
为民族团结进步事业尽心尽力

——记贺州市党的民族理论、民族政策宣讲员，市科学技术局一级调研员黄盛全

赵金宾

已经是凌晨时分，贺州市科学技术局办公楼里有一间办公室依然亮着灯。昏黄的灯光下，贺州市党的民族理论、民族政策宣讲员，市科学技术局一级调研员黄盛全正在反复修改宣讲教案提纲，字斟句酌，力求完美。多年来，他一直坚守在岗位上，坚守着初心使命。2020年以来，贺州市积极开展党的民族理论、民族政策宣讲活动，引导全市各族干部职工在工作中互帮互助互学，生活中交往交流交融。各族干部像石榴籽那样紧紧抱在一起，同心同行，涌现出一批积极参与、乐于奉献的宣讲员，黄盛全就是其中的典型代表。他坚持党员本色，高举民族团结进步旗帜，情系各族群众，充分发挥了共产党员的先锋模范作用，始终站在维护民族团结进步的最前线，为民族团结工作做出了积极贡献。

黄盛全，瑶族，1984年毕业于广西民族学院（现广西民族大学）。大学毕业后分配到金秀瑶族自治县民族事务委员会工作。他曾在金秀瑶族自治县团委、宣传部，贺州市委宣传部、新闻出版局、科学技术局等单位工作，2014—2016年担任贺州市民族事务委员会党组书记、主任。多年来，他一直致力于民族理论研究，总结出新形势下民族工作要做到“四个必须”，即：必须认真学习领会党的民族理论、民族政策，铸牢中华民族共同体意识和

维护民族团结进步大局的理念；必须积极推进民族地区经济社会发展进步，让少数民族地区跟上时代发展步伐；必须传承和弘扬民族优秀传统文化，践行社会主义核心价值观，构筑各民族共有精神家园；必须大力宣传党的民族理论、民族政策，积极开展民族团结进步创建工作。

热情宣讲政策，真心帮扶群众

宣讲是一项艰苦而细致的工作，要经常奔波在市直和县（区）各单位。作为宣讲员，黄盛全坚守在宣讲工作第一线，吃苦耐劳，及时把党的民族理论、民族政策，习近平总书记关于加强和改进民族工作的重要思想以及铸牢中华民族共同体意识的重要论述精神准确传达到干部群众中去。他坚持以习近平新时代中国特色社会主义思想为指导，把党的民族理论、民族政策宣讲作为一种政治责任，用心用情地宣讲，让这些重要论述精神深入人心。

除了经常到民族地区宣讲党的民族方针政策，黄盛全还十分关注当地的经济社会发展。2016年4月，他到贺州市八步区桂岭镇天堂村（瑶族聚居）调研，了解到该村尚未通水泥路，便深入村屯调查研究，掌握了第一手资料。他对天堂村的基本情况、经济发展现状、道路状况、群众脱贫愿望和扶贫开发规划等有了深刻的认识。他通过向各级相关部门争取资金，当年为天堂村争取到1300万元村道硬化项目资金，为该村脱贫致富奔小康创造了良好的条件。

“如果没有脱贫攻坚的好政策，没有党委、政府的号召和黄盛全主任的热心关怀，我们村就没那么快修好硬化路并全村通了电，更不敢想象在家里手机也能信号满满。我们天堂村再也不是贫穷、落后、闭塞的小山村了！”“以前去镇上赶圩走泥路，一走就是两三个小时，现在快多了！”“村里路通了，环境变好了，这日子放到几年前，真是想都不敢想！”提起这几年村里的变化，天堂村群众纷纷感慨地说。

此外，作为一名瑶族党员，黄盛全对民族工作有着很深的情怀，他十分重视少数民族非物质文化遗产的保护传承工作。多年来，他积极组织开展民族文化进校园、进乡村活动，致力于在民族地区的中小学校开设非物质文化遗产传承保护课程，在有一定民族文化底蕴基础的农村鼓励青少年学习非物质文化遗产的有关知识。在他的倡导下，贺州市八步区步头镇中学、平桂区大平瑶族乡民族学校分别开设“瑶族挑花刺绣传承”课程和“瑶族挑花刺绣、唢呐、长鼓舞传承”课程，邀请瑶族民间艺人到学校传授技艺，为促进民族文化的传承与传播营造了良好氛围。

研究理论政策，提升宣讲水平

打铁必须自身硬。宣讲者的政治水平和理论素质直接关系到宣讲效果。理论政策宣讲做的是说理工作，担的是解惑责任，深入的研究思考是讲清道理的前提和基础。没有深入的理论思考和扎实的调查研究，宣讲起来就底气不足，理就说不清、惑就解不透。作为一名宣讲员，黄盛全深刻地感受到党的民族理论、民族政策宣讲工作的责任重大。

为了提升理论政策宣讲能力，黄盛全十分注重打牢理论功底和知识的更新，充分利用工作之余坚持学习党的民族理论、民族政策，习近平总书记关于加强和改进民族工作的重要思想以及铸牢中华民族共同体意识的重要论述精神，并做了大量学习笔记，夯实自己的理论政策功底，不断增强政治上的坚定性和对客观事物的洞察力，增强思想的前瞻性、眼光的敏锐性和工作的创造性。在自己学深悟透的基础上，他把党的民族理论、民族政策送到基层干部群众中间。

“听完您讲课，胜读十年书。您的宣讲丰富了我的知识，拓宽了我的视野，加深了我对党的民族理论、民族政策的理解与领会。我深刻认识到学习民族理论、民族政策的重要性和必要性，在自己的岗位上为党的民族团结进步事业做贡献的决心更足了。”这是黄盛全在贺州市税务局讲完课后一位副局长说的话。

同时，在每场宣讲前，黄盛全都做足功课，合理地进行教学设计，写出详细的讲稿并对一些细节反复斟酌，使讲稿全面、准确。他还利用互联网、报刊查阅大量相关评论及文章，借鉴专家的观点，让宣讲内容有血有肉，生动翔实。他经常和同行一起讨论、研究讲课要点和方法，向有经验的宣讲员请教，力求讲课环节、讲稿尽善尽美。他还结合工作实际开展调查研究，掌握了大量的第一手资料，为生动形象的理论宣讲提供了帮助。

积极主动联系，全力做好服务

黄盛全多年来都是贺州市委宣讲团成员，在宣讲方面有一定知名度，曾被市委宣讲团推荐为“全国基层理论宣讲先进个人”。

“今天听了《深化民族团结进步教育，铸牢中华民族共同体意识》专题讲座，我受益匪浅，深切感受到了中华传统文化的博大精深，坚定了文化自信，提高了对民族团结的认识。今后要结合工作实际，多主动了解和研究民族宗教问题，多思考民族团结进步教育工作，不断增强维护民族团结进步的责任感和使命感，努力做民族团结进步的实践者、倡导者和推动者。”贺州市林业局干部曾志说。

为了方便各单位更好地学习和领会党的民族理论、民族政策，习近平总书记关于加强和改进民族工作的重要思想以及铸牢中华民族共同体意识的重要论述精神，黄盛全还特意编写了一本有关党的民族理论、民族政策的学习资料，收集了民族团结进步应知应会知识，撰写了讲课辅导提纲，课前发给各邀请单位。课后，他又把自己撰写的关于开展民族团结进步示范单位创建工作方案的材料、先进单位的经验介绍材料以及宣传党的民族理论、民族政策与民族团结进步事业的板报模板发给邀请单位，以供参考。

黄盛全就是这样耐心、细致、热情地做好课前、课后服务工作的。

“通过聆听讲座，我拓宽了视野，增长了知识，深化了认识，对民族团结进步创建工作有了更深的理解。我要以此次宣讲报告会为契机，结合机关工作，加强学习研究，夯实理论基础，多学习民族理论政策，多研究民族宗教问题，多思考民族宗教工作，不断增强维护民族团结的责任感和使命感。”政协贺州市委员会文化文史和学习委员会副主任梁芬娇说。

此外，黄盛全还通过微信群向党员干部和群众积极宣传党的民族理论、民族政策，积极回答大家提出的问题，进行宣传教育，释疑解惑。

创新宣讲形式，不断提高实效

不断创新宣传教育的形式，增强宣讲工作的吸引力和感召力，这是新形势下加强理论武装工作的客观要求。为此，黄盛全克服自己年纪偏大、接受新事物慢的不足，拜他人为师，虚心求教，学会了用电脑打字和制作课件。他白天忙于单位本职工作，没有时间备课和制作课件，大都利用休息时间加班加点备课和制作、优化宣讲课件，做到图文、视频并茂，不断提高宣讲效果。在宣讲中，他还注意把宣讲内容同听课对象相结合，积极探索最佳的讲课方法，力争达到最好的宣传效果。

有时到县（区）宣讲，听课对象水平参差不齐，但黄盛全的课总能深入浅出、通俗易懂，让听课者很容易接受。他在讲课时还注意利用案例、翔实数据说明事理，注重宣讲艺术，贴近实际、贴近生活、贴近群众，具有较强的吸引力、感染力和说服力。创新宣讲形式起到事半功倍的作用，大大增强了宣讲的效果。

据统计，自 2020 年以来，黄盛全以《深化民族团结进步教育，铸牢中华民族共同体意识》为题，在市直和县（区）共 47 个单位宣讲了 47 场（次），听众 5000 余人，受到干部职工的欢迎和一致好评。

谭克兴：作为一名党员，始终把人民群众放在心上

莫蓓蓓　黄　云

谭克兴（常用笔名谭凯兴），中共党员，中共融安县委宣传部副部长、县网信办主任（兼）。自2000年入党以来，他时刻以党员标准来严格要求自己，以高度的责任感和使命感，全力以赴投入到工作中。他是融安县第一个新华社签约摄影师，也是中国新闻社签约摄影师、中国新闻摄影学会会员、广西新闻摄影学会理事。在融安工作的13年间，12次被单位评为“优秀”，曾在新华社和《人民日报》《广西日报》《广西民族报》等各类媒体上发表作品3万余篇（幅），2017年荣获“广西两学一做·勤廉榜样”称号，2019年荣获“2014—2018年全区宣传思想文化工作先进个人”称号，2020年荣获柳州首届“最美退役军人”称号。

闻讯而动，奋战抗洪一线

“作为共产党员，关键时刻就要冲锋在前。况且，我还是一名新闻工作者，为了捕捉到抗洪抢险的镜头，我得更靠前站。”2017年7月1日，正值周末，融安县暴发洪灾。谭克兴得知消息后立马扛起相机和无人机冲到抗洪一线，第一时间从水文、防汛等有关部门获取最新的水文信息、天气预报和政府的各种计划、举措，迅速组织县融媒体中心的值班人员采写

编发融安汛情快报。紧急情况下，每 10 分钟发布 1 次，快速、准确、及时地发布相关汛情，确保转发给每个乡镇的书记，避免恐慌，稳定民心，掌控舆论权，让谣言无处藏身。为了做好新闻工作，他带领的团队一直坚守到凌晨 4 点多。为了做好这次洪灾的报道工作，谭克兴几乎每天连续工作 18 个小时，最多休息四五个小时，24 小时坚守在值班第一线。

谭克兴不仅在抗洪前线采访报道，还跟随当地的社区干部到最靠近河堤的和平社区，挨家挨户劝说群众撤到安全的地方。当时有一位老人坐着轮椅在家门口远眺，他家里人也并没有意识到此次洪灾的严重性，谭克兴一直做思想工作，好说歹说，说到喉咙都干了，最后老人家一家终于同意撤离。结果离开后没多久，洪水马上淹到他们家，足有 1 米多深。倘若没有及时撤离，后果不堪设想。“多亏了他，这次我们全家才可以平安无恙。”事后那位老人非常感激谭克兴。

风雨无阻，聚焦贫困山村

2011 年，机缘巧合下，谭克兴走进了位于东起乡崖脚村的铜板屯。铜板屯的泥墙土瓦和漫山的李花让人仿佛置身于一幅恬静古朴的乡村田园风景画里。然而由于地处深山，道路不通，大部分年轻人外出打工，甚至搬离村庄。这里只剩下 6 位老人居住，年龄最小的老人已 68 岁，大量老屋已荒废，无人管理维护，这个村庄极有可能随着老人们的相继离世而变成荒村。

谭克兴感到非常痛心，为了避免铜板屯被城镇化的滚滚洪流所淹没，他坚持不懈地用镜头聚焦铜板屯的质朴和纯粹，投稿给新华社、中央电视台、中国新闻社等多家媒体，让这个日渐衰落的古村落逐渐走入公众的视野。此后，政府投资为铜板屯修建公路，建设人饮工程，安装路灯，修建山间石板小路、卫生间和观景台等旅游设施。得知家乡有了翻天覆地的变化，村里的年轻人也陆续回来创业，把自己的老屋修整成民宿，接待游客。6年的时间里，铜板屯摇身一变，成为别具特色的旅游胜地，焕发出勃勃生机，成了远近闻名的“网红村”。

在另一个村寨，也上演着同样的故事。安宁村大袍屯是融安县唯一的苗族自然屯，该屯有村民122户，其中建档立卡贫困户72户，曾经贫困发生率为61.92%，是安宁村贫困发生率最高的一个自然屯。谭克兴为了让大袍屯引起外界的关注，只要一有空就扛着相机到大袍屯去拍照。

2020年9月22日，天下着蒙蒙细雨，谭克兴一大早就来到大袍屯拍摄，到了天黑才返回。他在走下一个斜坡时，不小心脚一滑就摔倒了，为了保护右手拿着的相机，他选择让左肩着地。到了医院一检查，他的左肩锁骨错位、韧带断裂，必须马上住院进行手术治疗。

躺在病床上的谭克兴让妻子邓丽婷支起一个小桌子，把手机、笔记本电脑拿过来。妻子看到他都伤得这么严重了还要继续写稿，非常不理解，说：“工作先放一边，你先把伤养好了。”谭克兴忍着剧痛回答：“你也看到了，我为了保住相机，付出了这么大的代价，现在更不可能把稿子烂在手里。新闻是有时效性的，我今晚必须写出来。”说着，他就用双脚勾住床尾的栏杆，把身体撑起来，用嘴咬着手机的一角，以此替代左手，配合右手一起，一个字一个字地在电脑键盘上敲起来。当晚谭克兴就是这样忍着剧痛写完了两篇稿子，稿件在中国新闻社、中国财经新闻网等多家国家级权威媒体发表。

他的发声有了回响。近年来，在党建引领下，在驻村第一书记的带动下，村里的扶贫工作卓有成效：凿山开路，搭建路网，大力发展香杉、金橘、养鱼等“5+2”特色产业，开发绿色生态游，走出农旅结合的新路子，2020年底村集体经济共增收10万元，整屯顺利脱贫，贫困发生率降至零。

可以说，铜板屯漫山绽放的李花、安宁村清脆悠扬的芦笙曲里，都凝聚着谭克兴的血汗。

以笔为剑，议“天价水费单”

作为从事宣传工作的新闻工作者，谭克兴从未忘记自己肩上的责任。为解决群众实际问题而仗义执言、敢说真话，在他这里从来都不是一句空谈。

2020 年 4 月，县直机关工委举办入党积极分子培训班，邀请谭克兴去讲课。在课程结束时，谭克兴对台下的学员们说：“如果各位有什么困难，都可以找我，我能帮的尽量帮。”然后，他留下了自己的联系方式。

几个月后，学员吴神妹就真的联系了谭克兴。原来，10 月 15 日，吴神妹的手机收到了一条缴纳水费的通知，告知她家 9 月份用水 3779 吨，应缴纳水费 18303.38 元。她家以往每个月的家庭用水量都是在 22 吨上下，缴纳水费 66 元左右，面对增加了 170 多倍的用水量，吴神妹觉得不可思议。面对“天价水费单”，吴神妹也去咨询过，收费处的工作人员让她回家检查自家水表是否存在损坏或有没有水管漏水现象，并表示还是要求她按照通知上的金额缴纳水费，如她不按时缴纳，可能要被罚缴滞纳金。吴神妹万般无奈之下突然记起谭克兴课上的话，于是抱着试试看的心态向他求助。

谭克兴听完后也感到很疑惑。民生无小事，他带着吴神妹一起到水务公司了解情况。该公司主要负责人说，吴神妹家的水费是按照融安县城市供水价格收费标准计算的，该收费标准分为 3 个阶梯价，由于她家 9 月用水量达到第三阶梯标准，所以按照第三阶梯标准来计价收费。考虑到实际情况，同意她家 9 月用水量按照第一阶梯标准计价后，再减免 50%，只收取 5706.29 元。吴神妹认为收费还是过高，不接受这一解决方案。

2020 年 10 月 21 日，以《居民“天价”水费让人疑惑，一个月将近两万元！》为题的微信文章在融安县委宣传部的微信公众号上发布，将事情的来龙去脉讲清楚，在文章末尾表示事情还在进一步处理中。网民们看到文章后，纷纷留言，吐槽自己曾遇到的“高价水”。此事也引起了县纪委和市场监督管理局的关注，两家单位马上组织人员调查此事。原来，吴神妹家的水管早已漏水，漏水的地方比较隐蔽，再加上抄水表的工作人员并不是每个月都上门抄水表，所以无人发现。最后，水务公司免费帮吴神妹家修水管并更换水表。事情已得到圆满解决，但对于谭克兴来说，事情还没有结束。

2020 年 10 月 28 日，他用笔名“谭凯兴”写了一篇题为《但愿“天价”水费不再有》的微信文章，顶住各方压力，以笔为剑，多层次、多方位地剖析发生此次事件的原因，犀利深刻，呼吁相关部门要时刻牢记全心全意为人民服务是党的根本宗旨，要切实为老百姓解决实际困难。此篇文章引起了群众的热议，大家拍手叫好。

2008 年 7 月谭克兴从部队转业到融安县委宣传部，一干就是 13 年，他跑遍了全县 148 个村（社区），融安的一山一水、一草一木都留下了他的足迹，水鞋和运动鞋不知道穿坏了多少双。习近平总书记说，脚下沾有多少泥土，心中就沉淀多少真情。谭克兴，以一个党员的责任与担当，怀揣着对融安这片土地深沉的热爱，马不停蹄地奔走在新闻一线，用他的镜头和文字，记录了融安的新发展、新变化。

群雁高飞头雁领　书记带咱向前走

——记“全国民族团结进步模范个人”“自治区优秀共产党员”盘志荣

黎学良　李俊玲

“前山高又高，富江水长流，群雁高飞头雁领，书记带咱向前走……”这是富川瑶族自治县柳家乡洋新村干部群众歌颂他们的村党总支书记盘志荣的一首歌。

洋新村的前山高高耸立，美丽的富江绕村而流。初次见面，盘志荣给人的印象是质朴诚恳、刚毅果断，而当走进他的内心世界时，便能强烈感受到他炽热而深沉的家国情怀，他像一只不知疲倦的领头雁，带领着全村干部群众共同奔向小康生活，在乡村振兴的前进道路上不停地飞呀飞。盘志荣是富川瑶族自治县柳家乡洋新村党总支书记，2016 年荣获“自治区优秀共产党员”称号，2019 年荣获“全国民族团结进步模范个人”称号。

头雁领航，各族群众齐心奔小康

洋新村是瑶族和汉族杂居村，全村共 555 户 2541 人，其中瑶族人口占全村人口的 80%。俗话说“人心齐，泰山移”，如何让村里的各族群众拧成一股绳，共同振兴乡村、建设美好家园，是盘志荣一直深思的问题。他深信，唯有民族团结才能出战斗力，有好的领航人才能带领群众干事创业，群众有了主心骨才能齐心协力共同奋斗。

2003年，48岁的盘志荣当选村党总支书记后，决定从提高党支部班子战斗力抓起。首先，对党总支委员工作进行分片包干，各负其责，年终让群众进行评议。其次，要求党员佩戴党员徽章，增强党员责任感和荣誉感，有效凝聚全体党员力量，让党员带动群众干事创业，争当群众的领路人、贴心人和致富带头人。

他从治理脏乱差着手。当时村民住房搭建杂乱无章，粪便污水到处可见，村道泥泞不堪。他带领党总支委员走村串户做工作：一是将因修高速公路而补偿给村里的20万元用于拓宽、硬化村道，兴建文化体育公共场所；二是拆除旧房屋的露天厕所，对村民住宅进行统一规划。一开始有些村民不理解、不配合，工作难度相当大。其中有一个盘姓汉子还闯进盘志荣家，二话不说就抓住盘志荣的衣领要求分公路补偿款，并威胁盘志荣不准拆他家的旧房子。面对这些困难，盘志荣总是耐心细致地做村民的思想工作，化解矛盾，解决问题。妻子看到他为村里的工作操碎了心，白发一天比一天多，劝他干脆不当这个党总支书记了，他对妻子说："我是共产党员，如果碰到困难就退缩，那村里的事业还怎么做？"

此外，盘志荣带领党总支组织开展"科教兴村、经济强村、文明建村、民主理村、依法治村"活动，在工作中坚持做到"两委"联席会议制度、村民会议和村民代表会议制度，落实村规民约，实行村务公开和财务公开。他极力维护好班子团结，碰到事情及时征求党总支委员、其他党员和群众代表的意见，自觉接受群众监督。由于党总支委员团结协作，处理工作公开、公平、公正，群众都看在眼里，记在心上，村党总支的威信越来越高，战斗力、凝聚力和号召力明显增强。他带领全村党员干部建设万亩生态种养长廊，开展以群众自主开发为主体的社会主义新农村建设，大力改善村容村貌。各族群众纷纷支持，村里的土地流转、农房改造、通村公路建设、违法建筑拆除等工作一一顺利开展。如今，洋新村已实现道路硬化，村庄亮化、绿化，村庄越变越美。

砥砺前行，小康路上一个都不能少

富川瑶族自治县原是国家级贫困县，洋新村曾是“十三五”建档立卡贫困村，全村有 136 户贫困户共 529 人，贫困发生率 21.67%。作为村党总支书记，如何带领各族群众团结协作、艰苦奋斗，共同脱贫致富奔小康是盘志荣时时思考的问题。盘志荣 1955 年出生，2003 年担任村党总支书记时已经 48 岁，虽然只有高中文化程度，但是他虚心好学，经过调研和不断听取干部群众的意见，结合本村实际，确定以“大猪场＋大沼气＋大果园”的发展模式，引导广大农户走养猪，建沼气池，种植南丰蜜橘、早柑、甜玉米等特色产业的发展路子，使村里世世代代面朝黄土背朝天的农民挣到第一桶金。2010 年 12 月，他带领领导班子在该村大田自然村进行土地流转，在群众依法自愿的基础上，把集体山场、荒地及责任田地进一步整合，种植当时市场需求量大、价格稳中有升的脐橙、葡萄等名优水果。当年种植葡萄就达到 400 多亩，仅这一项就实现人均增收 423 元。2017 年，在柑橘产业遭受黄龙病灾害的时候，他一面组织干部群众将全村患有黄龙病的脐橙树全部砍掉，一面带领领导班子探索新的发展路子。首先在茅刀源自然村引进与三九企业集团合作的药材种植公司，种植天冬、玉金等药材 400 多亩。近年来又对 600 多亩田地进行全面整合流转，挖机平整，小块变大块，种下两面针、岗梅等药材。在他的组织引导下，近年来，全村群众纷纷行动起来，想方设法用自己勤劳的双手致富，走生态有机种植养殖道路。群众收入渐渐丰厚起来，全村农民收入稳步增长，贫困人口连年减少：2016 年脱贫 104 户 419 人，2017 年脱贫 14 户 58 人，2017 年剩余 18 户贫困户 52 人，贫困发生率下降至 1.95%。2019 年全村实现脱贫，奔小康路上没有一个群众掉队。全村人均年纯收入也从 2003 年的 820 元增加到 2020 年的 12380 元。

民族团结，各族群众像石榴籽一样紧紧抱在一起

富川瑶族自治县柳家乡洋新村与富阳镇木榔村、三宝村山水相连、田地交织，过去村与村之间、户与户之间群众常因山场、水利、田地和一些鸡毛蒜皮的事闹得鸡犬不宁，有的甚至大打出手。同时，本村各民族之间、邻里之间、家庭成员之间也时常出现这样或那样的矛盾纠纷。为维护社会和谐稳定局面，维护民族团结，避免小矛盾发展成大问题，盘志荣首先让柳家乡洋新村和富阳镇木榔村、三宝村的党支部结成友好党支部，每年开展两次联谊活动，互通信息，共商发展大计。其次，在本村内部带领领导班子制订文明公约，积极为群众排忧解难，化解各类矛盾纠纷，做到办事公平、公正，依法依规。每当有村民发生矛盾纠纷时，盘志荣都会第一时间帮助调解，耐心做工作，不仅让矛盾得到解决，而且使村与村、民与民之间的关系也变得越来越和谐。洋新村成为全乡矛盾纠纷最少的村，基本实现了矛盾不出村（组），各民族群众和谐共处、共同发展。同时，盘志荣还以村务公开为切入点，进一步健全了各种规章制度，推进了基层民主政治建设，保证村民直接行使民主权利，各族群众的积极性、主动性得到发挥，有力地激发了他们建设小康社会的热情和对中华民族大家庭的认同感。2020 年春节期间，新冠肺炎疫情暴发，打乱了村民正常的生活秩序，盘志荣以“功成不必在我”的精神境界和“功成必定有我”的使命担当，带头坚守岗位，冲锋在前，无私奉献，连续战斗在疫情防控一线，守好一村平安，全村形成一人有困难、大家来相帮的良好氛围，全村各族群众像习近平总书记所说的那样“像石榴籽一样紧紧抱在一起”。

敢于担当，退休不褪色，继续新征程

自2003年以来，以盘志荣为书记的洋新村党总支勇于开拓，大胆创新，团结和带领全村党员群众走出一条以“大猪场+大沼气+大果园”为特色的生态农业循环经济发展道路，带领各族同胞走出了一条生态脱贫致富路。2019年全村人均纯收入11097元，2020年全村人均纯收入达12380元。

在盘志荣和其他党总支委员的组织引导下，洋新村各项事业像雨后春笋蓬勃发展，取得了令人瞩目的成绩。2006年，村党支部被评为“自治县优秀党支部”；2008年被评为“自治县十佳党支部”。2015年，洋新村茅刀源自然村荣获贺州市“精品村”称号。2016年，洋新村荣获“广西绿色村屯”称号；2017年，整村顺利脱贫，并荣获“全国绿色村屯”称号。盘志荣2004—2009年连续被柳家乡党委评为“柳家乡先进共产党员”，2006年6月被中共富川县委授予“优秀共产党员”称号；2009年7月被中共富川县委授予“自治县十佳村党支部书记”称号；2016年荣获“自治区优秀共产党员”称号；2018年，被自治区党委、自治区人民政府表彰为“自治区民族团结进步模范个人”；2019年，荣获“全国民族团结进步模范个人”称号。

2021年是中国共产党成立100周年。3月初，66岁的盘志荣光荣退休了，新一届党总支委员如是说：“老书记盘志荣退休不褪色，像一只不知疲倦的领头雁继续引领着全村干部群众大力弘扬脱贫攻坚精神，接续奋斗在加快推进乡村振兴的伟业中。”

春华秋实圆富梦　争当先锋显担当

——记“全国劳动模范”“自治区优秀共产党员”林家盛

韦尚雄　杨兰桂　黎学良　李俊玲　罗　烈　黄　云

他是一颗闪耀在八桂大地上的明星，身披无数光环一路前行，2005 年以来先后荣获自治区“劳动模范”“科技种植能手”“十佳特色农业种植大户”“优秀共产党员”等称号，2015 年 4 月被中共中央、国务院授予“全国劳动模范”称号……他目前被授予县级以上的各种荣誉称号达 36 次。他就是富川瑶族自治县家盛果业有限责任公司董事长兼党支部书记、广西富川富隆果业有限公司总经理林家盛。

农家孩子的创业梦

1972 年 6 月，林家盛出生在富川瑶族自治县石家乡下石枧村的一个普通农民家庭。在他孩提的记忆里，那时几乎没有白米饭吃，每餐用来充饥的大都是红薯、芋头、玉米等杂粮。到他背着书包上学的时候，虽然勉强能吃饱，但那时候的边远山区经济还十分落后，群众手头都很拮据，每天下课后他独自来到操场望着茫茫的远山，想得最多的是如何才能够挣到钱。1987 年 7 月，林家盛初中毕业后便回家务农。那时他想：农民一年四季在地里摸爬滚打，为什么没挣到几个钱？ 1992 年初夏，正值他 20 岁生日，在深圳当兵回乡的同族大哥给他送来了一张 3 月 26 日的《深圳特区报》，头版头条刊登邓小平南方谈话的长篇通讯《东方风来满眼春——邓小平同志在深圳纪实》，他看后深受启发。距离他家乡 600 公里的深圳，改革开放的春潮滚滚而来，春风也似乎吹到了富川瑶寨乡野，他开始在改革开放的春风中构筑自己发家致富的梦想。为此，他抓住一切机会，潜心学习各种农家实用科学技术，钻研实用本领，立足本地资源，因地制宜，大胆尝试种植脐橙，其间，他不知失败了多少回，受到多少善意的劝阻和不理解的嘲讽。

1994 年，林家盛在富川县城开了一家农产品批发店，生意红火。经过多年苦心经营，他积累了丰富的市场营销经验，同时也获得了丰厚的回报，在家乡逐渐小有名气。然而市场瞬息万变，林家盛认识到，没有自己的生产基地，没有自己的拳头产品，市场竞争就没有优势，也没有发展后劲，于是他萌发了自己创办脐橙基地的念头。1998 年，新一轮的农村产业结构调整来到了，决心在农业产业方面有所作为的他，专程跑到桂林市恭城、兴安等地取经，还到广西柑桔研究所（现改为广西特色作物研究院）、广西大学农学院学习水果栽培技术。他抓住产业结构调整的大好机会，利用家乡土地多、土质肥沃、雨量充沛、水源充足、气候温和等得天独厚的条件，根据多年来对水果市场行情的分析及发展趋势的准确把握，大胆实施大面积种植脐橙的计划。脐橙果树抗寒能力强，最低耐受温度为 –6.5℃，适宜区域广，是甜橙类中最为抗寒的品种之一，而且脐橙皮薄肉厚，肉脆汁甜，是水果类中的佳品。但脐橙种植技术要求高，投入成本大，是一项高成本、高效益、高风险的产业项目。林家盛下定决心，困难再大，认准了就要干，干就要干好。2000 年，林家盛多方筹集资金租赁本村山场土地 600 多亩，全部种植美国纽荷尔脐橙。2003 年底至 2004 年春，他又先后投入资金购买了一个 1000 亩脐橙果场、一个 400 亩莲山果场以及一个 500 亩脐橙果场。至此，他拥有三个脐橙生产基地，一举成为全县最大的脐橙种植大户。

脐橙种植圆了致富梦

2006年12月，林家盛光荣地加入中国共产党。成为一名党员后，林家盛在思想上有了很大的飞跃，这时的他意识到自己富不算富，带领全村、全乡甚至全县的父老乡亲实现共同富裕才算富。于是他走家串户宣传发动村民垦荒种植优质脐橙，从资金、技术上扶持乡亲们大面积种植优质脐橙。2008年，林家盛所在的下石枧村脐橙种植面积达到103.8亩，石家乡脐橙种植面积达到630亩，全县脐橙种植面积达到16万亩，仅脐橙一项每年人均增收1000元。

为寻找脐橙销路，林家盛带领30多名业务骨干，东到上海、江苏、浙江，西到青海、西藏，南到广东、海南，北到吉林、黑龙江等地，跑遍大半个中国走市场、找销路。为顺应市场需求，林家盛率先成立石家乡家盛实业公司。为适应市场经济的需要，进一步做大做强企业，2009年8月经富川瑶族自治县工商行政管理部门审批，石家乡家盛实业公司更名为富川瑶族自治县家盛果业有限责任公司。在他的带动下，富川瑶族自治县的果业公司像雨后春笋般破土而出。随着公司的发展，林家盛开拓“公司+基地+农户”的模式，发展壮大农业企业，加大科技投入力度，大力实施“优果工程”，不断做大做强优质脐橙产业，采用标准化种植，用农业生物防治手段贯穿整个脐橙生产过程，使脐橙产量和品质不断提升。2010年，富川瑶族自治县家盛果业有限责任公司产销脐橙4200吨，产值达1680万元，利润880万元。每年脐橙上市时节，该公司在面向社会招收季节工时，林家盛都优先考虑招收当地贫困户，每年都有50多户贫困家庭共150多人成为公司临时员工。他采取计产计酬、多劳多得等多种激励措施，提高公司员工收入，仅此一项，让贫困户年增收12000～20000元。

不忘初心，大力帮扶

林家盛常说：“我是一名党员，党员就要时刻牢记党的宗旨，全心全意为人民服务，不忘初心，牢记使命。”公司成立党支部后，身为支部书记的林家盛不但一如既往地严格要求自己，处处以身作则，同时也严格要求每个党员在果场、在公司起到模范带头作用。在用人机制方面，林家盛提倡技术优先，工资与业绩效益挂钩，从而有效地增强了公司员工的上进心，促进员工之间“比、学、赶、帮”，学技术、讲奉献，公司上下爱岗敬业、乐于奉献的精神得到充分体现。为使水果的品质得到进一步提升，林家盛经常邀请水果栽培技术专家到果场给员工授课，到果园传授先进栽培技术与病虫害防治方法，使员工们真正掌握脐橙的栽培和管理技术。对那些已学到脐橙栽培管理技术的员工，他经常鼓励他们回家创业，并从资金、果苗等方面给予大力扶持；对那些想发展脐橙种植的果场周边农户，他从资金、技术、苗木、信息等方面给予大力支持，毫无保留地传授技术，帮他们联系技术员，通过牵线结对子，为他们提供坚强的技术后盾。此外，他还鼓励果场里的专业技术员担任果农的技术顾问，鼓励他们以技术入股参与优质脐橙种植，走共同致富的路子。随着市场经济的变化，为让更多的果农走上致富路，林家盛又开启了“公司 + 专业合作社 + 协会 + 基地 + 农户”的脐橙发展帮扶新模式，同时进一步完善市场销售网络，把脐橙销售到全国各地，还出口加拿大、孟加拉国、斯里兰卡等国家。

2020 年，县委、县政府进一步加大了对脐橙种植的扶持力度，使富川脐橙种植业得到蓬勃发展，全县脐橙种植面积达 30 多万亩。富川也将脐橙定位为“主攻农业、巧攻旅游、精准扶贫”产业。金秋十月，素色的古村落和金黄的脐橙相映成趣，慕名而来的外地游客络绎不绝，极大地带动了当地旅游业的发展。2020 年第四季度，在脐橙上市的季节，富川因观赏采摘脐橙实现旅游收入超过全年旅游收入的 30%。

“老党”韦炳录：20年初心不改为群众

韦颖琛 蒙是宜

若论民族团结进步，陈双村无疑属于广西的“先进生”。这个位于全国唯一毛南族自治县——环江毛南族自治县的小山村，近年屡获国家级荣誉：2019 年被评为“中国少数民族特色村寨”，2020 年被评为“全国民族团结进步示范村”“中国美丽休闲乡村”。2021 年，环江毛南族自治县思恩镇陈双村党总支被评为“全国先进基层党组织”。

这些荣誉的背后，活跃着一个默默奉献的身影，那就是陈双村党总支书记、村民委员会主任韦炳录。20 年来，他带领全村各族群众闯出发展之路，当地干部群众都亲切地叫他“老党”。

“当村干，群众就是上帝”

陈双村距环江城区约 4 公里，属思恩镇管辖，全村现辖 27 个自然屯 29 个村民小组，共有 820 户 3475 人，居住着壮、汉、瑶、苗、侗、仫佬、毛南、水、布依、满、土家等 11 个民族，其中有 19 个屯 396 户 1720 人为移民。1995—2005 年，他们相继从全县 12 个偏远乡镇搬到这里，使陈双村成为一个多民族成分、多民族语言、多元文化并存的大村子。

韦炳录，壮族，1968 年随家人迁到村里。2002 年 7 月，他参加村委会主任选举，成功当选。在此之前，他做过木材生意，当过屠夫，经营过屠宰场。

刚当选时，他干了 4 个月，感觉不太适应，想打退堂鼓。“组织说既然当选了至少要干满一届，我想干就干吧，既然干就要把事情干好。”韦炳录说。他以前是做生意的，就按做生意的理念当村干：“做生意要讲信用，做村干也要讲信用。做生意，顾客是上帝；当村干，群众就是上帝。”

韦炳录也没想到，这一干就是 20 年，他还入了党。采访中，记者听到一件他为群众跑腿的事——2005 年前后，当地政府发动群众种植糖蔗，因为没钱买蔗种和化肥，移民群众分到了土地却高兴不起来。有人想到去信用社贷款，信用社答复“不能办理”，原因是自有资金有限，且移民未将户口迁到陈双村。韦炳录得知情况后，主动与信用社联系，协调解决贷款事宜。

“通过他的介绍，我们了解到移民群众分到的土地都很好，只是缺乏启动资金。”时任环江信用合作联社思恩信用社主任卢凤照在接受记者采访时回忆道，“当时有不少本地村民获得土地补偿款，韦炳录提出可以动员大家把这笔钱存到信用社，条件是信用社给有发展前景的移民群众发贷款，我们同意了。”

当时，韦炳录回到村里，走遍当地 8 个屯，向农户解释情况，动员他们将钱转存到信用社。本地群众得知移民群众的困难后纷纷去转存。有近 40 户村民因忙农活没时间去办理，就干脆把密码和存折交给韦炳录，委托他代办。不到一个星期，群众转存资金共计约 280 万元。

当时很多移民群众连贷款申请书都不会写，韦炳录便组织村干在信用社大门旁现场办公，帮群众写申请书、办手续。最终，信用社发放贷款 170 万余元，300 多户群众因此受益，种植糖蔗 4000 多亩。

卢凤照记得，贷款到期后有一两户无法按时还款，她找韦炳录帮忙，在他的动员下村民及时还了款。陈双村因无一人拖欠贷款而成为环江首个获得“信用村”荣誉的村屯。

“解决不了饮水问题，班子就主动辞职”

像联系贷款这样的事，韦炳录还做过很多，其中最让群众有获得感的，还要数解决饮水问题这件事。

2017年4月，陈双村举行“两委”班子换届选举，韦炳录连任党总支书记。在表态发言中他说道：“本届班子在任期内一定要解决群众安全饮水问题，解决不了饮水问题，班子就主动辞职。”看他如此郑重地立下军令状，一些群众半信半疑。

韦炳录做出这个承诺，不是心血来潮。此前，陈双村的饮用水靠打井供应，水质较差，枯水期还会断水。早在2015年，韦炳录就和班子成员四处寻找水源，后来在附近找到一处水质优、水量足的水源。

将这处山泉水引到陈双村，管线需经过叠岭、中山两村，引水工作面临管线长、所需资金量大、协调有难度等困难。为此，韦炳录与其他两个村的村干商量，提出“共同建设安全饮水工程，造福3个村百姓”的想法，得到大家支持。两年间，韦炳录翻山越岭进行项目前期规划论证，商讨饮水工程管理制度，听取群众意见。只是由于当时资金紧缺，项目未能启动。

2019年正值脱贫攻坚关键节点，7月20日，思恩镇党委相关负责人到陈双村调研饮水安全问题，韦炳录就饮水工程实施的可行性情况做了汇报，工程预算180万元，比设计公司报的230万元节省50万元。

项目很快得到批准。7月26日，项目开工。经过145天奋战，项目竣工验收合格并交付使用。此饮水工程建造2个梯级抽水站，建造3个容量为300～400立方米的蓄水池，主管线长27700米，组织群众投工投劳300多人次，工程覆盖3个村48个自然屯，受益人口达4000多人。

为保证饮水工程正常运行，韦炳录和其他干部研究起草饮水工程管理制度和村民公约，成立由3个村的党总支书记、党支部书记组成的监管领导小组，聘请管线维护员和水费收费员进行日常管理，按月公开水费情况，接受群众监督。

“全村 90% 以上的群众都喝上了自来水，大部分村民再也不用为水发愁了，大家都很感激党和政府。”陈双村陈屯组组长黄亮开说，“韦书记为这事连续忙了两个多月，有时水管漏水，半夜他都去现场看。”

韦炳录兑现了自己的承诺，也成了群众心中值得信赖的“老党”。

第六次连任的书记

“韦炳录很优秀。他们能得这个奖（“全国先进基层党组织”）是实至名归。”2021 年，时任环江县委常委、副县长（挂职）曾馥平在接受记者采访时说，“陈双村要管好不容易，他作为‘两委’班子的‘班长’，大公无私，凝聚力强，20 年来班子在他的带领下很团结，希望多出一些像他这样的带头人。”

采访中，无论是村里的村民还是县里的领导都提到，陈双村的党组织有凝聚力，“两委”班子齐心协力，各族群众团结和谐。这为陈双村打赢脱贫攻坚战，迈上乡村振兴路奠定了坚实基础。多年来，陈双村党总支以“民族团结、社会稳定、经济发展”为核心，带领群众探索出一条屯务联管、生产联营、婚嫁联姻、文艺联演、治安联防、品牌联创的发展之路。毛南、苗、瑶三个移民点的少数民族群众年人均纯收入从 1995 年的不足 500 元增长到 15000 元，其中双乐屯苗族群众年人均纯收入达 2 万元以上。因在民族团结、乡村治理、脱贫攻坚等方面成绩突出，陈双村吸引了国内众多知名媒体前来报道，成为环江乃至广西展示民族工作成果的窗口。

“一个村能得这么多国家级荣誉，全县也只有陈双村能做到，其中‘老党’确实起到很大作用。现在国家大力推进乡村振兴，希望他能继续带领群众把村子发展好。”思恩镇党委原组织委员韦玲玲说，韦炳录虽已接近退休年龄，但工作能力强，群众威望高，基层工作经验丰富，镇党委经讨论研究、报县党委批准，继续将其作为村党总支书记和村委会主任后备人选。

在随后举行的村“两委”换届选举中，59 岁的韦炳录高票当选村党总支书记和村委会主任。这是他第六次连任。“只要还做得动，我都愿意做。”韦炳录说。

喜欢悄悄地把事做了

目前，环江已把陈双村列为全县乡村振兴的试点，首期计划投入 2000 万元，对基础设施、民族文化、乡村旅游等方面进行提升。

“一直忙村里的工作，家里是不是就不太顾得上？”面对记者的疑问，韦炳录笑答：“村里的事要做，家里的活也做。”他告诉记者，家里目前种有 30 亩柑橘和 30 亩桉树，有时还会承接一些工程。他一般早上 5 点就到果园干活，干到 8 点去村委会处理村务，晚上下班后又下地干活，“能干一点是一点，实在没空就让小孩自己干”。

提到家庭，韦炳录语气变得柔和。2004 年，妻子患了严重的贫血症，先后多次到河池市区和南宁住院治疗，每次住院短则半个月，长的达 1 个月之久，因村务繁忙，他都没法到医院照顾。有一段时间，妻子每个月都要到南宁住院检查治疗，几乎每次都由孩子陪同。对此，妻子从未抱怨。“工作上的事她从来不过问，一直很支持我。”这让他既内疚又感到安慰，“既然群众那么信任我，我不做好怎么行？”

只要是对村民发展有利的事，韦炳录都努力争取、积极跟进，但在争取个人荣誉这件事上他却不太上心。20 年来，他先后 1 次被评为市级“民族团结模范个人”，5 次被评为县级“民族团结进步先进个人”，4 次被评为县级“优秀共产党员”，2020 年荣获县级“脱贫攻坚先进个人”称号。

虽然奖项数量不少，但与村集体所获奖项相比级别都不高。记者采访得知，有关部门在评优活动中多次推荐他，他都婉言谢绝。县总工会推荐他参加“河池市劳动模范”评选，他也谢绝了。“工作是大家一起干的，荣誉应该属于大家。”韦炳录说，“我做什么事就悄悄地做了就行。”

“老党”韦炳录就是这样一个人——在领导眼里，“有他在，不管办多大的活动都放心”；在群众眼里，“他就像个领头的，给我们方向，不好好干感觉没法面对他”。

从少数民族中来
到党的民族教育事业中去

——访“广西高校优秀党务工作者”“优秀共产党员”郭金世

莫仕庆

在美丽的广西民族大学校园里，有一位优秀的少数民族党员干部、作家、诗人。他是从偏僻山寨里走出来的广西仡佬族第一个从学校到学校的本科大学生，是全系同年级中最先入党的学生党员，是以优异成绩留校任教的大学老师，是2008年北京奥运会的火炬手，是出版广西仡佬族作家文学史上第一本诗集的诗人，是孜孜不倦献身党的民族教育事业三十载的优秀党员……他是“广西高校优秀党务工作者”、广西民族学院（现广西民族大学）“优秀共产党员”，现任广西民族大学校友联络办公室主任郭金世。

感恩党的民族政策

1967年10月，郭金世出生于靠近滇黔桂三省区交界处的广西隆林各族自治县德峨镇么基村一个偏僻的仡佬族山寨里，9岁时又随父母迁至隆林各族自治县岩茶乡者艾村平林屯。郭金世在六个兄弟姐妹中排行老二。与那个年代的许多同龄人一样，家里仅仅依靠父母两人辛辛苦苦挣工分维持生活，家境极为贫困。“村里的地九分石头一分土，喝水只能等天哭（下雨）。家里的锅长期缺少油水，锅头就像久旱干裂的土地，没有一丝滋润。”郭金世回忆起当时的境况说。

幸好父母亲善良勤劳、通情达理，无论多困难都坚持送他上学读书。更为幸运的是，从小学到大学，从穷山沟到都市，一路走来，他都是在党的民族政策关怀下进步成长的。在求学过程中，学费和伙食费都是国家全包，这使他在家庭经济非常困难的情况下还能顺利地完成学业。1987年，他参加全国高考，考进当时的广西民族学院，成为广西仡佬族第一个从学校到学校的本科大学生。1991年，他以优异的成绩从学校毕业并留校任教。

从小沐浴着党的恩情，耳濡目染，郭金世对党充满了崇拜和感激之情，立志长大后为党的事业贡献自己的一切。大学期间郭金世就向党组织递交了入党申请书，并于1990年6月光荣加入中国共产党，成为全系同年级中最先入党的学生党员。参加工作后，在党组织的关心和培养下，郭金世先后担任过广西民族学院中文系党总支办公室秘书、学生工作处学生思想政治教育科科长、文学院党总支副书记，河池市人民政府副秘书长兼教育局副局长（挂任），广西民族大学监察室副主任、预科教育学院党总支书记、后勤管理处处长、传媒学院党委书记，现任广西民族大学校友联络办公室主任，一步一个脚印成长为少数民族优秀共产党员。

“仡佬族在广西的世居民族中人口不多，我的成长和进步得益于党的民族政策，没有共产党就没有今天的我，我的成长过程充分体现了党的民族政策的优越性，我要向我们的党和国家致以最崇高的敬意。”郭金世发自肺腑无比深情地说。

献身党的民族教育事业

从1991年毕业留校至今，郭金世一直在母校里工作。感恩于党的关怀，无论在哪个岗位，他都以落实党的教育方针为己任，主动承担工作重任，任劳任怨、积极肯干，将自己的毕生精力奉献给少数民族教育事业。功夫不负有心人，他的努力最终喜获丰收。

担任文学院党总支副书记期间，郭金世着重抓好思想政治教育、推荐毕业生就业和党总支日常事务等工作。他重视大学生的社会实践能力培养，定期利用周末时间组织学生党员和入党积极分子到南宁市中山、南湖等街道办事处的各个居委会进行社会实践锻炼，得到当地干部群众的好评，也提高了学生理论联系实践的综合能力。他积极创新班主任管理方法，在全校率先试行年级主任制，大大提高了学生管理效率、强化了思想政治教育。他先后荣获“广西高校优秀党务工作者”和广西民族学院“优秀共产党员”等称号。

2002 年 2 月至 2003 年 1 月，郭金世主动请缨参加支教工作，挂任河池市人民政府副秘书长兼教育局副局长。他注重加强沟通协调，努力争取相关部门和后盾单位对当地教育工作的支持和援助。短短一年时间，他与支教队员不辞劳苦，翻山越岭，走村串户，先后走访 9 个县的 60 多所中小学，深入辍学学生家庭了解原因，认真做好劝学工作，积极动员学生返校上课。由于工作出色，他被授予自治区“支教工作先进个人”荣誉称号。

担任预科教育学院党总支书记期间，郭金世注重培养和发展学生党员。每年预科生入学时，他都给学生讲授党的基本理论知识，积极引导青年学生向党组织靠拢，每年都有 800 多人向党组织递交入党申请书。他创新少数民族预科生管理办法，在探索实践中形成了可借鉴、可复制的经验做法，并协助自治区教育厅草拟《广西少数民族预科学生管理暂行办法》，经多方征求意见后于 2012 年印发，有力提高了广西民族预科教育的教学质量和办学水平。

担任传媒学院党委书记期间，郭金世注重加强意识形态教育工作，定期对全院师生进行宗教信仰调查，建立重点人员信息库，加强学院自办媒体管理，亲自参与审核学院新闻稿。充分利用微信公众号，大力推送传媒学院党建工作情况，还开设有关党员理论学习的栏目，向全体党员推送有关党的理论与政策内容，进一步提高党员的政治素质和理论水平。通过抓党建促教学，传媒学院连续多年的毕业生就业率为100%，在学校就业工作考核中获优秀等级。

2019年11月担任校友联络办公室主任以来，郭金世积极宣讲党的政策，广泛联络、动员校友努力为党的民族教育事业奉献力量。由他组建并维护管理的广西民族大学校友会网站和微信联络群，成为联络校友情感、推动学校发展、宣传党的政策、促进民族团结的重要平台。

倾情关爱民族贫困学子

由于自己是从民族地区走出来的，郭金世对于那些同样来自偏远贫困民族地区学生的境况感同身受，对他们特别关心和爱护。郭金世把对学生的关爱与培养变成工作的自觉，发自内心地帮助他们。他平时经常与学生谈心，了解学生的身体状况、家庭生活状况，引导学生树立信心，克服困难。他通过对贫困生进行摸底调查，掌握贫困生的生活与学习情况，率先在全校建立贫困生档案，并积极向有关部门推荐学生参加勤工助学活动，帮学生联系社会实习等，努力减轻学生因经济困难造成的学习和生活压力。

直至如今，广西民族大学校园内依然流传着许多关于郭金世乐于助学的感人事迹。2006年，他的学生徐磊作为广西民族大学应届毕业本科生，考取了北京大学硕士研究生，却因家庭经济困难想放弃，郭金世得知情况后，立即发动全校师生及社会爱心人士为该生捐款，使徐磊顺利渡过难关，圆了北大梦想。2008年，他的学生钱正芸作为广西民族大学非英语专业应届毕业本科生，被美国密苏里州立大学以全额奖学金录取攻读英语教育专业硕士，为了帮助她办理出国手续，郭金世积极为她四处奔忙，使她得以顺利越洋求学。这样的感人故事不胜枚举。1996年，他带的中文93（1）

班荣获广西民族大学建校以来第一个“全国先进班集体”。

有一年金秋，郭金世带着刚入学不久的预科教育学院理六班的 58 名学生免费参观广西科技馆，免费登上当时南宁市最高的楼宇——埌东地王大厦。那个班上有很多来自贫困山区的民族学生，他们感慨地说：“这是我们第一次接触到先进的科技，这是我们登上过的最高大楼，我们的内心都很激动。”当然，郭金世的目的不仅仅是带学生去游玩，更多的是让他们开开眼界，体验到祖国改革开放的建设成果和日新月异的变化，使他们尽快适应大学的学习生活，教育他们立下远大志向，争取学有所成。

如今，郭金世桃李满天下。从中央到地方，从高等院校到普通中小学，从党政机关到企事业单位，他的学生遍布祖国大江南北。他们像一朵朵鲜艳的小花，绽放在祖国建设事业的各条战线上。

大力弘扬民族文化

郭金世还有两个重要的身份——作家、诗人。工作之余，他笔耕不辍，先后公开发表《悼念：心灵的失落与超越》《试论作者的写作观》《试析少数民族贫困生心理贫困的主要表现》《从文学经典阅读教学到学生综合素质培养》《文学教学模式的探索与实践》等几十篇学术论文，合著学术著作一部。曾获全国社科联“优秀社会组织工作者”称号、自治区社会科学优秀成果奖三等奖等。他还热爱文学创作，所写的诗歌、散文等文学作品屡屡见诸《人民日报》客户端和《广西文学》《红豆》等报刊，他还加入了广西作家协会，并当选广西写作学会副会长兼秘书长。

作为从仡佬山寨里走出来的党员干部、作家、诗人，郭金世深知自己的民族身份和肩负的民族使命。他把大力弘扬仡佬族优秀传统文化作为全面贯彻落实党的民族政策的重要职责任务，不遗余力地进行保护和传承。他多次深入隆林仡佬族聚居地开展实地调查，挖掘、抢救仡佬文化遗产，近年撰写的《隆林仡佬族拜树节的文化内涵及社会功能》《庇荫与传承：仡佬族祭祖文化研究》等多篇学术论文，对研究仡佬族文化具有重要的参考借鉴作用。2008年北京奥运会圣火在广西境内传递时，他有幸作为仡佬族的代表担任火炬手，为广西争光！

2020年，郭金世的诗集《青枫树》由青海人民出版社出版，这是他第一次惊艳亮相。这本诗集共收录了160首缅怀父亲的诗歌。这些饱含深情的诗句还原了仡佬族独特的文化风情、居住环境、生产劳作和日常生活的情况，也让更多人认识和了解广西的世居民族之一仡佬族的历史渊源、精神品格和文化特质，得到媒体的高度关注和读者的好评。

杨志魁：“网红村”的致富带头人

韦尚雄 杨兰桂 黎学良 李俊玲 罗 烈

走进“网红村”岔山村时，天正下着大雨，透过雨帘看村庄，一片迷蒙。我们打着伞踏上巷道的青石板，鞋子和裤脚很快就被雨水溅湿了，于是小跑进了巷口的杨志魁家。看到有客人进门，杨志魁的妻子热情地打起了香喷喷的油茶，端上刚出炉的梭子粑粑……

杨志魁是富川瑶族自治县朝东镇岔山村党总支书记，他正是以油茶和梭子粑粑为切入点，大力发展岔山村的旅游产业，使该村贫困群众年人均纯收入从2015年的3042元增加到2020年的10636元，比原来增长近2.5倍，全村116户贫困户525人全部实现脱贫，截至2020年12月，岔山村村级集体经济账面余额59.84万元。岔山村利用乡村旅游助力脱贫攻坚的事迹被世界旅游联盟列入“旅游减贫案例集选”。

老板回村当书记 大刀阔斧搞旅游

岔山村是一个汉族和瑶族杂居的村子，基础设施落后、信息和交通闭塞，2015年精准识别时，全村不到1000人，贫困发生率却高达52%，是国家级贫困村。

然而，在这个深度贫困村里，却有一位致富能人，他就是杨志魁。杨志魁原来做果蔬销售生意，至2014年，他在南宁、东莞两地都有店铺，拥有5辆卡车跑运输，有自己的销售团队，年纯收入50万元左右。

能人带动，是脱贫攻坚和乡村振兴的重要力量，用好致富能人，对村民脱贫致富、繁荣农村经济作用巨大。要解决岔山村的贫困状况，需要一个经济能人做"领头雁"。2001 年，在外打拼的杨志魁光荣地加入中国共产党。朝东镇党委、政府将目光聚焦到了杨志魁身上，动员他回村担任村干部。

"光我一个人富还不行，我也想让大家一起富起来。"杨志魁虽然常年在外做生意，却始终保有党员的使命担当和农民朴素的情怀，他决定响应组织的号召，放弃自己的生意回村担任村干部。杨志魁的决定最初遭到家人的质疑，但他经过耐心地劝说，最终做通了家人的思想工作。2014 年 8 月，他回到村里竞聘村党总支书记并高票当选。

岔山村地处湘桂交接处，是从湖南进入广西的第一个村，潇贺古道穿村而过，距今已有 600 多年历史。历史上这里商铺林立，车马喧嚣。得古道交通之便，岔山村自古以来就是岭南地区传习中原文化的先导地区和文化交融地，村内古民居、石板桥、石碑刻、古风雨桥、古戏台、古隘口、古庙、古祠堂、古树、古井等随处可见，旅游资源丰富，是体验潇贺古道的最佳去处。

然而，富有历史底蕴的旅游资源却"藏在深山无人知"，时至 2015 年，从村中穿过的潇贺古道被修建的水泥路覆盖，村民养牛耕田地，路上到处是牛屎，一到下雨天都没办法下脚。

岔山村是自治区领导挂点村，挂点的自治区领导多次到岔山村调研，为岔山村的发展出谋划策。2015 年，时任自治区人民政府副主席唐仁健到岔山村调研时指出，岔山村要发展乡村旅游，必须保护好古民居等文化遗产，要在保护中合理开发利用，在合理开发利用中给予保护。

"我原来就是个种地的，后来外出跑运输。做旅游，旅游是什么我都不知道，市场怎么样我也不懂。"杨志魁说。后来，他在镇党委、政府的指导下，淋漓尽致地发挥经济能人头脑灵活、善于学习、敢闯敢干的特点，开始探索发展乡村旅游的路子。

为了发展乡村旅游，杨志魁领着村“两委”干了三件事。第一件事是动员村民破开铺盖的水泥路，让古老的青石板路重见天日。第二件事是“治牛”。“治牛，就是要卖牛，如果不卖牛，这个牛屎肯定就少不了。要让村民卖牛，难度非常大，我们村‘两委’干部分头一家一户地上门做思想工作。”杨志魁说。通过给予一定补偿金，安排牛主人做保洁员等方式，动员牛主人将牛卖掉，劝导牛主人购买“铁牛”来耕地。村民们接受了先进的生产工具，同意将牛卖掉，满街牛屎的问题得到了解决。第三件事是整治环境卫生。为了搞好村里的环境卫生，杨志魁与村“两委”共7个人当起了“保洁员”。“我们做感化教育，你丢我捡。我们站到农户家门口，他们丢垃圾我们就捡，久而久之，农户就不好意思丢了，慢慢改掉了随便丢垃圾的习惯。卫生的问题解决了，村容村貌慢慢地变好了。”杨志魁说。

通过上级党委和政府的支持和帮助，岔山村不仅修缮、恢复了兴隆风雨桥、岔山古戏台、登山古道等景观，还打造了党建长廊，布置了打铁铺、知青馆、岔山博物馆等人文景点。岔山村变整洁干净了，可游玩的地方多了，经过一年多时间的整治，岔山村通过了“乡村旅游特色村”验收。

“牛屎街”成了“网红村”　村民增收脱穷帽

岔山村村民祖祖辈辈耕田种地，一开始村民不知道怎么做旅游，也不相信在农村做旅游能增收致富。为了让村民看到实实在在的好处，让乡村旅游转化为群众持续增收的来源，杨志魁以该村特色美食油茶和梭子粑粑作为切入点，动员他的妻子和其他5户贫困户妇女一起，成立了岔山村第一家妇女油茶互助社。

2016年6月13日，岔山村妇女油茶互助社正式营业了。然而店铺开门营业，却没有客人进门消费。整整一周，杨志魁天天将卖不出去的油茶和梭子粑粑送给亲戚朋友吃，天天亏损。“互助社的几位妇女不想干了，我老婆骂我，儿子也埋怨我，但是如果不坚持下去，群众肯定会有看法。”杨志魁说。为了招揽游客，杨志魁使出浑身解数，不仅主动招呼上门的客人进店品尝油茶，甚至到停车场为客人张罗，提供服务。面对杨志魁遇到的困境，朝东镇党委、政府经过了解，认为主要原因是宣传力度不够。2016 年，当时的网络流量资费还相当高，但朝东镇党委、政府决定在岔山村建立贺州第一个商业级免费 Wi–Fi 网络供游客使用。“我那时还不知道什么 Fi，什么歪的 Fi 还是正的 Fi，真的很搞笑，我读初中时学校都没有英语课。”杨志魁哈哈大笑。深山古村提供免费 Wi–Fi，游客不断把旅游心得、图片发上网，引得更多的游客纷至沓来。岔山村以互联网作为宣传手段，仅仅 1 个月时间，实现了游客人数从 0 到 1 万的突破。

岔山村妇女油茶互助社顾客盈门，利润丰厚。不久后，学会经营的贫困户妇女全部自立门户，开起了油茶店当起了老板，仅靠此项收入就成功脱贫摘帽。

杨志魁和村“两委”干部一起，动员村民特别是贫困户开办油茶店、农家乐、书吧等特色商铺，指导村民改造房屋，打造特色小店，形成岔山村特色美食一条街。岔山村的梭子粑粑和油茶等美食三次荣登央视《味道》栏目。2018 年春节期间，央视新闻节目播放了岔山村的瑶族长桌宴和民俗表演的盛况。

截至目前，岔山特色美食街的店铺已发展到 30 多家，其中半数为原来的贫困群众经营。这些店铺中，纯利润最少的一家一年有数万元，有的年纯收入超过 100 万元。全村靠旅游收入生活的村民超过 300 人。

在杨志魁的带动下，岔山村从昔日的“牛屎街”变成了“网红村”。2016 年以来，岔山村每年游客量约为 40 万人次。近年来，岔山村先后获得“全国第一批乡村旅游重点村”“全国生态森林乡村”“中国美丽休闲乡村”“中国传统村落”和广西“五星级乡村休闲旅游区”等多个荣誉称号。

带领贫困群众抱团发展 立足特色农业促脱贫

果蔬销售是杨志魁的专长。2015 年，他带领村“两委”干部，利用自身种植果蔬的经验，成立了以贫困户为主的果蔬专业合作社，带领贫困群众抱团发展。50 户成员中就有 30 多户是贫困户。杨志魁还和村“两委”干部一起，发动村民发展西瓜、黑木耳、烤烟、红薯、蔬菜轮种，发展肉牛养殖等特色产业，将种植合作社扩大到 2 个，吸纳贫困户近 30 户 110 多人。同时，因地制宜，积极动员村民特别是贫困户发展烤烟、蔬菜、中草药等产业。岔山村以贫困户为主导，种植春烤烟 500 多亩，有机蔬菜、优质水稻 1000 多亩。2016 年，岔山村荣获“广西县级农业特色产业示范区”称号。

同时，杨志魁还积极发挥致富带头人和经济能人的引领作用，建立了产业指导员制度，加强对农作物种植的指导，引进名特优产品和先进种植技术，有效实现农产品种植结构升级换代和增产增收。贫困户特色产业覆盖率达 92% 以上。

岔山村先后获得“贺州市脱贫攻坚先进集体”“第十七批自治区文明村”“全区民族团结进步示范村”“自治区五星级基层党组织”称号。村党总支书记杨志魁被自治区党委、自治区人民政府授予“2016—2017 年度全区脱贫攻坚先进个人”“自治区劳动模范”荣誉称号。岔山村脱贫攻坚工作得到中央广播电视总台、《人民日报》、新华社、广西电视台、《广西日报》等主流媒体的报道。

苗寨里的党员致富带头人

——记“自治区优秀党务工作者”吴斌

龙林智

“他十年如一日地带领群众做产业，助脱贫，是党员干部学习的好榜样。”融水苗族自治县良寨乡党委书记黄敏直言。

他就是桂黔交界处融水苗族自治县良寨乡大里苗寨党总支书记、村委会主任吴斌。2003 年，技校毕业的他曾到广东打工，在街上开过维修店，也卖过电器，一路打拼过上了富足的生活，过上周边群众羡慕的生活。2011 年 9 月，吴斌得到大里苗寨 3000 多名苗族同胞的信任，高票当选该村委会副主任。他从副主任干起，之后历任村委会主任、党总支书记，最后更是书记和主任一肩挑，一干就是 10 年，为当地苗胞做了许多实实在在的好事。

党建引领聚人心

大里苗寨与贵州省相连，是融水苗族自治县地道的贫困村，共有 7 个自然屯 773 户 4714 人，有党员 65 名，设党总支部 1 个、党支部 5 个。2015 年底，大里苗寨建档立卡贫困户 316 户 1822 人。

“富不富，看支部。”面对当时大里苗寨的贫困状况，2017 年刚当选为该村党总支书记的吴斌，看在眼里，急在心上。他决定把党建标准化、规范化建设作为重点工作来推进。他将习近平新时代中国特色社会主义思想、习近平总书记关于脱贫攻坚的一系列重要讲话及党的十九大精神等作为“三会一课”的必修课；还定期邀请乡党委委员、驻村第一书记、老党员老干部等到寨里上党课、讲党史，通过组织开展主题党日活动、专题组织生活会、廉政教育课等，不断提升基层党员干部的党性修养。

他以“支部引领、党员带动、助推产业脱贫”为切入点，通过签订“我是党员我带头”承诺书，要求共产党员佩戴党员徽章和发放“共产党员户”牌匾等方式，使广大党员在任何情况下，都能时刻记得自己的党员身份，履行党员义务。他还利用能人帮、党员带的方法，引导贫困户发展产业，把退伍回乡的优秀青年、经商致富的能手等吸收到党员队伍中来，解决了党员结构失衡与素质不高的问题，提高了党员发挥引领作用的能力，使他们成为服务群众、带动群众脱贫致富的最坚强力量，通过他们把大家的心凝聚在一起，共同谋发展、兴产业、奔致富。

“吴书记是一位好干部，对我们村民公平、公正，特别关心群众。”大里苗寨乌吞屯的贾甘妹说。如今，大里苗寨有了一栋三层楼的办公楼，自然屯建有标准化灯光篮球场、茶叶加工厂、民俗接待楼、戏台、凉亭等；水、电、网络进入了家家户户，屯里亮起了太阳能路灯，大里苗寨也成了广西、贵州两省区的样板村和示范点。

教育为本提素质

“对我们大学生的支持，就是对我们的鼓励，使我们更有信心去努力学习，也激励寨里更多的苗家子女进学校、爱读书。”曾经得到“大里助学基金”资助的大里苗寨乌吞屯吴晓燕兴奋地说。2020 年，她从广西财经学院毕业后，考进了县里的一家银行，过上了更好的生活。像吴晓燕这样的苗家学子还有很多，他们在“大里助学基金”的支持和帮助下完成了学业，依靠读书改变了自己的命运。

“我们苗族以前有很多老人，特别是妇女，大字不识一个。现在这种情况已经改变了，读书改变命运的观点深入人心。”吴斌说。2012 年，作为村干部的他在原有的基础上完善了“大里助学基金”的管理制度，让基金会能更好地运转。

为解决“大里助学基金”的资金问题，由党总支牵头，通过文艺演出捐款、公职人员赞助、爱心人士捐赠等方式，不断给“大里助学基金”添砖加瓦。所得资金，每年分别给考上大学一本、二本、三本的苗家学子一次性发放 500 元、400 元、300 元奖励金，给每个特困学子每年额外资助 500 元。近 10 年来，整个苗寨形成了比学赶超的浓厚学习氛围，村民以孩子上学为荣，孩子以考上重点大学为骄傲。过去村民不重视教育，村里孩子不愿意学习的情况被彻底改变了。现在全寨适龄儿童都能完成九年义务教育，没有一名儿童辍学。其中有 330 名苗家学子享受教育帮扶政策，保证了困难家庭的孩子能正常接受教育。截至目前，“大里助学基金”累计发放助学金 10 万多元，受到资助的 47 名大学毕业生中，有的考进公务员队伍，有的自己开办企业，他们在广阔的天地施展才华，奉献社会，报效祖国。

产业发展促增收

“村看村，户看户，群众看干部。”2012 年 3 月，吴斌在苗寨成立了党员先锋队，带领村民在荒山上种植了 80 多亩高山无公害茶叶，次年茶叶喜获丰收，利润喜人，这让他信心倍增。现在他种植的高山无公害茶叶已达 400 亩，带动村民种植茶叶 1000 多亩，每亩平均为村民增收 3500 多元。

尝到甜头的他深知“一人富不算富，大家富才叫富”的道理，于是他不断培养党员致富带头人，让党员真正地发挥引领作用，使更多村民参与进来，发家致富。目前，他培养的 13 名党员致富带头人，已分布在苗寨里的 7 个自然屯，有效地带领村民发展产业，促进增收。

“他是我们的‘班长’，工作作风扎实，带领群众发展产业，帮助群众增加收入。在他的带领下，大里苗寨的产业越来越多，也越做越强。他是我们学习的榜样。”大里苗寨村委会副主任贾福由衷地说。吴斌深知“授人以鱼不如授人以渔”的道理，他通过党建引领，采取“党支部 + 合作社 + 基地 + 贫困户”的模式，2014 年大胆试种传统紫黑香糯 400 多亩，产量达 10 万多斤。因为紫黑香糯种在高寒山区，昼夜温差大，无污染，且含有丰富的钙、磷、铁等元素，对慢性病患者、恢复期病人、孕妇、幼儿、身体虚弱者都有滋补作用，深受客商的欢迎。吴斌通过电商将紫黑香糯销往广东、山东等地，确保了村民卖得出、有收入。同时，吴斌在县城开设了首家良寨乡扶贫特色农产品专营店，使贫困户实现从靠“输血”扶贫，到自己“造血”脱贫的改变，他们不再担心农产品的销售问题。这一举措解决了村民的后顾之忧，真正达到了精准扶贫的目的。通过发展紫黑香糯等产业，大里苗寨村集体经济收入达到了 7.05 万元，结束了多年以来村集体经济收入为零的历史。

“我自己种了 3 亩紫黑香糯，农闲时又帮人打工，月收入 3000 多元，可以随时给小孩寄点生活费。”2018 年脱贫的大里苗寨甲同屯贾彩闹高兴地说。他一家 6 口人，当年有 4 个小孩在读书，开支大，造成家中经济困难。现在 4 个孩子已经大学毕业，留在了深圳、南宁、柳州等城市工作，他家的生活芝麻开花节节高，越来越好。

目前，在党员致富带头人的带动下，大里苗寨流转土地 500 亩，建立连片紫黑香糯种植示范基地一个，带动村中 86 户贫困户 300 多人参与其中，全乡 500 多户贫困户种植紫黑香糯达 1000 多亩，每亩平均产值为 4000 多元。紫黑香糯种植成为山区群众增收致富的新产业。

如今，在吴斌的引领下，大里苗寨除了种植茶叶，还发展了罗汉果种植、大果油茶种植等近十种特色产业，分别为紫黑香糯、高山无公害茶叶注册了“御世臻良”“香利达”等商标，让大里苗寨的农产品有了属于自己的“名字”。这些农产品走出苗寨、走进城市，多渠道促进村民增收致富，为村民早日实现小康奠定了基础。

修好道路助振兴

“当年，乡里到村里只有一条砂石路，晴天一身灰，雨天一身泥。”吴斌回忆起2012年的情景时感慨地说。因为没有路，村民运木头、种田地、赶集市都必须步行，耗时费力，村民有苦难言。于是他与当时的村党支部书记专员、村委会主任贾祥闹多次到乡里和县里争取项目。

功夫不负有心人，在当地党委和政府的支持下，2013年全乡首条水泥路通到了村委会所在的大里苗寨。但还有6个自然屯没通公路，怎么办？吴斌急得像热锅上的蚂蚁：“要致富，先修路，这是硬道理！”于是他总结村级公路硬化的经验，一方面向上级争取资金，另一方面动员群众投工投劳。在大家的共同努力下，2016年所有自然屯全部通了砂石公路。2017年，7个自然屯全部通了水泥公路，率先在全乡实现屯屯通水泥路的目标，解决了村民“最后一公里”的难题，结束了村民上百年来无公路行走的历史。更让人高兴的是，为了让边远山区的群众早日摆脱贫困，吴斌又向上级争取项目，终于实现了在茶叶基地、紫黑香糯基地、罗汉果基地、大果油茶基地建成直达田间的水泥路及屯屯巷道硬化的目标，有效地提升了工作效率，助力乡村产业振兴。

“自从修好路，群众可以开车去采茶、拉木头、种田，很方便很快捷啊！”大里苗寨国里屯吴振国感激地说，“以前运一方木头去卖，除去人工费后只得600多元。如今，车子可以直接开到山脚了，省了很多人工费，我们卖一方木头可以得到900多元呢！”

有付出，就有收获。2017年，大里苗寨实现了整村脱贫摘帽的目标；

2020 年，所有建档立卡贫困户全部脱贫，实现了“清零”目标。大里苗寨还先后荣获“中国少数民族特色村寨”“自治区少数民族保护特色村寨”“柳州市先进村”以及县乡级“先进基层党组织”等称号。

同时，吴斌被授予“全区脱贫攻坚好支书”“全区脱贫攻坚先进个人”“边疆地区民族团结先进个人”“自治区优秀党务工作者”等称号。“获得这些荣誉，其实是我们大里苗寨‘两委’干部和广大村民共同努力的结果，我将以这份荣誉作为新的起点，继续带领群众发展紫黑香糯、高山茶叶等特色产业，让大家的生活越过越红火，助力乡村振兴。”2021 年 6 月 24 日，领到“自治区优秀党务工作者”荣誉证书时，吴斌信心满满地说。

阿暖的选择

覃雅妮　梁春玉

经过夏雨洗礼的瑶族村寨滴水村面目一新，村前的茶园满眼翠绿，宁静又充满希望；村后的圣堂山云海涌动，变幻似丹青泼墨。游客们在瑶族特色民宿的观景台一边品茗一边欣赏风景，悠然自得。滴水乡村旅游的美丽画卷正徐徐展开，可这背后离不开一个人——阿暖。

阿暖大名叫卢琼燕，是金秀瑶族自治县长垌乡滴水村党总支书记、村委会主任。她是地道的山子瑶姑娘，在家中排行最小，父母唤她做“暖”。

在滴水，可能有人不知卢琼燕，却无人不晓阿暖。村头巷尾、田间地头常常看到她对群众嘘寒问暖，指导产业发展，带领群众奔小康。

只要群众需要我，我就做

“以前，我家主要是在山地上种植杉树、八角等农作物，生活过得很艰苦。”滴水村村民罗吉英说。2012 年以前，群众靠山吃山，靠天吃饭，收入不稳定，这里一代又一代的瑶族群众守着绿水青山却没能换来金山银山，乡村旅游对他们来说更是一个陌生的概念。

和同村的很多 80 后一样，家境贫穷的阿暖 17 岁时就去广东打工。2012 年，见过世面的阿暖萌生了回乡创业的想法。

滴水村四面环山，种植的杉树生长周期长，种植的八角产量低，价钱也不高。但滴水村自然条件得天独厚，滴水河从村前流淌而过，东南北三面是梯田，背靠圣堂山余脉丛山，属茶山瑶、山子瑶聚居村落，至今已有200多年历史。经过反复思量，阿暖决定返乡发展乡村旅游，摸索一条发家致富之路。她将目光锁定农家乐，还动员同村的3名党员，从打造瑶族特色“滴水生态农庄”做起，成为滴水村“第一个吃螃蟹的人”。

农庄走“土味”路线，原材料来自周边群众种养的瓜果蔬菜、鸡鸭鱼等农产品。定点采购既保证了农庄的菜品供应，又能帮助12户贫困户增收。“游客们都说在外面吃不到这样原汁原味的菜。他们吃得高兴，我们心里也美滋滋的。”阿暖研制的瑶家“土味”菜得到城里来的游客的一致好评。

依托圣堂山景区、青山瀑布景区的资源优势，农庄生意非常火爆，第一年就盈利3万元，但阿暖不满足于自己富起来，她要带领更多的村民一起致富。在阿暖的鼓励和帮助下，滴水村及周边20户人家先后发展农家乐和民宿旅游，如今，在去往圣堂山景区的公路两旁就有瑶韵民宿20余家。看到乡亲们靠勤劳的双手走上了致富路，阿暖脸上的笑容更加灿烂。“滴水生态农庄”门上挂着的“党员创业示范基地”“三星级瑶家民宿”的牌匾就是阿暖和乡亲们一路打拼、一路收获的见证。

“阿暖，你是愿意去村委还是继续经营农庄？”就在农庄生意风生水起之时，长垌乡工作组找到阿暖，动员她竞选村党总支书记。“我是党员，如果组织和群众需要我，我就做。”原以为赚了大钱的阿暖会舍不得放下农庄，没想到她爽快地答应了。

善良、大方、热情的阿暖在2014年当选滴水村党总支书记。很快，阿暖把农庄转交给其他合伙人经营，一心扑到了村集体的事务上。

初衷就是想为群众做点事

滴水村下辖滴水、溶洞等7个自然屯，全村208户751人；2015年精准识别建档立卡贫困户57户219人，贫困发生率为29.23%，是长垌乡7

个村里贫困发生率最高的村。

2016年，脱贫攻坚的时代号角吹遍大瑶山。也就在这一年，滴水村委会办公楼时不时传出婴儿的啼哭声，生下女儿刚一个月的阿暖背着孩子回到了工作岗位。

“脱贫攻坚重任在前，我作为党总支书记怎能不在岗？”

从那以后，阿暖的办公桌旁多了一辆婴儿车。女儿醒着的时候躺在婴儿车里玩，女儿哭闹了阿暖就将其背在身后，女儿饿了阿暖就找没人的会议室哺乳……

为做好脱贫攻坚工作，阿暖主动带领村委会干部、驻村工作队员深入村屯开展数据采集和帮扶工作。“阿暖怀孕时一天假也没请过，孩子才刚满月她就放弃了产假回到了工作岗位。”副乡长蒋昌文每每说起此事都很感动，“当时有些同志不知道阿暖在休产假，连填扶贫数据都要去找她，后来知道了都觉得不好意思。”

为摸清全村贫困户的数据，无论严寒还是酷暑，阿暖总是背着女儿入户走访，披星戴月。“我女儿是吃百家饭长大的，从小到大不怕生人。”提及这段经历，阿暖一点也不觉得苦和累，她总说，“群众需要我，我不能辜负这份信任。”

“我不搬！就不搬！”盘春林又一次冲上门劝说的阿暖发脾气。为了盘春林建新房的事，阿暖背着女儿没少往他家跑。“一下大雨，我就跑过去看看，生怕他家房子会塌。”阿暖担心地说。

盘春林是王峦屯的钉子户，早在2006年以前，王峦屯就整村搬迁到新村，唯独他不肯搬。

“房子又破，路又不通，哪个姑娘敢嫁过来？”“到新村起新房子，孩子带女朋友回来多有面子。”在多次软磨硬泡之后，阿暖聊到了盘春林的心坎儿上，考虑到孩子，他终于卸下思想包袱。2017年，盘春林搬下山，住进了亮堂堂的新楼房，嘴上还时不时念起阿暖的好。

为壮大村级集体经济，阿暖通过不同途径带领全村谋发展。她先后带领党员创办村民合作社。“搞过经济”的阿暖盯住民宿旅游，将村集体的50万元投资入股“瑶家庄民居”，每年村集体获得3万元分红。为提高集体经济抗风险能力，她带领党员群众发展岭禾、油茶等产业，实现“多条腿走路”。2020年，滴水村集体经济收入实现9.98万元，比5万元目标还多了4万多元。

在阿暖和全村党员群众的共同努力下，2019年，滴水村实现脱贫摘帽，乡亲们一致称赞阿暖立了大功。

让村民都吃上“旅游饭”

乡村振兴的春风吹暖了滴水河两岸瑶族群众的心。

为了发展乡村旅游，阿暖带领滴水村的瑶族群众谋划着继续把村前的梯田流转出来，盘活起来。阿暖动员群众将村前的梯田流转给县旅游投资公司开发乡村旅游项目，还带头签协议，把家里的3亩田地流转出来发展旅游。

按照金秀“百里瑶寨风情画廊”旅游开发规划，滴水村是重点打造的沿线村屯之一。阿暖召集党员群众围绕滴水村乡村旅游发展进行讨论并做了详细的规划，为实施滴水瑶寨休闲农业与乡村旅游示范区建设项目做好充足准备。这一举措进一步增加了滴水乡村旅游区的旅游项目数量，提高了旅游区的品位。

“游客来到滴水不仅能欣赏到美丽的田园风光，还能体验到极具特色的瑶族民俗，‘进瑶山—住瑶寨—吃瑶膳’一站式乡村旅游一定能让游客乘兴而来，满意而归。”阿暖对未来充满信心，她说，“靠发展农家乐尝到发展乡村旅游的甜头，群众对发展乡村旅游非常看好。”

随着乡村旅游的发展，滴水村的基础设施得到进一步完善，各村屯实现了巷道硬化，滴水屯、新安屯进行了房屋外墙的民族化改造。

近年来，在阿暖的带领下，滴水村深入实施“双培”（把旅游优秀人才培养成党员，把党员培养成旅游优秀人才）工程，突出党员创业带富促产业发展的优势，创建滴水村“党员创业示范基地”，把党支部建在旅游产业链上，积极探索“党建＋旅游”融合发展。

目前，全村有民宿、农家乐7家，其中三星级民宿1家、二星级民宿和农家乐5家，床位共72张。2017年，滴水村溶洞屯成功创建来宾市级民宿旅游示范点，滴水村被评为“来宾市三星级乡村旅游区”。2020年，长垌乡滴水村成功入选“全国乡村旅游重点村”“广西休闲农业与乡村旅游示范点”。

“脱贫攻坚战胜利了，但我们还要再接再厉，把乡村振兴的工作做好！”阿暖激动地说。

目前，滴水村已种植甜茶400亩，全村累计种植甜茶2500亩；溶洞屯将实施风貌改造工程；滴水文艺队的队员积极排练民俗舞蹈，在村里为游客表演独具瑶族特色的原生态节目……阿暖带领村民实施的滴水瑶寨休闲农业与乡村旅游示范区建设项目正在稳步发展。

“中国乡村旅游致富带头人”“来宾市青年创业之星”“来宾市优秀党务工作者”“金秀脱贫攻坚先进个人”……荣誉像雪花一样飞来，但阿暖将它们随手锁进了抽屉的最底层。“当我在党旗前举起右手时，我就已经有了选择，不是为了荣誉，而是我知道自己肩上的责任，再苦再累也要扛着走下去。”阿暖坚定地说。

扎根基层二十载　调解纠纷八百起

——记“全国模范司法所长”“自治区民族团结进步模范个人”云国庆

黄　云

在柳州司法行政系统，云国庆是个颇有名气的人物。

2018年，全国少数民族参观团抵达北京后，中央政治局常委、全国政协主席汪洋在人民大会堂接见214名代表时，点名表扬了4名代表，时任广西壮族自治区融水苗族自治县司法局四荣司法所所长云国庆是其中之一。

在中国民族博物馆参观时，云国庆特地找到1958年毛主席亲切接见第一届全国少数民族参观团成员的合影，拍照带回家给87岁的母亲看。原来，1958年云国庆的母亲贾秀芝入选第一届全国少数民族参观团成员，没料到出发前几天从20多米高的广播楼台坠落摔成重伤无法成行，为此抱憾60年。国家民委的领队领导得知云国庆与母亲贾秀芝的故事后，颇为感慨，分别与云国庆合影留念，并叮嘱他代为向贾秀芝问好。

云国庆1966年出生，1996年光荣加入中国共产党，他扎根基层20多年为民排忧解难，成功调解纠纷800余起。他多次被评为乡级、县级优秀共产党员，先后获得“最美柳州人”“自治区人民调解先进个人”“自治区民族团结进步模范个人”“全区优秀调解员”“全国模范司法所长”等光荣称号。

巧用亲情化解亲邻纠纷

农村纠纷多为邻里、亲戚间闹矛盾，云国庆巧用亲情化解纠纷。2018年，四荣乡三江村刘家兄弟因库区征用土地补偿款分配起争端。哥哥刘明早年先成家建房另住。弟弟刘刚先跟父母住，父母过世后又随刘明生活，后入伍服役，回乡后在四荣街生活。三个姐妹已外嫁。库区征用林地23亩，补偿82.8万元。其中，有13亩林地补偿款46.8万元，刘明主张是生产队分给他个人的，应单独归个人所有。刘刚则认为13亩林地是整个大家庭在以父亲为户主时从生产队领到的林地，应该平分。父母已去世，材料因两次搬家遗失，屯里没有保存资料。在证据严重缺乏的情况下，为调解好纠纷，云国庆先后找兄弟俩的三个同胞姐妹进行调查，收集材料。弄清事情的来龙去脉后，召集刘明兄弟姐妹到司法所座谈，重叙手足情谊。最后，确认13亩林地中有8亩是刘明单独经营，所得的补偿款应归他，余下部分平分，兄弟俩终于握手言和。

四荣乡江潭村的石立与石宁是邻居。2021年7月26日8时左右，居住在上方的石立将一桶尿液泼进石宁的房间，造成石宁的房间一地污水，堆放在房内的货物被污染。为此，双方大吵大闹，石宁报案要求司法所调解并要求公安机关将石立绳之以法。接到报案后，云国庆立马赶到现场了解情况。得知事情的起因是：石宁在年初硬化其房屋背后排水沟以外的空地时，遭到石立反对。石立认为该土地是自己原房屋屋檐滴水线以内的土地。为此，石立铲除了覆盖在上面的混凝土。石宁则找本屯老人求证自己的行为是否越界。随后，石立夫妇外出务工。当务工回家的石立夫妇看到铲除过的地方被再次硬化，气愤不过，实施了泼尿行为。了解事情起因后，云国庆指出石立的行为已触犯《中华人民共和国治安管理处罚法》的有关规定，可以按照相关条款进行处罚。同时，指出石宁不按程序正确处理土地使用权纠纷并擅自改变争议土地的使用现状是事件的起因。通过云国庆耐心劝说，两方换位思考，交心交流，最终达成协议：石立赔偿石宁货物损失费1000元，进货误工费100元，房屋清理费200元。石宁将硬化的有争议的土地恢复原状。

“树蔸调解法”成功调解案例300起

2013年，三防镇烟洞村12户村民与一林场产生林木所有权纠纷。村民说杉木是1983年以前他们种植的，誓死维权。林场则说杉木是1984年后林场工人种植的，国家财产不容侵犯。双方各持己见。

云国庆提议截取争议杉树树蔸鉴定树木年轮。纠纷双方接受云国庆建议，截取20株杉树的树蔸进行鉴定，鉴定的结果是杉树的树龄为20～28年，这说明双方所陈述的情况都存在。云国庆建议双方按比例分成，经过5次推心置腹的协商，双方签订和解协议。这起涉及争议林地138亩、金额180万元的纠纷得到圆满解决。

2015年7月，四荣乡三江村大约屯的两户村民因林地界限不明，对该林地的经营权属问题产生纠纷而报案。云国庆赶往现场，双方情绪激动，各执一词。云国庆先稳定双方情绪，然后询问双方种植林木的时间，提议截取树蔸面送到林业部门检验树龄。为打消双方的疑虑，云国庆让双方在树蔸面上编号、签名，要求双方全程参与。经过检验，确定树龄，在证据面前，纠纷双方心服口服，达成协议，握手言和。

融水是林业大县，林木、林地纠纷多且复杂。20多年来，云国庆用这个“树蔸调解法”成功调解的纠纷有300多起。

舍小家顾大家，不辞劳苦获点赞

哪里有纠纷，哪里就有云国庆忙碌的身影。

2011 年 8 月 31 日，天气炎热，云国庆接到两起林木纠纷事件，两起纠纷现场相距 50 多公里，山高路远，且有一段山路需步行。处理完其中一起纠纷后，云国庆满身大汗，又累又饿，但是为了及时解决群众纠纷，云国庆和同伴又驱车赶往另一个现场。到达纠纷地山脚时，已是下午 5 时。在爬山过程中，云国庆小腿抽筋，他忍着疼痛上山，到现场时，远处村寨的灯火已经亮起来了。

2014 年，落久水利枢纽工程进入征地阶段，加上重点项目罗城至洞头二级公路、库区四级公路征地启动，库区移民、征地补偿纠纷等问题频发。考虑到云国庆基层经验丰富、调解技巧独特、服务群众有耐心等优点，组织安排其转任四荣司法所所长。作为调处组组长的云国庆发扬“五加二，白加黑，雨加晴”的奋战精神，带领调处组的同事们攻坚克难，成功调解纠纷百余起，涉及纠纷金额 8410 多万元，为项目征用 23000 多亩土地打下坚实的基础。工作期间，云国庆 87 岁的母亲因病三次动手术住院，但因工作繁忙，他只能白天在乡村工作，晚上才到医院照顾母亲。

“我们家国庆，每天都在忙碌工作，但是全家人都支持他，只要把工作做扎实，服务好苗乡人民，起到党员模范作用，我们就满足了。”云国庆的母亲动情地说道。

面对家庭与事业的抉择，他舍小家、顾大家，殚精竭虑、任劳任怨、不辞辛苦，用心调解、用情交流，尽心尽力化解纠纷。

走村入寨，用情普法暖民心

20 多年来，云国庆无数次进村入寨，以实际行动当好政策的宣传员、法律的讲解员、群众的服务员。

“今年是中国共产党成立一百周年。在北京天安门城楼上，总书记做了重要讲话。我结合司法工作，给大家宣传总书记的讲话内容及主要精神……”2021 年 7 月 30 日，云国庆运用本地方言，给四荣乡荣地村的村民、村“两委”干部和驻村工作队员做宣讲。

20 多年来，云国庆自己都记不清做了多少次宣讲。“每年都有十几场宣讲或是宣传活动，大概讲过 200 多场吧，受众应该有上万人。”云国庆说。

宣传是手段，司法工作者的关爱让法治精神深入人心。2012 年，三防镇的服刑人员韦雨，因故意伤害致人死亡被判无期徒刑，服刑期间因病回到三防镇接受治疗。由于韦雨的犯罪行为引起当地村民的愤恨，他受到排斥。再加上韦雨的母亲重病卧床，两个孩子一个读高中、一个读小学，家庭经济困难，韦雨一度丧失生活信心。云国庆四次进村做群众思想工作，让村民关心韦雨，并与民政部门沟通协调，为韦雨争取农村低保及 8000 元大病救助，帮助韦雨改过自新，融入社会。

“云所长来给我们调解，讲法律，讲道理，我们都接受，对他的调解结果我们都很满意。”曾得到调解帮助的三江村村民莫庆春说。

“云国庆是一位基层调解经验丰富的所长，闻案即动，第一时间赶赴现场，运用通俗易懂的语言向纠纷双方解释法律，调解成功率极高，老百姓都认可他调解的结果，他是我们综治工作的老将！”四荣乡分管综治工作的党委委员、副乡长贾林彬说。

如今，云国庆虽已年过半百，但依然奋战在工作一线，勇于担当、迎难而上、锐意进取，用实际行动诠释共产党员的理想信念，用满腔热血抒写着人生的壮丽诗篇。

（注：文中刘明、刘刚、石立、石宁、韦雨均为化名）

谢庆良：山歌唱响民族团结主旋律

覃雅妮

“我是个农民，能够获得‘全国民族团结进步模范个人’这一荣誉，我感到很高兴、很自豪。”2019年9月，来自河池市宜州区庆远镇东屏村的仫佬族农民谢庆良在首都北京受到了表彰。这位66岁的老人每每回想起当时的情景，心中总是激动不已，笑脸开出了一朵花：“小到家庭，大到整个国家，民族团结进步一直以来都是主旋律。我感激国家对民族团结的重视，对农民的关爱。”

谢庆良1953年8月出生于河池市宜山县（现宜州区）矮山乡，2002年当选为宜州市（现宜州区）第十三届人大代表，2006年当选为宜州市第十一届政协委员，现任宜州区山歌协会副会长，多次到全国各地参加演出，应邀参加央视西部频道《魅力12》、音乐频道《民歌中国》等栏目，参与《公民道德》《村民自治》《民工权益》等宣传书刊的编写工作。2012年12月，谢庆良被认定为国家级非物质文化遗产代表性项目“刘三姐歌谣”代表性传承人。谢庆良不仅仅是群众眼中纯朴憨厚的农民，更是广受群众称赞的民族文化的传承者和民族团结伟大精神的弘扬者。

依歌择配，家庭和睦之歌传唱三代

宜州是歌仙刘三姐的故乡，壮、汉、瑶、仫佬等民族世居于此。这里，人人爱山歌，村村有歌王，乡乡有歌会，寨寨有歌圩，到处是婉转的歌声。

谢庆良有着良好的音乐天赋，自幼学习编唱山歌。他深受壮族母亲卢秀兰（本地有名的山歌手）的影响，融会贯通地掌握了多种歌腔的演唱方法、即兴编歌的技巧和对唱策略，并针对一些传统歌腔进行改良、创新，使之更易于传唱。

“对歌”是广西山歌中一种比较活泼的形式。在过去，少数民族青年男女常常以歌会友，用歌传情。谢庆良和妻子也是“山歌为媒，依歌择配”。

谢庆良是仫佬族，而妻子黄淑芝是壮族，原本一个住在山这边一个住在河那头，是山歌让两颗年轻的心越走越近，灵魂相通，于是“相爱”这个事就变得水到渠成。谢庆良说：“她（妻子）的表姐嫁到我们村，她是送亲队伍的其中一个。晚饭过后，新人在洞房里唱山歌，其他年轻人就在屋外对唱。”那时候，对山歌是壮族婚宴上一道必不可少的“硬菜”，爱唱山歌的谢庆良和其他闹洞房的青年男女一直唱到天亮。不见其人只闻其声，送亲“姐妹团”里有个清脆明亮的声音一下就抓住了谢庆良的心，只可惜天太黑，他看不清歌者是谁。到了消夜的时候，青年男女又围坐一桌对歌，这一次，谢庆良看清了黄淑芝的模样。“但我不知道她叫什么，是哪个村的，有没有对象，然后我就找媒婆去打听，我们就是这样认识的。”回忆起他俩相识的情景，谢庆良微微笑着，不时看向在一旁整理相册的妻子。

谢庆良和黄淑芝把山歌教给儿子儿媳，又教给孙子孙女，三代人一唱就唱了半个世纪。在家庭环境的熏陶下，谢庆良的孙子孙女也自小展现出山歌天赋。在大孙女谢心语 9 岁的时候，谢庆良就教她唱山歌，还曾带她登上广西卫视《大地飞歌》、央视农业频道的舞台，祖孙一同唱响刘三姐家乡的山歌。

“鲤鱼爱游滩头水，蜜蜂爱来花园飞。三姐故乡风景好，客来旅游不想归。”“朵朵鲜花鲜又鲜，朵朵彩云挂天边。民族文化要发展，山歌代代往后传。”这些山歌词，都出自谢庆良大孙女之手。谢心语今年上初中一年级，对编歌很感兴趣也很有天赋，经常拿着自己编写的山歌词与爷爷比试，有时她可以一口气即兴创作四五首。对此，谢庆良感到非常欣慰，他说：“我鼓励孙子孙女学唱山歌、自编山歌，我们要把壮族的山歌一代一代传承下去。”

三姐文化是块宝，三姐山歌大家唱

作为宜州市第十三届人大代表、第十一届政协委员，谢庆良多次呼吁和建议有关部门要关心和重视对山歌这一民族民间艺术的保护、传承和发展。他为弘扬山歌文化甘当铺路石，在青少年山歌手的传帮带工作中尽心尽力，发掘并培养了一批好苗子。现在，谢庆良把精力更多地放在山歌的保护和传承上。每周他都要往返金城江和宜州，为老年大学和山歌协会上课，传授编歌和演唱技巧。

跟谢庆良学习山歌的学生中有壮、汉、瑶、苗、仫佬等民族，有老师、学生、农民、商人、进城务工人员……出于对山歌的热爱和对谢庆良的敬仰，各行各业的山歌爱好者聚到了一起，用心学唱山歌，用心传播山歌文化。

谢庆良的徒弟中，有两个比较特别，他们是汉族人。一个徒弟叫韦仕龙，他的母亲是壮族人，受母亲影响，韦仕龙自幼就展现过人的山歌天赋，谢庆良对他精心培养，教给他唱歌本领。韦仕龙 11 岁就登台赛歌；12 岁上台时，现场有外国人，他就把山歌转译为英文唱给外国人听；16 岁时，韦仕龙就已是远近闻名的歌王。目前他在四川的内江师范学院读大三。另一个徒弟叫杨翠英，她原本在一家旅行社工作，后来辞职学习山歌。杨翠英说：“我觉得有义务把我们宝贵的民族文化传承下去。”

两年前，谢庆良还曾自掏腰包制作宣传海报，在商店、学校、村委会、村卫生院等地张贴，免费招收愿意学山歌的学生，为的就是鼓励更多的孩子和山歌爱好者学习和传承山歌文化。“桂花开放香飘远，壮家山歌代代传。

三姐撒下山歌种，如今唱了几千年。”谢庆良说干就干，他买来粉笔，架起小黑板，在家里办起了山歌班，一字一句地教孩子们唱山歌。“只要有人肯学，我都愿意免费教。刘三姐文化是块宝，深受老百姓喜爱，我有责任把它传承下去。我会坚持唱山歌、教山歌，不能让山歌在我这一辈断层。”谢庆良坚定地说。

山歌传递时代新声

谢庆良的山歌就像宜州下枧河水一样，清纯明净，源源不断，他希望刘三姐家乡的山歌也能紧跟发展的脚步，传递时代新声。

近年来，谢庆良的山歌水平更是突飞猛进，所编山歌贴近生活、幽默风趣、雅俗共赏。长期以来，他积极参加各种公益的山歌活动，经常和山歌手联手，结合各个不同时期的特点，编写不同的山歌，以群众喜闻乐见的形式，宣传国家法律法规、党的民族政策、改革开放的成果、科学种养知识、好人好事、科普知识等内容，深受各族群众的欢迎和称赞。

谢庆良家中珍藏着许多山歌集和山歌手稿，有宣传民族政策的，有宣传《中华人民共和国未成年人保护法》《中华人民共和国劳动法》的，有讲述农民工维权故事的……找他写时政山歌的人越来越多，即使没有酬劳，他也会努力编写，有时候在田里干着农活，脑子里还在思考怎么编山歌。谢庆良说：“用山歌的方式宣传政策，老百姓爱听，宣传效果也好。”

在党的十五大召开时，谢庆良就开始编写时政山歌，至今一共编了多少首，谢庆良自己也记不清了。他把党的方针政策编成山歌，唱到村村寨寨，传播党的好政策，唱响党的好声音，他唱完党的十九大精神，又唱“不忘初心、牢记使命”主题教育。谢庆良认为，山歌是扎根在老百姓心中的一种文化，把时政山歌生活化、通俗化，用生活语言去表达，用耳朵去聆听，用心去感受，这样的时政山歌才能让老百姓记得住、唱得出，才更有认同感，政策宣传才能深入人心、家喻户晓。

“千棵青松共一岭，万根翠竹同一林；民族团结实在好，和和睦睦一家亲。喜迎华诞七十春，民族团结一条心；抱团好像石榴籽，共筑美梦是复兴。”在采访接近尾声的时候，谢庆良老两口和大孙女一同唱响这首即兴创作的山歌，反映全国各族人民和谐相处、团结一心的幸福新生活，同时也表达对祖国的美好祝福。

冲刺路上

吴美群

“全面建成小康社会，一个民族都不能少。”2020 年，在仫佬山乡的大地上，广大干部群众牢记习近平总书记的嘱托，以不获全胜决不收兵的信心决心，撸起袖子加油干，越是艰险越向前，决战决胜脱贫攻坚，为如期实现仫佬族整族脱贫目标，与全国各兄弟民族一起同步实现小康而奋力冲刺，谱写民族团结进步和脱贫攻坚的动人篇章。

走在仫佬山乡的田间地头，脱贫攻坚的火热场景不时映入我的眼帘：在百里水果长廊，果农们在忙着给柑橘剪枝；在就业扶贫车间，村民们在熟练地作业；在粤桂东西部协作的建设工地上，工人们在忙碌施工。

位于广西西北部的罗城仫佬族自治县，是全国唯一的仫佬族自治县。作为广西 8 个未脱贫摘帽的贫困县之一，截至 2020 年 7 月，罗城尚有 19 个贫困村 2315 户 6509 人未脱贫，剩余的这些贫困对象，都是贫中之贫，困中之困，艰中之艰，是脱贫攻坚最后的硬骨头。2020 年是脱贫攻坚的收官之年，为了实现仫佬族整族脱贫的目标，罗城向打赢脱贫攻坚战发起最后总攻。

抽调到县脱贫攻坚指挥部宣传组之后，我接触了一些驻村第一书记和驻村工作队员。通过采访，我越来越感觉到他们忘我工作、克难攻坚的精神是那么的难能可贵。他们有的不辞劳苦、千方百计为老百姓解决饮水难题，有的在新冠肺炎疫情期间为贫困群众增收牵线搭桥解决就业困难，有的进村入户奔波忙碌累倒在冲刺脱贫攻坚的路上……

一

2018年3月，罗代欢从来宾市新华书店来到罗城仫佬族自治县四把镇新安村担任第一书记。到任后，他做的第一件事就是解决饮水难题。他和村支部书记吴代谋、村委会主任韦代勇一起到县扶贫办找到主要领导汇报基本情况及重点工作，得到领导的大力支持和帮助，人饮工程项目资金得以落实。但新安村人饮工程项目试水期进入第七天，水井干涸断水，导致人饮工程项目停滞，接连打井，也是没有水。新安村出现大面积缺水，群众生产生活受到严重影响。“这样下去不行，不能再继续打井，否则会造成大量资金浪费。”他跟村“两委”商议后，决定到邻近的长春村进行走访，在几位老人的指点下终于找到了新的水源——藏在溶洞里的地下河。据几位老人讲述，在最干旱的时候附近村民都在那里取水，而且从来没有干涸过。他们像是发现了金矿，在确保安全的前提下，当天就组织人员到溶洞实地勘查，最后确定了水源的稳定性。

但问题来了——水源地长春村的群众不同意从溶洞取水。为此，他和村委会多次到长春村协调，一方面做群众的思想工作，另一方面从解决长春村的饮水烂尾工程入手，着手为长春村群众解决饮水问题。精诚所至，金石为开。经过努力，长春村群众终于同意异地取水。如今用上自来水的新安村村民们逢人便说：“罗书记和村委会为我们解决了建村以来的最大难题，我们现在终于可以喝上干净安全的自来水了。”

解决饮水难题之后，罗代欢紧接着又和村委会一起着手解决全村危旧房改造和易地扶贫搬迁的难题。

“我们一家能住上稳固的新楼房，全靠党的好政策，全靠驻村第一书记和帮扶工作队的大力支持。现在就算刮风下雨，我们也不用担惊受怕了。”谈到危旧房改造的事，新安村村民谢万能对第一书记罗代欢真是感激连连。

由于缺少资金，谢万能一家一直住在四面透风、墙体开裂的泥坯房里，每逢天下大雨，全家老少忧心忡忡，担心房子不知什么时候垮塌下来。罗代欢知道后，多次和帮扶干部来到他家动员他建新房，并与他的大女儿和女婿沟通，叫他们支持娘家建新房。此外，罗代欢还为谢万能申请了危旧房改造补贴。经过多方努力，2019 年底，谢万能一家终于住上了稳固的新楼房。

为了推动全村的危旧房改造和易地扶贫搬迁工作，罗代欢和村委会多次到新安村拉且屯进行动员，但是收效甚微。于是他找到上级领导，争取到该屯巷道硬化资金，将该屯的巷道进行拓宽硬化。同时罗代欢联系到一户在外务工的贫困户，以“代建”的方式解决他的住房问题。手续办理完成后立即动工，一个月后，一座崭新的砖混房出现在该屯。不到五个月，该屯全部完成了危旧房改造，真正做到了“以点带面”。

就这样，他和村委会通过易地扶贫搬迁、危旧房改造等方式，解决了全村的住房安全问题。2018 年以来，新安村共进行危旧房改造 56 户，易地扶贫搬迁 46 户，实现 2 个自然屯整屯搬迁。

二

“我加了第一书记的微信，进了‘第一书记帮您找工作’的微信群，找到了一份工作，有了稳定的收入，感谢第一书记搭建的这个平台。”近日，在广西罗城松声电子科技有限公司上班的廖金美高兴地说，喜悦之情溢于言表。

廖金美从罗城仫佬族自治县大石山区搬迁到该县城易地扶贫搬迁安置区“仫佬家园”居住。2020 年，由于疫情影响，全家宅在家里，没有什么收入，但日常开支不能少，她心里很焦急，很想找到一份相对稳定而且又能顾家的工作。后来，她被拉进了“仫佬家园”社区第一书记梁潇丽建立的“第一书记帮您找工作”微信群，在群里见到群主发布的“幺佬家园”社区内的广西松声电子科技有限公司的招聘启事，她按照要求报名并应聘过关，成为这家电子公司的一名新员工，如愿找到自己想要的工作。

这是“幺佬家园”社区第一书记梁潇丽用心帮助搬迁群众找工作，使贫困群众实现“搬得出、住得下、能发展”目标的一个缩影。

“在疫情防控期间，接到一些家庭闹矛盾的电话，希望我们去调解。”梁潇丽说，“幺佬家园”属无土安置，移民搬迁群众的收入主要靠就近就业或者外出务工。2020 年疫情防控期间，一些搬迁群众宅在家久了，没有什么收入，家庭因此而闹出许多矛盾。如何解决群众就业问题，稳定群众收入，成了摆在罗城易地扶贫搬迁管委会及社区面前的一道难题。

为了尽快帮助群众找到工作，梁潇丽积极协调、引导、服务“幺佬家园”社区内的扶贫车间（企业），帮助企业解决实际困难，尽快复工复产。目前，“幺佬家园”社区内的广西中欧鲜农电子商务有限责任公司、广西罗城松声电子科技有限公司、瞩明皮具厂和艾德服装厂相继复工复产，吸收搬迁群众就近就业。

“现在最难找工作的就是那些大龄人员，我跟企业谈条件，必须青年老年同时接纳，部分企业答应了我的条件。”梁潇丽说，在帮助“幺佬家园”社区内的扶贫车间（企业）复产复工的同时，她还与区内外特别是对口帮扶罗城的广东用人单位保持紧密的联系，随时随地掌握第一手用工信息，及时为找不到工作的人员寻找就业岗位，尽全力让辖区内的无业人员能充分就业。

“人家不懂得我梁潇丽，但一定懂得第一书记，所以我起了‘第一书记帮您找工作’这个群名。”据了解，2020 年企业复工以来，经过梁潇丽对接联系，先后向广东等省输出劳动力 156 人，向罗城的企业输送 50 多人，同时开发公益性岗位，安排 129 人就业。

三

“今年 7 月 1 日晚饭后，黄璧来到我家，叫我跟他一起到今年预脱贫对象蒙日亮家了解情况，就在准备出发的时候，他突然倒地，我立即拨打 120 电话，经抢救无效，他不幸离世。”来到罗城仫佬族自治县兼爱乡兼爱村采访，村委会主任蒙日斌含泪向我介绍了驻村工作队员黄璧的感人事迹。

黄璧原在广西武警总队一支队服兵役，后来先后担任广西武警河池地区支队巴马中队、罗城中队副中队长、中队长，河池地区支队教导队军事教员，1999 年 12 月转业到罗城仫佬族自治县机关事务管理局工作。2018 年 3 月，派驻该自治县兼爱乡兼爱村担任工作队员。

驻村后，他以村为家，视贫困群众为亲人，时刻保持军人作风，聚焦“两不愁三保障”，精准施策开展脱贫攻坚工作，截至 2020 年已有 84 户 320 人脱贫，贫困发生率降至 1.21%。由于工作成绩突出，他连续两年被评为“优秀工作队员”，2020 年 6 月晋升为三级主任科员。

兼爱村干孔屯地处边远山区，不通水、不通电，通往外界也是一条羊肠小道，原来这里有 9 户人家，因条件艰苦，先后有 8 户人家搬迁到大屯屯居住。到 2012 年，干孔屯只剩下蒙才光一户人家。了解到蒙才光一家不搬迁的主要原因是家庭困难且没有搬迁建房用地的情况后，黄璧和村干部一边帮助他家申请危房改造指标，一边帮助他协调搬迁建设用地问题。经过协调，大屯屯一名老党员让出一块地给蒙才光建房。2019 年 8 月，蒙才光终于住上了新房。

兼爱村大屯屯的蒙连福，是黄璧的帮扶对象，一家三口住在一间 90 平方米的泥坯房，鉴于他家的实际情况，黄璧动员他搬迁到县城居住。2018 年 11 月，蒙连福一家搬进了位于县城的“老乡家园”。黄璧还主动帮他申请了城市居民最低生活保障。为了方便孙子孙女读书，2020 年 5 月，蒙连福一家想把住在都安的孙子孙女迁到“老乡家园”。在黄璧的帮助协调下，蒙连福孙子孙女的户口终于有了着落。

2018 年，黄璧与街上屯蒙重贤结成帮扶对子，黄璧多次到他家与他共商产业增收计划，在黄璧的引导和帮助下，蒙重贤得以发展油茶、桑叶、核桃、杉树等产业，规模近 15 亩，还养有鸡等家禽，大大增加了家庭收入，当年实现了脱贫。

黄璧虽然走了，但他的扶贫故事却永远在兼爱村群众的口中流传。

在仫佬山乡，像罗代欢、梁潇丽、黄璧这样的驻村第一书记和驻村工作队员还有很多很多。在冲刺脱贫攻坚的路上，他们肩负重任，努力奋战在第一线，把自己的一腔热情洒在仫佬山乡的大地上，用自己的实际行动践行初心使命，诠释责任担当。

山中“暖玉”

陆云帅

杂居着壮瑶两族百姓的大化瑶族自治县六也乡茶油村，地处都阳山脉余脉福禄山区，那里峰丛林立，山簇成海。

以“茶油”为名的茶油村，即使踏遍那里的每一处山岽，也难觅一株茶籽树。不产茶油的茶油村，虽然没有村名由来的典故，却有一个仙人藏宝的古老神话流传至今。

相传上古时期，何仙姑到福禄山中采玉，因怜悯这里的百姓，曾将一块磨盘大的暖玉藏于山中，寄望它日后现世，扶弱济困，泽被乡民。

也许是神话予人希望，祖祖辈辈的茶油村村民，对这片贫瘠的土地始终热爱有加、不离不弃。然而他们在美丽神话里梦萦千年，“暖玉”却始终未现，倒是他们身边的一个村妇，冥冥之中，似是肩负使命而来。几十年间，她怀德重义、积德行善，默默地做着许多利山乡、利民生、利民族团结进步的事。她的事迹令人感动，她也因此获得多项荣誉。也不知何时起，村里人把她与神话里的“山中暖玉”相提并论，称她是有血有肉的现世“暖玉”。

一

1967 年 5 月，唐翠玉出生在与茶油村比邻的六也乡和平村。20 年后，她嫁到茶油村上司屯，从此开始了她平凡但却令人感动的人生。

1987年，有着壮家血脉的唐翠玉才20岁，像一朵鲜艳的花儿亮丽动人。当时已改革开放近10年，但在福禄山里，一些封建思想仍有残余，壮族和瑶族仍不能通婚。青春靓丽的唐翠玉中学毕业回乡后，偏偏打破陈规，嫁给了茶油村的瑶族老师蓝如川，成了瑶家媳妇。

唐翠玉与蓝如川刚恋爱时，福禄山中已传得沸沸扬扬。村民的质疑声四起，纷纷表示不赞同，但唐翠玉不为所动，毅然嫁进瑶家。沧海桑田，回望岁月，人们才发现，就因她的领头雁效应，带动了福禄山里更多的人站出来对旧婚俗说“不”，至今，福禄山中壮瑶通婚已成常态。壮瑶联姻成一家，通婚成了民族交往交流交融的重要纽带。唐翠玉可能做梦也不会料到，她当年无心插柳，带出了一片民族团结进步的“绿荫”。

二

唐翠玉似是一个注定要有故事的人，她一脚踏进茶油村，连带着的就是一个潜藏着光的故事。往下走，她的脚印更深，故事更长。

1988年，唐翠玉的家婆蓝乜川，在丈夫病逝后不久，就不幸患上了腰椎骨髓炎，从此瘫痪卧床。

蓝乜川有三个儿女，两个远在他乡谋生，只有三儿子蓝如川留在身边。蓝如川要去学校上课，照顾老人的事便落在了唐翠玉一人肩上。

从家婆生病那天起，唐翠玉早晚向她嘘寒问暖，煎药、喂饭、端屎倒尿、擦身子、洗衣裤……在她日夜辛劳照顾家婆时，有人却在咒她，盼她与蓝家离心，咒她的姻缘“短路”。为了证明爱的圣洁，证明真情可以架起连心桥，可以让壮瑶永远相亲相爱为一家，唐翠玉不但像亲闺女般照顾好家婆，还千方百计寻方找药，尽全力医治她。

1990年3月初，唐翠玉第一次外出求药，目的地是200公里外的巴马瑶族自治县西山乡。这之后她还涉足了更多地方，10余年间，她西到巴马、平果等，南到南宁的马山、武鸣等，东到都安、柳州和南宁的上林、宾阳……她听说哪里有能治家婆病的偏方，就往哪里跑。一次、两次、三次……无数次，取来的药都没起太大作用，但唐翠玉仍初心不改。

1994年初，唐翠玉拖着身孕，到100公里外的都阳镇求药。当天，她步行、坐车、坐车、步行，在返家的一处山道上，不慎脚下打滑，重重地摔了一跤。这一摔，不但导致她流产，还让她落下了腰痛的病根。

唐翠玉痴心求药，结果也没能治好蓝乜川，老人在1999年离开人世。10余年操劳无度，唐翠玉的青春风华过早逝去，她变得瘦弱，体重从出嫁时的110多斤，掉到80多斤。她孝敬家婆，成为民族交融典范的故事感动了人们。《广西日报》《农家女百事通》《广西妇女》等媒体先后对她的事迹做了报道。当年躺在病床上的蓝乜川，总是不无感慨地对人道："我的玉儿就是'暖玉'啊！没有她，我的骨头不知早烂哪里了……"

三

2003年，唐翠玉得知单家独户居于丹旧屯的韦庆禄、韦芳莲夫妇，他们的儿子意外死亡，儿媳改嫁。两位已年过七十的老人和一个孙子独居山上，生活苦，心更苦。她心生不忍，想帮助这个家庭。蓝家与韦家非亲非故，唐翠玉要做"慈善"，蓝如川开始有些想不通，但见妻子为这事日不安坐、夜不能眠，本性善良的他，很快也顺了妻子之意。此后，唐翠玉爬着崎岖山路，不断给韦家送去粮食、衣物、油盐……后来她也一直在照顾他们。

从帮扶韦家那天起，唐翠玉的菩萨心肠愈发收不住。不久，覃泽英、蓝定金、黄善芬、黄善生、韦汉球等10余位无亲人照料，只能依靠救济金生活的孤寡老人，便成为唐翠玉的帮扶对象。

覃泽英，一级残疾，生活不能自理。唐翠玉早晚都会去帮他煮饭、洗衣服，逢年过节给他送去肉米油盐。力下屯的黄善芬、黄善生患间歇性精神病，衣物破烂，身上因常年不清洗而充满异味。唐翠玉从 2008 年起，把他们当作亲人，坚持每天上门照顾他们——剪头发、修指甲、洗衣服，他们病了会将他们送去医院，还帮他们犁地、送种子、种地……

唐翠玉视壮瑶为一体，两族百姓也都把她当作至亲。因她威望高，村里有矛盾发生，只要她到场，拉紧的弦就会松开，矛盾也随之化解。多年间她成功化解家庭纠纷 13 起、民族纠纷 6 起。唐翠玉名气渐大，求助者增多，但山里人居住分散，交通不便，使得帮扶有难度。2013 年，她和丈夫沟通后，用自家两层小楼建起“爱心家园”，收养了 20 多名壮瑶残障人士、孤寡老人和孤儿。与此同时，她还长期帮扶 56 个居家的此类人士。壮瑶团结一心，“爱心家园”成了当地民族团结进步教育基地。

四

萤火微弱，也泛光彩。几十年来，唐翠玉所做的好事还有很多很多，这些事虽然没有英雄般壮怀激烈，但一个朴实无华的农家女，为做善行，已尽其心，其所作所为，感人至深。群众敬佩她，党和政府更没忘记她。多年来，她先后被评为县、市级“民族团结进步先进个人”和“广西公民楷模十大新闻人物”“全国助残先进个人”。2016 年，她荣登“中国好人榜”，还被评为“自治区优秀共产党员”。

2014 年 5 月 16 日，是唐翠玉永远不会忘怀的日子。这一天，到北京出席第五次全国自强模范暨助残先进集体和个人表彰大会的她，荣幸地和其他与会代表，在人民大会堂得到习近平总书记的亲切接见，现场聆听了习近平总书记鼓舞人心的讲话。

带着荣光回到故乡，唐翠玉立马与大化瑶族自治县民生宁医院启动医养联动模式，扩大受助范围，提高服务质量，使受助者有所养有所医，生活更加美满。之后，她还成为村里的“巾帼建功”“社会调解”等活动组织的成员。

50 多岁的她，善行不止，就像神话里的山中“暖玉”现世，努力发光，温暖他人。

“全国毕业生代表”梁驹的民族团结进步观

刘振中

一百个人眼中，有一百个关于民族团结进步的不同解读。梁驹的民族团结进步观其实很简单：因为感恩，所以奉献；因为责任，所以敬业。

“梁医生受到副总理点名表扬了！”梁驹受到国务院副总理孙春兰表扬的消息，一下子飞遍了融水苗族自治县偏远的杆洞苗寨。2020年6月3日，在全国普通高等学校毕业生就业创业工作电视电话会议上，杆洞乡卫生院副院长梁驹以“全国毕业生代表”的身份，在会上做了题为《扎根基层发挥特长，守护基层群众健康》的发言。中央政治局委员、国务院副总理孙春兰在总结中表扬了他：“我听了梁驹同志的事迹，很受鼓舞，很受启发。”

这个被乡亲们亲切地叫作“达莫”（苗语，意为“老表”）的汉族小伙，说起来可不简单。杆洞乡百秀村村民韦红平说：“我这条命，是梁医生捡回来的。”那天，韦红平在家洗澡时不小心一氧化碳中毒，梁驹赶到后，判断老韦已有生命危险，做初步救治后必须立即转至县城医院抢救。一路上，老韦的爱人不停地哭喊：“嘚爸，木哄耐哦，木争麻洗拜哦！”（苗语，意为：“孩他爸，你不要乱动哦，你睁开眼睛看看我呀！”）可偏不巧，通往县城的道路塌方，需要绕行贵州省从江县上高速才能到融水县城。梁驹一边与贵州从江方面联系放行，一边跑步到乡政府开具申请函。仅仅花了半小时，就顺利将老韦送过省区界疫情防控设卡点，从死神手中抢回了老韦的生命。

新冠肺炎疫情暴发时，作为主管临床业务的副院长，梁驹再次白衣执甲、逆行出征。全乡 12 个村的 76 个自然屯有着和邻省贵州百余公里的交界。两省区少数民族群众通婚、交流密切，这给疫情防控大大增加了难度。梁驹记得，有 1 名村民从武汉返乡，在居家隔离第 14 天的时候，突然出现发热的情况。梁驹 5 次登门，反复劝说该村民停止外出活动，待核酸检测阴性后才能解除隔离。作为第一批进到桂黔交界乌英苗寨的工作队队员，梁驹和同事们相伴徒步 10 余公里走访居住在广西、贵州两省区的少数民族群众，手把手教会他们戴口罩，向他们普及防护知识，落实疫情防控措施，还挨家挨户上门做工作，说服群众暂停“打同年”、篮球赛、百家宴等聚集性活动。2020 年 1 月 27 日，新华网以《疫情防控进苗寨》为题报道了杆洞乡政府、卫生院等单位开展疫情防控工作的先进事迹。

梁驹是怀着对神秘民族风情的向往，来到融水最偏远的乡镇工作的。“我的印象中杆洞很神秘，听说那里民风淳朴，少数民族风情浓郁，我是怀着有点好奇的心申请到杆洞来的。”初到苗寨，有两件事让梁驹感到特别感动。一是当地少数民族群众比想象中更为淳朴，二是艰苦地方的少数民族干部竟如此敬业。刚来没多久，梁驹就和乡里的同事打成了一片，彼此像兄弟姐妹一样互帮互助、亲密无间。淳朴的乡民对救治了自己的人格外感恩，有的开着摩托车来硬拉着梁驹去吃饭，有的复诊时悄悄地给梁驹带上自家的酸鱼酸肉，还有的看梁驹单身，要给他介绍漂亮的姑娘……刚来没多久，时任卫生院院长管珍义找梁驹进行了一次语重心长的谈话，向他详细介绍了卫生院的情况，鼓励他从基层做起、从群众工作做起，在艰苦环境中磨砺自己。时过两年，梁驹还记得管院长当初的那句话：“条件差不能埋怨谁，要靠自己的努力去改变。”

回顾青涩的自己，梁驹说自己最大的进步是懂得感恩，最大的收获是了解到了基层少数民族群众的所思所想。回忆那些天战冰雪、连轴转的工作经历，梁驹说那期间即使一日未休，他也不敢有一丝懈怠。想着疫情传播力强的危险，想着乡亲们缺乏防护的情况，觉得自己哪怕吃点苦、冒点险也不算什么。“在现有的简陋条件下，只有奋不顾身，积极参与到疫情防控这场战争中这一个选择。如果当时害怕退缩，那就是置全乡人民，甚至是全县人民的生命安全于不顾。”

梁驹是融水人，1990 年出生的他，自幼看着表伯父行医救治病人，于是小时候就有了长大后成为一名医生的梦想。中学阶段，在经历了亲人因缺医少药而先后离去的苦痛后，他更坚定了学医的愿望。5 年的广西医科大学求学生涯，以及 3 年在柳州市人民医院接受住院医师规范化培训的经历，让他的能力得到长足提高。与此同时，他坚定了回乡报效乡亲的决心。“他跟我说了很多次家乡的状况，还有怎么改变村民的健康意识，怎么完善乡镇一级的救治能力。”柳州市人民医院全科规培基地的张林潮主任如此评价这个“爱钻研、爱较真”的小伙。规范化培训结束后，梁驹回到乡里，遇到的第一道难题不是救治能力缺乏，而是怎么和乡亲们沟通。

杆洞乡是融水苗族自治县最边远、最偏僻的高寒山区乡，是“百鸟衣之乡”“拉鼓之乡”“中国少数民族特色村寨”所在地，浓郁的苗族风俗与独特的层级梯田、仙境般的云间草场等自然景观，共同构成桂黔交界这片美丽神奇的少数民族聚居地。但环境的相对封闭也造成语言的隔阂，杆洞乡的苗语和柳州本地话互不相通，甚至村与村之间的语言发音也不太一样。梁驹刚接触杆洞的村民时，有时甚至连他们说的一个词都听不懂，诊治时全靠村民用手比画，或者求助于同事才能明白个大概，到村寨入户巡诊时更是难上加难。梁驹暗下决心，一定要学会当地苗话，不能让语言成为拦路虎。“说起来，还要感谢柳州民宗委的双语双向工作。这个活动的推广，不仅让一辈子没出过远门的村民们学会了基本的普通话，也让我们这些‘新苗民’的沟通能力今非昔比。语言沟通顺畅不仅能帮助村民脱贫，也在我们和群众之间搭起了相互信任的桥梁。”现在，梁驹能用当地苗语和村民们进行基本交流，还结合工作生活实践，给柳州市“跟我学少数民族语言”手机 App（应用程序）提了数条改进建议，用自己的方式促进了民族间交流。

青春有梦，未来可期。说到将来，梁驹满怀希望：“各方面的条件都在逐渐改善，医院的临床综合大楼正在修建，乡亲们的医疗条件会越来越好。现在最重要的工作是提高卫生院的诊治水平，尽量不要转诊，让乡亲们少跑远路；长远的工作任务是提高乡亲们的病前预防意识，只有群众信任你，有点不舒服才会先看病，而不是拖着酿成大病。我希望我们卫生院成为全县乡镇卫生院的标杆，不管是业务能力水平、人文关怀程度，还是群众信任度等方面，都能领先其他乡镇。”

民族团结一家亲　模范夫妻暖人心

陈孟宁

2020 年 5 月 3 日，当桂林市临桂区宛田瑶族乡的领导把“广西最美家庭”证书颁发给梁光翼和谢玉凤夫妇时，他们激动不已，因为这本证书充分证明了他们一家人为促进瑶乡民族团结做出的突出贡献，有群众还当场写下了一首诗：“民族团结一家亲，梁谢支书更上心；播撒民族团结种，共建和谐美家庭。”

“我们乡楠木村村支书梁光翼是瑶族的，小河村村支书谢玉凤是汉族的。20 多年来，这对模范夫妻以身作则，使这两个村的村风村貌焕然一新。”挂点领导——宛田瑶族乡副乡长赵俊生说。

2017 年，梁光翼、谢玉凤这对年近五十的夫妻同时被选为村党支部书记。他们积极向群众宣传党的民族政策，宣讲促进民族团结、实现共同发展的道理，并邀请临桂区委统战部的领导到村里宣讲法律知识、宗教政策，请村里德高望重的老党员开座谈会，还自费购买了小喇叭用于宣传，使“共同团结奋斗，共同繁荣发展”的观念在当地群众心中扎根。3 年来，楠木、小河两个村没有发生过一起群众纠纷事件。在 2020 年新冠肺炎疫情防控工作中，这两个村的群众更是积极捐款。“这对夫妻的行动胜过千言万语，让我深深地认识到了和谐才是一个家庭、一个集体最重要的品质。”小河村村民邓昌炳说道。

2019 年 6 月 9 日，宛田瑶族乡遭遇暴雨和山洪袭击，多个村受灾严重，小河、楠木也在其中。一时间，山体塌方，道路被冲毁，房屋被淹。在接到灾情讯息后，夫妻二人立即组织各管片的村“两委”干部和党员、群众成立抢险突击队，带头到村里察看灾情，疏散转移受灾受困群众。楠木村的通村主干道有数十米路基被山洪冲垮，车辆通行十分危险。梁光翼果断决定，让村委干部用车子堵在路口，并引导群众组成值守队，24 小时轮流在路口守着，直到设置好更有效的安全警示设施才撤离。为尽快疏通道路，在上级资金还未拨付的情况下，夫妻俩拿出数万元请挖掘机来抢修道路，并组织动员群众积极参与灾后重建工作。

2017 年以前，楠木、小河的通村公路还是以泥土路为主，交通极不方便。夫妻俩担任党支部书记以后，一方面认清了“要致富先修路”的紧迫性，共同为瑶乡群众争取了 8 个基础设施建设项目，极大地方便了群众的出行和农产品的运输；另一方面积极发展村集体经济产业，通过争取与企业合作，使两个村的村集体经济收入都达到 5 万元以上。在夫妻俩的努力下，小河、楠木 2 个村 31 户贫困户已经全部顺利脱贫。

用爱呵护“野百合”绽放

——记上思县民族中学副校长陆雄光

徐仁海

上思县民族中学是广西保留壮文进校实验任务的35所民族中学之一，全校2000多名学生主要来自该县革命老区、边远山区及瑶族居住区，其中，壮、瑶等少数民族学生人数占学生总人数的95%。上思县民族中学从2008年开始创办瑶族女生班（初中），到2017年已经成功开办9个瑶族女生班，1个瑶、壮族女生班，从2017年到2019年又开办了3个民族初中励志班。10个女生班和3个励志班的开办，共使728个贫困家庭的初中生圆了求学梦。

初识上思县民族中学副校长陆雄光，是因为我采写报告文学《一群瑶族少女的诗和远方——广西上思县瑶族女生班十年办学纪实》，它叙述的是中国民主促进会广东省委员会和中国民主促进会广西壮族自治区委员会联合发动社会爱心人士为上思县特困瑶族女生捐资助学，让一群瑶族少女拥有诗和远方的动人故事，后来刊发于《时代报告·中国报告文学》2020年第8期。

记得在看作品清样时，我接到陆雄光的电话，他异常兴奋而自豪地告诉我：“瑶族女生班的庞进语考上研究生了！这是‘瑶女班’开班以来零的突破呀！”挂了电话，他立即用微信给我发来录取通知书的照片：庞进语被录取为中南民族大学药学院药学专业2020级全日制硕士研究生。

“扶志 + 扶智”成就大山深处瑶族少女

上思县总人口 25 万，少数民族占 93.5%，其中，壮族约占 87.7%，瑶族占 5.6%。这些少数民族同胞大多居住在深山里。

山，是青青的山，大大的山，高高的山，连绵壮阔的山。水，是绿绿的水，百转千回的水，奔流不息汇入珠江的水。

该县曾经因为交通闭塞导致深度贫困，贫困人口占总人口的 35%，被定为自治区级贫困县。在该县最贫困的乡镇之一——南屏瑶族乡，多少代瑶族同胞过着几乎与世隔绝的生活。闭塞，让这里披上一层近乎原生态的神秘面纱。

在大山深处从教 22 年的陆雄光对贫困、闭塞的体会最为深刻。陆雄光每天面对的，是那一双双渴望知识的眼睛。那一双双眼睛里所折射、所衍生、所升华出来的故事，就发生在南屏瑶族乡。

“那一双双渴望知识的眼睛，在凌乱的刘海下散发着游离躲闪的目光，让人不忍心对视，甚至与那目光一碰触，内心深处就会有一种抽丝般的疼惜和怜爱。”陆雄光回忆起那年那月，依然感慨万千，声音颤抖。

2004 年，盛夏的十万大山，吹拂着一股清新的风。这风，让深山瑶寨许多因贫困和惶惑而愁眉苦脸的山民，精神为之一振——中国民主促进会广东省委员会和中国民主促进会广西壮族自治区委员会选定广西上思县开展“城乡少年手拉手”捐助百名特困瑶族女生的活动。

2008 年 9 月，首届瑶族女生班开班，招收了 56 名学生。2011 年，首届瑶族女生班初中毕业，其中：有 28 人就读于职业高中；其余 28 人就读于上思县中学首届少数民族高中女子班，这 28 名女生均参加高考，其中 17 人达到本科录取分数线，9 人达到高职（专科）录取线，实现了当地瑶族女生上全国重点大学零的突破。到 2020 年 7 月，该校共有 10 个班 560

名瑶族女孩完成了初中学业，其中350名高中毕业，150名入读大学本科。如今，已有近300名学生毕业并参加工作，有了稳定的收入，使一批家庭脱离了贫困。

爱的涓涓溪水源源不断地流淌，滋润一个又一个因为辍学而哀伤、难过的山里娃，使他们重新走进校园，重新点燃改变命运的星星之火……

对少数民族教育工作情有独钟的陆雄光笃信：理想是人生的太阳。爱，能润泽理想。爱，能改变命运。

用爱催开一朵朵美丽的“野百合”

2008年初夏，中国民主促进会广东省委员会、中国民主促进会广西壮族自治区委员会和中共上思县委统战部、上思县教育和科学技术局共同组成联合调研组，深入南屏瑶族乡开展教育调研后决定：由中国民主促进会广东省委员会、中国民主促进会广西壮族自治区委员会联系爱心企业家资助上思县民族中学开办一个瑶族女生班。由上思县教育和科学技术局负责动员瑶族女生入读，上思县教育和科学技术局又将这一任务交给县民族中学具体落实。

时任县民族中学教务主任陆雄光当仁不让地挑起招生的重担。这次招生，可不是一般意义上的招生。由于受历史、社会、自然条件，特别是经济发展水平低下等诸多因素的制约，当时的瑶族同胞生活较为困难，思想观念落后，“女不读书”的陈腐风俗依然产生影响。大多数瑶族女孩读完小学就要肩扛锄头背挎竹篓做农活，有的甚至中途辍学，有的十五六岁便早早结婚，生儿育女。陆雄光必须用爱心和耐心打动他们的父母，同意女孩们入学。

春末夏初，南屏瑶族乡一条条陡峭崎岖的山路上，常常会出现三五人走村串户的身影。

“调查摸底容易，不怕累，多走村、多串屯、多入户就弄清楚了，但接下来动员学生报名，说服家长让女儿读书就不那么顺利了。有的学生害怕离开家庭，有的学生想读书，但家长不理解不支持，有直截了当一口拒绝的，有推三阻四婉拒的。说一千道一万，嘴皮磨破了都没用。那时候呀，心酸、心急、心焦、心灰，都有，总之是五味杂陈，但尽管多次失望而归，我也不愿放弃，许多时候差点掉下泪来。”回忆起当初，陆雄光表情异常复杂。

招生期间让陆雄光最难忘的一件事，就是陪同中国民主促进会广西壮族自治区委员会社会服务部的刘艳霞躬身走进庞进语家的那一次。

那是一间低矮的泥砖瓦房，厨房是用竹子和木条围成的，十分简陋。

刘艳霞在破旧的泥墙前驻足，微微抬头凝望着贴在被烟火熏黑的墙壁上那两排长长的奖状。良久，她慢慢背过脸，抿着嘴，无声的泪水顺着她的脸庞流淌……走出屋外，刘艳霞一字一顿地对陆雄光说：“不能让这个女孩辍学，我们一定要让她读书！”陆雄光默默地朝刘艳霞深深点着头。

庞进语是个品学兼优的好孩子，她的兄弟姐妹多，家里耕地少，经济来源仅靠爸爸在外打工，妈妈在家操持家务和耕种几亩责任田，家庭条件很困难。

面临辍学的庞进语非常想读书，她深知读书能改变自己的命运，甚至能改变家庭的命运。但每当她看到爸妈整天为生活苦熬累熬，望着如此憔悴不堪的妈妈，她就总有一份愧疚压在心头，让她喘不过气来……然而，无数个星光灿烂的夜晚，庞进语仰望星空，内心的希望又会像星光一样闪亮。可是，庞进语在反复考虑家里的情况后，只能将渴望读书的冲动抑制住，于喟然长叹中决定在家当劳力。

庞进语的爸妈也想让女儿读书，现实却又让他们无可奈何。思来想去，愁煞人！真是可怜天下父母心啊。

这天，陆雄光和刘艳霞一起与庞进语的爸妈促膝交谈了许久许久……

离开庞进语家的时候，刘艳霞将300元硬塞进庞进语妈妈推来挡去的手中：“这是进语上学路上的车费。到了学校，你们就不用担心她了……”

“我在学校等你。”

陆雄光如兄长般情深意切地轻拍着庞进语瘦瘦的双肩。这是对苦难的同情，也是对一朵含苞待放的花朵的呵护。

陆雄光和刘艳霞的亲切和热情，深深地感动了庞进语一家。满心期待中，庞进语哭了，爸爸哭了，妈妈哭了，眼泪哗哗地淌……

到县城读书后，庞进语一切费用全部由爱心人士资助，她自己也非常珍惜来之不易的机会，加倍努力，最终，如文章开头所说，于2020年考上中南民族大学研究生。

“野百合”成为民族团结进步之花

2008年9月1日，绿树成荫的上思县民族中学校园，举行了一场前所未有的隆重而特别的开学典礼。

56名学生、10多名家长代表、政府领导、企业家、上思县民族中学的全体老师，参加了这个隆重而特殊的开学典礼。

一个班的开学典礼，如此的隆重热烈，让在场的每一个人激动和思绪万千……

经过半年的筹备，以及陆雄光和同事们整整一个暑假踏遍瑶乡村村寨寨地动员，才有了这56名瑶族少女读书圆梦的机会。

第一至第四届214名初中毕业的瑶族女生，有85人读幼师、卫生等中职学校，毕业后几乎全部返回家乡工作。这些青春而富有朝气的瑶族女生，给瑶寨注入一股青春气息和文化活力。更令人振奋的是，这些完成学业而后就业的瑶族女生，为家庭带来稳定收入，让家庭脱贫摘帽，有效阻断贫困的代际相传。

陆雄光说，瑶族女生班的成功开办，助推了上思县的脱贫摘帽工作，并彻底改变上思县瑶族同胞“女不读书”的陈规陋习，使越来越多的瑶族女生从深山瑶寨走进课堂。现在，瑶族女生班和少数民族高中女子班的品牌效应逐步显现，促进了上思县教育事业的发展，目前，上思县瑶族女生小学入学率达100%，瑶族女生初中毕业巩固率达95%以上。

他还说，上思县民族中学在中共上思县委统战部、上思县民族宗教事务局、上思县教育和科学技术局的直接指导下，在中国民主促进会广东省委员会和中国民主促进会广西壮族自治区委员会的支持下，将民族团结进步创建工作融进“扶志+扶智”的全过程，并逐步做深、做细、做实。制度化地在全校范围内定期开展紧扣“中华民族一家亲，同心共筑中国梦”的民族团结进步宣传教育系列主题活动。

2008年自治区成立50周年大庆时，上思县民族中学被评为“广西壮族自治区民族团结进步先进集体”，2011年荣获“全国中小学民族团结教育工作优秀学校”等荣誉称号。2013年以来，学校先后有两位教师荣获“自治区民族团结进步模范个人”荣誉称号。2020年12月4日，上思县民族中学被列入第四批“自治区民族团结进步示范学校”。

陆雄光，这个笃信“心真则事成，愿广则行深”的教育工作者，对少数民族基础教育满怀真情，几十年如一日，坚持在教育一线深耕细作，在收获桃李满天下的自豪和喜悦的同时，也收获到让他自豪一辈子的厚礼——在2019年，荣获“全国民族团结进步模范个人”称号。

在一次与陆雄光的闲谈中，他感慨地对我说，当初深一脚浅一脚地在瑶寨泥泞的山道上走家串户，动员她们走进县城读书的那些瑶族女生，现在大多学有所成，也都爱情和事业双丰收，真是知识改变命运啊。

苗寨里的一台相机和四个大学生

龙 涛

华南第三高峰元宝山南麓有个良双村，村里有个苗族汉子，当地人习惯叫他贾师傅。在少数民族村寨，能被人称为师傅的，都是技术人才。这位贾师傅比乡长还出名：年轻时，为了娶到一见钟情的苗族姑娘，他拎着一盏马灯，在夜色掩护下成功“偷亲”。成家后，他挎着一部相机，走遍十里八乡上百个村屯，每个村的村民不一定认识乡长，但几乎都认得贾师傅。凭着一部相机，一路夫唱妇随，贾师傅一家过得有滋有味，他们的五个孩子中，有四个孩子考上了大学，走出了山路十八弯，走向了外面精彩的世界。

以照相结缘 “偷”来一桩好姻缘

贾政庭是广西融水苗族自治县红水乡良双村牛塘屯人，今年 80 岁了，小学学历，先后在村里当过信用社会计和大队文书。

牛塘屯是一个苗寨，寨子对面是良双村的侗寨屯。虽名叫侗寨，其实也是一个苗族寨子。两个寨子距离不远，有 2 公里多。1963 年春天，侗寨屯来了个照相师傅，贾政庭和村里的几个青年约着去照相。去到那里，看到有几个妹仔也在等着照相。贾政庭和同伴就邀请她们一同合影，她们愉快地答应了。贾政庭觉得这几个妹仔中有一个特别漂亮，笑容特别灿烂，便暗暗喜欢上了，后来知道她叫杨翠英。

在大苗山，苗族青年大多通过“坐妹”找到对象。“坐妹”就是男青年到有未婚嫁的妹仔的人家去和妹仔玩耍，通常是男女围坐火塘边谈天说地，一般还会唱苗歌、弹果哈（一种苗族乐器）、打油茶等。经过一次次“坐妹”，青年男女从陌生到认识，再从了解到相互有好感，最后相送定情礼物。那次照相相识后，贾政庭便开始到侗寨屯的杨翠英家“坐妹”。他发现杨翠英每次和后生们聊天，不是一边纺纱就是一边织布，从来都是忙前忙后的。贾政庭觉得她是个勤快漂亮的好妹仔，对她是越来越喜欢了。

经过一年多的“坐妹”，贾政庭和杨翠英感情日益升温。后来杨翠英偷偷送给贾政庭一条花带，贾政庭也送给她50元钱，双方算是定了情。但是，杨翠英的妈妈坚决反对她和贾政庭在一起。因为在杨翠英14岁的时候，她妈妈已把她许配给寨上的一个男子，杨翠英死活不情愿，一直没去“夫”家。

他们就只好采取苗家的传统做法——“偷亲”。1964年农历十一月的一天，杨翠英的姐妹杨梅整找到贾政庭，对他说：“翠英讲，如果你中意她，明晚就到响立家接她，如果不同意就算了。”贾政庭一听心花怒放，立马回答说：“我一定去！”杨响立是杨翠英的堂叔，他家和杨翠英家相隔有百余米。按苗家传统的“偷亲”习俗，既然家里不同意，“新娘”就要找到一家信得过的人家，当作临时“娘家”。杨响立家就是杨翠英找的临时“娘家”。

第二天晚上10点多钟，贾政庭和族上一个兄弟各提了一盏马灯，贾政庭还带了一个手电筒，在苍茫夜色中去杨响立家“偷亲”。进到屋里，贾政庭看到心爱的人正坐在火塘边——杨翠英按苗族新娘出嫁习俗，腋下夹一套新苗衣和一把油纸伞，脚上穿着一双新草鞋。贾政庭在杨响立家按苗族迎娶新娘的习俗吃了饭、喝了三大杯糯米酒，然后接过杨响立家用树叶包好的两三斤糯米饭和三条酸鱼，领着换了新苗衣的杨翠英回家。

家里早已聚集二三十人，他们一起在晒楼等待杨翠英的到来。两人按苗族习俗完成了婚礼。

在大苗山苗家，一个女人有了孩子后，姓随夫，名随长子，后缀一个“咪”（苗语，意为“妈”）字，意思就是某家某人的妈，这个新名字将伴随她往后的时光。1965年，贾政庭和杨翠英的老大世隆出生，杨翠英随之改名为贾隆咪。直到这时，她家里才承认这门亲事。

走村串寨照相　送五个孩子读书

1984年红水乡成立以前，良双村归拱洞乡管辖。这里是高寒山区，岭多地少，交通不便，经济相当落后。在改革开放前，人们还是为吃穿发愁，大多靠吃国家救济粮过活。贾政庭家每年有11个月都是以木薯、玉米为主食，一年到头只在过年过节时才能吃上一餐白米饭。生活上的极度困难，使贾政庭暗下决心改变现状。贾政庭冥思苦想后，决心通过送儿女读书改变命运。

1981年秋，世隆从良双村小学附中毕业，以优异成绩考取柳州地区高中，成为融江片区唯一考上地区高中的学生。世隆走出大山去上高中后，贾政庭最小的孩子世仕也6岁了，开始上小学。

1985年，世隆考取了广西医学院（现广西医科大学），成为全乡第二个大学生。那时候，大学生还不用交学费，生活费国家也有补助。但贾政庭想，孩子正是长身体的时候，每月得保证有60元的营养费。老三到拱洞中学上学，每月也要20元，老四、老五在村里上小学，也需要一些费用。全家5个小孩子同时上学，开销日渐捉襟见肘起来，贾政庭渐渐感到力不从心。

1986年暑假的一天晚上，贾政庭和大儿子世隆商量看能不能搞照相生意。世隆上大学后常和爱好摄影的同学玩，对摄影知识略懂一二，他也觉得这是个好办法。两人一了解，一部相机200多元，家里的积蓄却只有

100多元。征得妻子同意后，贾政庭卖了一头大牛牯，得了300元钱。第二天，贾政庭就和世隆到柳州，花200多元买了一台华夏牌照相机，又买了5卷富士彩色胶卷，花了近400元。

照相机买回来后，父子俩开始研究使用说明书。白天要干农活，只有晚上才有空研究。一连几个晚上，贾政庭一手拿着相机，一手拿着使用说明书钻研。遇到不懂的地方就问世隆，直到熟悉相机的简单操作。贾政庭还做了一个一尺见方的玻璃相框，相框里装上世隆在大学时照的几张彩色照片，上方写着“一底两相　3元钱”字样。

良双村有一个闹鱼节，节日里数万人下河闹鱼嬉水，争抢象征幸福的活鱼，十分热闹。闹鱼节那一天，贾政庭一大早就起来了，买了张粉红色的大方纸，写上“彩色照相　一底两相　3元”几个大字，然后卸下一块门板，把大方纸贴在上面，再和儿子扛到村前的大松树下，傍在树前。一下子人们就围上来，好奇地观看相框里的照片。

第一张照片开张后，照相的人们纷至沓来，有照单人照的，也有合影的，还有照全家福的。父子俩一个照相一个登记，忙得不亦乐乎，到了傍晚，不知不觉就照完了4卷胶卷。第二天一早，世隆走了五六个小时山路，把胶卷带到乡邮电所邮寄。

在等待照片寄回的日子里，贾政庭每天都忐忑不安。20多天后，乡邮电所的邮递员来到村里，把一大包相片交给贾政庭，可是贾政庭不敢当众打开。但是，乡亲们闻讯赶来，到贾政庭家看照片。贾政庭只拿出其中一卷，打开一看，张张清楚。贾政庭心里的大石头这才放下来。乡亲们看到照片后无不称赞。当天，贾政庭发完了本寨的照片，又帮不少村民拍了照片。看到已没有多少胶卷了，贾政庭第二天赶到柳州，一下就买了10卷胶卷。

胶卷买回后，贾政庭一头挑着相机、相框、晒好的照片和雨伞，一头挑着行李包，戴上竹笠出发了。贾政庭按前些天晚上规划好的出行线路，经良友，过培堤，到培基……最后又回到良双。每到一个村子，贾政庭都把那个村子的照片放到相框里展示。结果，围观的人越来越多，人们看到照片拍得好，就又纷纷让贾政庭照相。

就这样，贾政庭走上了走村串寨照相的路子，这一干就是10年！

知识改变命运　一家人过上幸福生活

1991年，老四世尧也从县民族中学考上了柳州地区高中，老五也考到县民族中学上学，家里的开销就更大了。就在这时候，办理身份证工作在全乡全面铺开。当时，身份证要用黑白照片，乡里没有照相馆，人们办身份证只有去县城照相。派出所也不太方便邀请外面的照相师傅进山来。贾政庭看到这种情况后，找到派出所领导，请求承担这个业务。派出所领导看到贾政庭为了孩子读书的良苦用心，深受感动，研究后决定把全乡的身份证照相业务交给贾政庭。

为做好这个业务，贾政庭专程到柳州，花400多元买了一台凤凰205相机，还买了一台黑白像印相机、一套冲洗胶卷的设备、显影液、定影液和相纸。当时，贾世隆已自学掌握了黑白照片冲印技术。在了解了光学的基本原理、记住了有关显影液和定影液中的化学名称及配比后，贾政庭把吃饭桌搬到世隆的房间，摆上印相机、显影液、定影液和相纸，用一块床单把窗口挡住，房间就成了简单的“暗室”。

1990年下半年，经过艰难的引水、装机、牵线，贾政庭建成了全村第一个家庭小型发电站。当电灯亮起来的那一刹，贾政庭激动得快掉泪了。后来，村里有十几家向贾政庭学习，也建起了家庭小型发电站，这些家庭小型发电站直到1998年村里通了电网后才全部拆除。

为了提高贾政庭的照相水平，贾世隆还为父亲订阅了《大众摄影》杂志，购买了有关的学习资料。经过学习，贾政庭的照相技术越来越纯熟，他也越来越得到乡亲们的信任。几年时间过去，这几个乡的上百个村屯，每个村屯都留下了贾政庭的足迹和汗水。

贾政庭经营照相生意后，家里的农活基本上都交给了妻子贾隆咪。一年里，贾政庭也就是农忙那几天帮着干点农活，其余都是妻子一个人在辛苦操劳。

1996年，随着几个孩子相继在县城工作，贾政庭和妻子也搬到县城生活，还开了家照相馆，结束了走村串寨的生活。2000年，贾政庭60岁时，孩子们不再让贾政庭工作了，他这才把照相馆转让了，彻底告别了照相的生涯。

现在，贾政庭的大儿子世隆在柳州市社会福利医院担任院长，二儿子世朝从广西大学毕业后在县文体局工作，三儿子世尧从广西大学研究生毕业后在柳州担任律师，四儿子从重庆邮电大学毕业后在柳州的电信部门工作，是部门里光纤通信方面的主要工程师之一，贾政庭唯一的女儿也通过考试成为一家国有企业的职工。贾政庭夫妻也随3个孩子走出了大山定居柳州。前些年，贾政庭的孩子们回到老家良双村苗寨建了一幢别墅，每年的春节、闹鱼节，他们都回到良双村与乡亲们团聚，共庆民族传统节日。

瑶阿弟与壮阿哥的故事

黄朝增

回忆的闸门被打开，往事历历在目，仿若昨日。2012年的雨季，八号台风“韦森特”来势汹汹地抵达桂西山区。狂风、暴雨，肆虐着我们那个瑶族山村，我家赖以遮风避雨的泥墙房倒塌了，一家五口一下子没了家，没了归宿！孩子哭了，妻子也哭了，她要我尽快找几个亲戚，用木板钉一个棚子，安置一家老小。这样是解决了日晒问题，但如果后面再来一场大风大雨怎么办？苦恼之下，我打了一个电话给因共同爱好文学而结下友谊的黄志伟，他让我马上向政府报告灾情。

八号台风“韦森特”给西林县造成了巨大损失。第二天，县委领导分成多路深入到各灾区。由于我上报灾情及时，且涉及房屋倒塌，当时的乡党委书记廖忠新和当时负责那劳灾区的西林县人民政府副县长杨登鹏等一行9人，第一时间赶到我们那个镶嵌在大山中的瑶族小寨子。由于道路边坡垮塌和树木折断，没法行车，他们步行3.5公里的机耕路进入寨子。

接着我得到一个危房指标，要知道，当时得到危房指标有多不容易。我立刻着手选址、拉料、找人砌墙，用短短8天的时间，就把一层砖混结构的房子建好了。在建房的过程中，来帮我砌砖的人里有一个中等身材的壮汉尤其引人注意。这不只因为他是砌砖的一把好手，还因为他是瑶寨里唯一讲壮话的人。他，就是赶来瑶寨为我免费砌砖的黄志伟。

家是每个人的避风港，我有了新家、有了避风港，全家人的脸上又露出了久违的笑容。黄志伟见我的情绪趋于平稳，就鼓励我写一篇关于此次灾情的文章。于是，我的文章《暖流》就刊发在《右江日报》上了。

黄志伟原是百色平果（2019 年 12 月平果县撤县改县级市）人，后来到西林县那劳镇成了家。2012 年他创办了广西第一家农民文学社——那劳农民文学社，并编辑出版社刊《金色田园》。2015 年，他出版了《漂泊的印痕》一书，并加入广西作家协会。那劳农民文学社社员也从最初 4 人发展到了现在 20 多人。在社长黄志伟的带动下，社员们笔耕不辍，常有一些文章发表在市、县级的报纸和杂志上。2019 年底，文学社中有 3 个社员成功加入了百色市作家协会。

我和这个壮族阿哥的相识颇有些戏剧性。2010 年 10 月的一个晚上，我和妻子刚从山上做工回家，还没有生火做晚餐。村部的团支书突然走进家里来，给了我一个电话号码，说是县文联要我第二天去县城参加一个文学培训会，让我先打电话联系这个人报名。

我一个面朝黄土背朝天的农民能让县文联惦记实属不易，所以当时我非常激动。我拨了那个号码，但拨了几次对方都没有接。想想也正常，看到一个陌生号码的来电，又有多少人会理会？算了，大不了不去参加那个培训会就是了。就在我要休息的时候，手机响了，是那个号码打过来了，他报出名字后，向我道歉，说是刚刚在洗澡的时候，把手机落在卫生间了，“实在对不起”，他再一次道歉。第二天，在县政府大门口，我和黄志伟见面了，两双粗糙的手紧紧地握在一起，于是一个瑶族男子和一个壮族男子的友谊征程开启了。

我的房子是用水泥砖砌的，房子建成的第三年我动了要往外墙抹水泥油的心思。活儿不多，工钱少了没人愿意来做，工钱多了我又出不起，于是我就把自己的苦恼告诉了志伟哥。他二话不说，带上他的家人过来帮忙，用两天的时间帮我解决了问题。2018 年，我想装修卫生间，我的这个壮族阿哥知道后，又过来帮我贴瓷砖……

那劳农民文学社有壮、汉、苗、瑶等族的男女老少 20 余人，大部分人都生活在大山里，条件还不是很好，三天两头总有一些需要人手的活儿，也会有些红白喜事，作为社长的黄志伟经常组织大家过去帮忙。比如 2020 年 4 月中旬，我家的二楼封顶了，他组织了 4 个社员买了食材，到瑶寨来帮我包揽了厨事……当然，他的事大家也很放在心上。前几年，他远在平果老家的母亲过世了，社员们也组织人员陪他回乡……

文学社，是以文学创作为己任的社团，但我们的那劳农民文学社除了是一个社团，还是一个大家庭。从 2012 年 5 月 18 日挂牌至今，我们一直在用实际行动诠释着民族团结的内涵。我们珍惜这个来之不易的多民族家庭，珍惜与成员们发生的故事、产生的温情。

父亲的老庚

农绍福

在壮语里，老庚又叫老同，打老庚或认老同就是与年龄相仿的好朋友结拜为兄弟或姐妹。父亲生前曾结拜过许多老庚，有汉族的，也有少数民族的。父亲与他的老庚们关系亲密、感情深厚，常常互相帮助。

父亲时常和我们提起他结拜的第一个老庚。那是 20 世纪 60 年代初，父亲考上县中学，当时从家里到县城不通公路，完全靠步行，父亲要跟着马帮走两天半的时间才能到达县城，这样就有两个夜晚要在路上住宿。好在路上的一些村寨里都有父亲的同学，因此，每个学期开学或放假回家的路上，父亲都不用愁没地方吃没地方住。父亲与一个汉族同学感情很深厚，在那段艰难的求学岁月里两人建立起了兄弟般的情谊。因为两人是同年同月出生，父亲和这个同学就结成了老庚，成了铁打的兄弟。老庚的家就这样成了父亲的免费“旅店”。据父亲说，老庚的父母待人非常真诚热情，每一次父亲到他们家去做客，他们都会拿出家里最好的菜接待他，比如平时舍不得吃的腊肉、鸡蛋等。每一年，父亲都会得到那位汉族老庚的母亲送给他的一双布鞋，那鞋子陪伴他走过了重重高山，越过道道河流，给予父亲温暖的力量，让他体验到了人与人之间的真情。父亲与那位老庚一起求学期间，睡的是上下铺，两人的衣服经常换着穿，共同的爱好和兴趣让他们的友情愈加深厚，并延续到未来的岁月里。

父亲常常说，交友在于交心，在于互助，只要你常给予人帮助，朋友自然就会多起来，路就会越走越广。父亲是这样说的，也是这样做的。20

世纪70年代，靠近我们老家的云南地界一带有许多村寨发生了旱灾，一些村寨因为粮食减产而闹饥荒。而我们村地处河流的下游，旱情较轻，粮食虽有减产，但还是能自给自足。许多因灾荒而流落他乡的云南人来到我们村里，善良的村民都会伸手救助，但那时候是靠工分吃饭的，人们分得的粮食除了够自家吃，剩余的已经很少了，心有余而力不足啊。

父亲看在眼里，急在心上。广西和云南虽然是两个省区，但毕竟同饮一江水啊，有什么比这同根同源的情感更让人牵挂呢？父亲决定利用自己大队干部的身份开仓放粮，把余粮分给逃荒而来的云南人。许多得到救助的人都感激得声泪俱下，甚至跪地言谢。每每这时，父亲都会安慰、鼓励他们："大家共同坚持下去就会有希望。"这一善举得到许多村民的支持与拥护，也让父亲声名远扬，而父亲也以这样的性格结交了不少老庚。直到现在，只要我们去到村里靠近云南的那一带，一说起自己是谁的儿子，上了一定年纪的人就会提到父亲，念叨父亲的好，说谁和谁是父亲的老庚，大家的感情好得很……他们说得那样真切，那情景真令人动容。

患难见真情。父亲生病的时候，他的老庚们或是前来探望，或是给予经济上的帮助。有一个老庚从自己微薄的工资里拿出三百元钱给父亲治病。几年前，我遇见了他，想把钱还给他，他坚决不收。父亲去世时，他的一个老庚还杀了一头猪前来祭拜，悼词中写满了兄弟情深，以及对逝者的惋惜与哀叹。

父亲已经去世二十八年了，但父亲与老庚们建立的深厚情谊并不止于他们那一代人，他们的感情好像长流不息的河水，延续到我们这一代来。多年前，我去云南文山，路过富宁县城的时候，特意去拜访父亲的一位当警察的老庚（我称呼他为"庚爹"）。虽然父亲早已不在人世了，但那位庚爹仍然还把我当作他的庚儿子来看待，并让他的儿女们也与我结为老庚。那晚，我们一同吃了晚饭。席上，一杯又一杯的酒过后，微醉之中，庚爹说起了他与父亲之间交往的许多事，言语之间，我看见他的眼睛渐渐湿润了，泪光闪烁。庚爹俯下身，用衣袖轻轻把眼泪擦去，说："我们这一辈人已经走过来了，你们下一代人一定要手牵着手一同走过前面的风风雨雨……"庚爹举起酒杯，动情地说道："许多心愿都已融在这酒里了，你们自己去慢慢品味吧。来吧，儿女们，干杯！"

那是云南富宁生产的高度白酒，几酒杯下肚，它燃烧着我的血液，温热着我的身心，我想此刻，父亲一定在天上欣慰地笑着吧。

壮瑶老同的三代情缘

曾庆春

西林县位于广西壮族自治区西部，邻接云南、贵州两省，有壮、汉、苗、瑶等 14 个民族，他们共同耕耘、共同生活在这土岭连绵、沟壑纵横、山多田少的区域。在长期的交往交流中，各民族群众渐渐形成共同的风俗习惯，特别在那个物资匮乏的年代，各族群众艰苦奋斗、团结协作，留下了很多动人的故事……

山歌结缘认老同

打老同是指年龄大抵相当或者志趣相同的人，彼此愿意结拜成兄弟或姐妹。两人结交成老同后，会经常往来，同舟共济，同心同德，互相帮助。一方盖新房或办红白喜事时，另一方都会像对待自己家的事一样帮忙。有时，杀猪宰羊、逢年过节，还会互相请吃饭，犹如亲戚一般。岑老汉和蓝老汉正是西林那劳乡的一对老同。

岑老汉和蓝老汉今年都已经跨过耄耋之年，相识已近六十年。两人初识时，他们都还是二十来岁的小伙子。岑家小伙叫岑敬，壮族人；蓝家小伙叫蓝榕，瑶族人。据说，他们结为老同还颇有些不打不相识的味道。

那时当地的一个歌圩，离蓝榕住的瑶寨有点距离，那天他出来走亲戚，平时喜欢唱山歌的他看见歌圩便想去凑个热闹。岑敬在乡里一直有善歌的美名，每次歌圩必出尽风头，蓝榕和岑敬就是在这场歌圩中互相斗歌而认识的。你来我往，最后不分胜负，待到天色渐黑，歌圩散场，蓝榕才想起已经错过了回寨子的车。于是唱道：

山顶有花山脚香，
桥底有水桥面凉；
今日对歌天过天，
错过归程好时光。

岑敬回唱道：

驮娘江水九道湾，
王子山下灯对灯；
错过归程心勿惊，
有灯就是待客家。

唱罢，岑敬就领着蓝榕回家，两人在饭桌上继续唱未唱完的歌。岑敬唱道：

天上百灵叫喳喳，
蓝家阿哥好歌才；
如今世界样样难，
唱起山歌胆气壮。

蓝榕回唱道：

天靠月光照四方，
人靠朋友树靠根；
有心结交岑家哥，
两家约定共老庚。

（注：瑶族群众称老同为老庚。）

于是，这两人当场结为老同。岑、蓝两家人也开始了往来。家有红白喜事，或是碰到农忙需要帮工的，只要打一声招呼，对方就会过来帮忙，甚至把家人和亲戚朋友都带过来助一臂之力。他们边干活边唱着山歌，歌中表达了壮瑶人民之间友好的情谊。白天过来帮工，忙活了一天后，老同必杀鸡盛情款待。

两代老同风雨情

岑老汉和蓝老汉各育有一子，由于两家走得近，两个小娃从小就亲如兄弟。长大后，岑品浩和蓝有杰两人也在父辈的见证下认了老同。从此两家人走得更近了。

20世纪80年代初，岑品浩不甘于“面朝黄土背朝天”的生活，作为家里的长子，为了改善一家人的生活条件，他找到蓝有杰商量合伙一起走出去经商，蓝有杰正有此意，两人一拍即合。但是刚开始，两人没有门路，也没有经验，碰了不少壁。

刚开始，他们从家里拿自产的鸡蛋去卖，然后挑担子卖米粉，后来又摆摊卖塑料凉鞋、卖农具。由于货源不好，赚不了什么钱，他们心想干脆还是老老实实回去种田算了。

正当两人心灰意冷之际，转机出现了。一次偶然的机会，岑品浩结识了一位从广东服装厂打工回来的老乡，老乡说能帮他们联系到服装厂的货源，生意一定好。两人仿佛在黑夜里看到了一道光，当即决定去广东进货。

两人从广东进货回来后，已经囊中羞涩。他们知道这是最后的机会了，现实已经不允许他们再折腾，一家老小改善生活的重担都压在他们身上。两人挑着从广东带回来的服装开始在一个又一个街圩里游走售卖。那个年代，交通没有现在发达，从这个街圩到另一个街圩有时候挤不上车或者错过了车，就只能是步行赶路了。岑、蓝两个老同挑着担子在路上风里来雨里去，个中辛酸外人不得而知。幸好，改革开放初期，当地少数民族群众对这些新潮的服饰非常感兴趣，他们在街圩上摆卖的服装往往都能销售一空。

慢慢地，两人通过走街串巷摆卖服装而攒下了点钱，家里的生活也逐步好起来了。两人商量着在西林县里租个门面专门卖服装，店名就叫“老同服装”，从此再也不用四处奔波了。

岑老汉和蓝老汉在山歌里唱道：

山歌虽好不当饭，
只有劳动是根本；
哪有唱歌天过天，
不经风雨难有米。

三代走进新时代

生活稳定下来后的岑家和蓝家沿袭让小辈认老同的好传统。说起来也真是有缘，岑品浩的女儿岑馨雨和蓝有杰的女儿蓝本欣同年同月出生，两人年纪相同，又从小在两家共同经营的服装店里长大，亲如姐妹一般，便也顺理成章地结为老同。

岑馨雨和蓝本欣因为同年同月出生，一起入学，从小学到高三一直都是同班同学，两人在生活和学习上都是互相照顾。岑馨雨数学好，但英语差，蓝本欣刚好相反，她们就互相帮对方补习……今年两人考上了同一所大学，领到录取通知书的那天，她们不约而同地在微信朋友圈发了录取通知书的照片，录取通知书照片配文“愿我们的老同情谊永恒……”

精准扶贫政策给西林人民的生活带来了巨大的改变。王子山更青了，驮娘江更美了。蓝老汉住的瑶寨也通了柏油路。而岑老汉家也享受到了易地扶贫搬迁的好政策，搬到了镇上的安置点。从此，蓝老汉来找岑老汉对山歌再也不怕晚上回家难了。岑、蓝两家人住得更近了，联系更紧密了。哪家有好吃的，总会想着拿点给对方尝尝。

岑、蓝两家的老同情谊已经传承了三代，我们相信，一定还会继续传承下去，两家人的生活也会越过越甜美，就像岑老汉和蓝老汉唱的那样：

唱支山歌老同听，
山歌好比泉水流；
六十光阴容易过，
老同情谊万年长。
三代祖宗住山沟，
扶贫政策照瑶乡；
过去世界样样难，
如今生活节节高。

救来一个壮族亲兄弟

陆照德

2021年，乐业县的汉族兄弟李笃明、李笃勇又收到壮族二哥黄练提送来的鸡鸭、月饼等礼物；黄练提嫁女儿时，还按照壮族习俗以亲兄弟礼节接待李氏兄弟；李母去世，黄练提披麻戴孝，如亲生儿子般。

壮族黄家人，为何跟汉族李家人亲如兄弟？这一切得从2016年的一场交通事故说起。

“刚把人从着火的车里提出来，车就爆炸了”

2016年8月21日上午，李笃明开车和李笃勇前往甘田镇板洪村利乐屯，参加亲戚李卓航为祖宗立碑之事。到同乐镇武称村高立屯转弯处时，发现前方一辆三轮车与一辆摩托车撞在一起，三轮车侧翻，起火，火势迅速蔓延，浓烟滚滚，驾驶员被困在驾驶室里出不来，两名女子在旁边焦急地大声呼救……

被困的三轮车司机叫黄练提，乐业县同乐镇平寨村人。那天他载着妻子黄三从和妻妹黄氏阳行驶在路上，不料与迎面而来的摩托车相撞，摩托车司机逃逸，黄三从、黄氏阳受伤，黄练提命悬一线。

“快下车救人！”李笃明大喊一声，把车停在路边，打开车门，冲向火势正旺的三轮车，李笃勇也迅速下了车跟上去。黄练提上衣已被火烧毁，光着身子，大火开始燃烧他的裤子，他慌乱中用脚踢挡风玻璃，但没踢破，往上爬又爬不出来。

三轮车的车头与车厢焊封了，发动机的油箱位置火势很大，火舌伸到挡风玻璃，呼呼作响，黄练提的出路唯有往上爬，可车头顶棚太高，他跳起来，也够不着。黄氏姐妹矮小，几次抓住黄练提的手，可又不能把他拉出来。

当时火势已蔓延到挡风玻璃，李氏兄弟冒险爬上车头，打开顶棚，把双手伸下去："兄弟，快抓住我们的手，我们拉你出来。"黄练提抓住他们的手。李氏兄弟也抓紧他的手，一齐用力，但因车头顶棚过高，他们不好使劲，第一次没成功。

"兄弟，你也配合用力。"三人喊"一、二、三"再一起用力，黄练提用脚猛蹬正在燃火的发动机位置，李氏兄弟借势用力把他提拉，腾空举起，放到地上。他们刚跑到安全的地方，就听到"嘭"的一声，三轮车爆炸了，火焰和浓烟冲天，有数米高。"刚把人从着火的车里提出来，车就爆炸了。再慢几秒钟，就救不了了。"时隔多年，回忆起当时的情景，李笃明仍心有余悸。黄练提体重约 150 斤，身高约 1.6 米。李笃勇 1.79 米，二哥李笃明身高约 1.75 米，均孔武有力。"遇到这种情况，我相信很多人都会选择毫不犹豫地去救人。如果我们矮小一点，当时那个情况也救不了他。"李笃勇说。

救人后，李笃明拨打 110、120 呼救，李笃勇从车里拿出矿泉水，给浑身被烧伤的黄练提降温。

黄练提被送到乐业县人民医院后，因烧伤太严重，转到百色市人民医院救治。"晚到 20 分钟，我的命也就没了。"黄练提事后回忆说。

"我的命，是你们救的，这辈子我们是亲兄弟"

送黄练提转去百色的姚本科，是李氏兄弟在出租车公司的同事。黄家人跟姚本科打听李氏兄弟的电话，以图来日报恩。姚本科打电话征求李笃明的意见，李笃明拒绝留电话，并说："我们不想增加他的负担。"

康复后的黄练提仍不断打听。2017 年 12 月的一天，黄练提到出租车公司找到李笃明、李笃勇，送上一面写着"救命之恩，永生难忘"的锦旗，留下两个红包，并邀请他们当晚去家里吃饭。黄练提离去后，李氏兄弟商量决定饭可以去吃，但红包不能收。

那天，黄练提请家族兄弟来帮忙，宰了一头肥猪，喊来族人，当晚摆了几桌，饭桌上当众感谢李笃明、李笃勇的救命之恩。

"我的命，是你们救的，这辈子我们是亲兄弟。"

"既然我们做兄弟，就不能谈钱了。哥，你闯过了阎王关，大难不死，必有后福。"

说着，李笃明、李笃勇把红包退还给黄练提。

2018 年以来，每年中秋节，黄练提都会送月饼到乐业县城大枫树居民区李笃明、李笃勇家，称他们为兄弟。"能救人一命，我们都很高兴。"李笃明说，"想不到他后面逢年过节都来拜访我们，送很多礼物，我们很不好意思。"李氏兄弟见黄练提如此诚恳厚道，也认下了这位兄弟。李家原有 4 兄弟——团、明、勇、练，与黄练提结拜兄弟后，按年龄黄练提长于李笃明，小于李笃团，成为李家的"二哥"。

"像亲兄弟一样来往"

在一个四处称兄道弟的社会里，什么样的感情，才配叫亲如兄弟？

2020 年 9 月初，黄练提准备嫁第二个女儿，把糯米大饼送给李家四兄弟。按照平寨村壮族习俗，嫁女儿，糯米大饼只送给亲兄弟。

2020 年 5 月，李氏兄弟的母亲过世，黄练提一家都来帮忙，他如亲儿子那样披麻戴孝。"那天，黄二哥还喊来 30 多个兄弟，帮了我们好大忙。"

李笃勇说，“黄家有事，我们也去帮忙，像亲兄弟一样来往。”

李氏兄弟因这次见义勇为的行为，数年来多次受到相关部门的表彰与奖励。

“感谢党与政府，我们救人并不在乎什么，得到表彰与奖励，十分高兴。”李笃明说。乐业县人民政府奖励李笃明、李笃勇每人 9000 元，百色市委政法委、百色市文明办分别奖励每人 6000 元、5000 元，自治区党委政法委给他们每人 20000 元奖金和 3000 元慰问金。

2021 年春节，当地政法委干部还登门慰问李氏兄弟，对他们见义勇为的行为予以嘉奖。

巧手裁缝三十载 针针线线皆因情

——记自治区级非遗项目“京族服饰制作技艺”代表性传承人樊文英

徐仁海

一个汉族女孩与京族服饰结下一生缘

在东兴市江平镇老街一隅，“东兴市樊大姐民族服装厂”的招牌格外醒目。招牌的旁边，还挂着“自治区级非物质文化遗产代表性项目：京族服饰制作技艺·生产性保护示范户”和“广西民族大学实践教育基地”两块牌匾。

樊文英笑眯眯地站在并不宽敞的门面前迎候我。她一袭海水绿的京族服饰，让我眼前一亮。

这位已届知天命之年依然兢兢业业的“京族服饰制作技艺”代表性传承人，30年来坚持制作京族服饰，真是一生缘一世情，针针线线连岁月啊！

童年的时光总是让人难忘。樊文英的童年时光大多在外祖母家度过。外祖母是京族人，会纺蚕丝织布，会裁剪缝制京族衣服。樊文英因为想穿新衣服，便时常盯着外祖母手中的纺线，盯着纺线织出的丝布和用丝布裁剪缝制出的新衣服出神……然而，樊文英却很少能够得到外祖母为自己缝制的新衣服，因为外祖母织出的丝布和缝制的新衣服，都是要拿去换钱养家糊口的。交谈中，樊文英告诉我，她童年最美丽的梦是长大后做一名裁缝师傅，给自己缝制好多好多漂亮的衣服。

爱美是女孩的天性，一个汉族女孩与京族服饰就这样结下了一生缘。1987 年，初中刚毕业就接父亲的班到食品站工作的樊文英，怀着对童年梦想的向往和追寻，决然放弃“铁饭碗”，独自一人到距家乡江平镇 60 余公里的垌美华侨农场跟一个越南归侨老裁缝师傅学习技艺。

年轻的樊文英开始专心致志、如饥似渴地求学。

时值夏末初秋，师傅的老母亲整日穿着京族套装在家里转悠，引得樊文英常常忘了听师傅讲授汉族服装的裁剪缝制技艺。一天，樊文英终于忍不住央求师傅为自己开小灶，额外传授京族服饰制作技艺……樊文英与京族服饰制作的情缘进一步加深。

学徒期满，樊文英回到江平镇。不久，“文英裁缝店”的招牌便挂在自家门前，在春天明媚的阳光中，樊文英的裁缝店开张大吉。

樊文英就这样圆了自己儿时的美梦。

初始，店里接的活大多是常见的汉族服装，且都是年轻姑娘的服装居多。

忽然有一天，爱美的樊文英突发奇想，为自己量身制作了一套京族夏装——一袭白色衬底碎红花套装，裤子是短筒宽松的版型，衣服束腰紧身，袖口宽大。樊文英身材高挑，线条分明，穿上京族套装，更显婀娜，加上京族夏装飘逸洒脱，尽显青春风采，往街上一走，百分之百回头率。时值改革开放之初，年轻姑娘爱美敢美。于是，找樊文英制作京族夏装者络绎不绝，裁缝店一时间门庭若市……

工匠精神使她深得京族群众赞许

与京族服饰制作结下更深情缘的时机，是接着而来的真活、细活——为京族哈节制作各种服饰和为哈节活动场所哈亭布置饰物。

在这里，有必要介绍一下京族的哈节和哈亭。

在防城港市海域，有三个总面积 20.8 平方公里的海岛——沥尾岛、巫头岛、山心岛，人们统称为“京族三岛”。那是我国人口较少民族之一——京族的聚集地。

京族现有人口约 2.3 万，有本民族的语言——京语。

京族拥有海味浓郁的、丰富的传统文化，京族服饰就是其中之一。

京族服饰朴素大方，美观实用。妇女上身内系菱形遮胸布，外穿一件窄袖紧身、对襟无领短上衣，下身着宽大的黑色或褐色长裤，节日或外出时再罩上一件白色或浅色外衣，样式与旗袍相似，衬托出女性的婀娜多姿。男子上身着窄袖袒胸对襟上衣，下摆长至膝盖，束腰带，下身着宽松长裤，方便在海边劳作。

哈亭是京族人供奉村社保护神的场所，也是村社集会、议事的场所，兼有神庙、祖庙、乡饮堂、歌堂等功能。在京族三岛，每个渔村都建有哈亭。

哈节是京族最为隆重的节日。哈节的举办时间因地而异，沥尾、巫头两地的举办时间为农历六月初十，山心的举办时间则是八月初十。京族人长期靠打鱼为生，哈节就是为了纪念海神公的诞辰而设立的。举行哈节时，全村男女老少身着节日盛装，齐聚村中的哈亭，祈愿渔业丰收，幸福安康。哈节大致分为迎神、祭神、入席唱哈、送神四个环节。

“唱哈”是京语译音，含有“歌”“请神听歌”的意思，唱哈就是唱歌的意思。京族人能歌善舞，唱哈是他们最为隆重的传统习俗。唱哈一般有一男两女，男的叫哈哥，女的叫哈妹（或桃姑），轮流主唱。唱哈时，主唱的哈妹站在哈亭中间，手拿着两块小竹片，一边敲一边唱；另一个哈妹则在旁边敲打着竹制的梆子与之唱和。主唱的哈妹唱完一句，哈哥便依着曲调伴奏一节。

细节决定成败。樊文英被京族人当作“巧手”邀请到京族三岛制作哈节服饰和装饰哈亭。她明白，“巧”绝对离不开“精细”。在制作过程中，她对每一件物品、每一件服饰，都先专心地听族老们讲解、描述，然后构思描图，再征求意见、修改，只要有一位老人不满意，她立即放弃原图，从头再来……经过几年不懈的努力，她终于以心换心，取到了京族服饰制作的“真经”。她在制作京族服饰过程中，本着“三人行，必有我师焉”的求学初心，一次又一次地接受京族传统文化的熏陶和洗礼，自然而然对京族传统文化有了真正的理解。而历经岁月的浸润、积淀，她制作的京族服饰所表现出来的文化底蕴更加丰厚。

有了京族传统文化的基础，加上骨子里精益求精的工匠精神，樊文英制作京族服饰的技艺有了长足的提升。她制作的京族服饰，无论形态、神韵还是风姿，皆达到炉火纯青的境界，深得京族群众赞许，特别是京族中青年妇女更是对之喜爱有加。而今，她已成为东兴市乃至防城港市首屈一指的京族服饰制作艺人，并拥有一家公司——东兴市文英民族服饰有限公司。

成为“京族服饰制作技艺”代表性传承人

常言道“人怕出名猪怕壮”，但樊文英却不怕出名。她很真诚地对我说：“出名了，就会促使自己不断地学习，精益求精，才可以更好地传承京族文化，促进民族团结进步，而且只要自己脚踏实地工作，不图虚名，一步一个脚印，就不怕出名会带来不好影响。”

性格直爽的樊文英说完这句话，便哈哈地笑起来……

樊文英用很自豪的语气给我讲述了她的故事。2019 年 9 月，她参加了在广西首府南宁举办的“广西妇女事业发展 70 年城乡女能人、女科技人员成果展”，在展会上，她落落大方、充满自信地给参会人员介绍京族服饰。

一步一个脚印，逐梦奋斗永远在路上。这么多年来，凡是与京族服饰有关的活动，樊文英都积极参与，她要让京族服饰被更多人看到。区内的民族服饰研究机构举办的学习班、研讨会，她几乎没落下一次，甚至服装设计和模特、礼仪培训，她也都参加，还有各种商品展销、展示会，推介会，都可以看见她身穿独具京族韵味的旗袍“走秀”的绰约风姿……

樊文英制作的京族服饰，至今已数以万件。她在传统京族服饰的基础上，创新制作的立领镀边彩绣长裙，十分具有舞台演出效果。此外，男头饰和女礼帽套装也更受舞台表演者青睐。荣获“2008 年非物质文化遗产保护工作先进个人”称号的京族艺人苏春发，穿着樊文英为他量身制作的京族服饰参加 1996 年上海旅游节，在旅游节的表演中，他弹奏了美妙的独弦琴乐曲，与京族服饰相得益彰，使京族的传统文化得以亮相国际大都市舞台。2000 年，在北京第十届农民艺术节联欢晚会“东南西北中”擂台赛舞台上，苏春发的一首独弦琴弹奏曲《过桥风吹》获三等奖。苏海珍、赵霞、黎春玲等京族艺术家，将一曲曲独具海味的京族乐韵带进省级电视台、中央电视台和高等音乐舞蹈学校，甚至带到越南、日本等国的时候，身上穿的都是樊文英为她们量身订制的服饰。此外，樊文英制作的京族服饰还被各级领导和企业人员用于双边会晤、对外交流、招商、节庆等场合，向全国乃至世界各地的人民展示京族文化的韵味和魅力。

对于樊文英，防城港市京族文化研究学会副会长苏维芳这样评价她：“樊文英的京族传统文化底蕴深厚，她对京族服饰情有独钟，对京族人民有血脉亲情，对京族服饰制作技艺精益求精，因而对京族传统文化的传承，特别是对京族服饰文化的传承，起到了积极的作用。对此，京族群众赞许有加。”

2017 年，广西壮族自治区文化厅对樊文英的京族传统文化知识、手工工艺等进行综合考核，批准她为自治区级非物质文化遗产项目“京族服饰制作技艺”代表性传承人。

传与承之间，跳跃着三代人的执着与坚守

韦婉姿

在一个平凡的家庭里，有这样的三代人，他们为民族语言文化事业付出了汗水，付出了心血……让我们跟随时间的脚步，追溯记忆，讲述这三代人之间的传承故事。

朴实无华，专注投入。我的外公叫韦文杰，出生于1930年，享年75岁。他退休前是原广西电影译制厂的三级导演，负责少数民族语电影译制导演工作。外公能编壮话快板，会写剧本，有演戏、唱山歌等诸多才艺，虽然我没能看到他现场版的才艺表演，但并不妨碍对他的文艺才华的崇拜。

记得小时候每到寒暑假，外公总会要求母亲带我去南宁度假。我昏沉沉地坐着将近14个小时的班车才到首府，每次至少要用两天的时间才缓过那股晕车的劲儿。在晕乎乎的时间里，看到最多的就是外公伏在书桌上，写着像汉语拼音一样的字母，时不时还要在旁边那本厚厚的《壮汉词汇》上做标记、写注解。那时尚不知道壮文为何物的我，懵懂地问外公："外公，这一串串像豆芽菜的字母是什么文字呀？它们怎么念？写它来干什么呢？"外公笑着回答："这是我们壮族的文字，外公把这个学会了就能更好地记录我们东兰的山歌还有谚语，就不单单是平时说壮话而已了。""可是我现在要学好普通话，长大了要去北京上班的……学这些文字以后能用得到吗？……"就这样时间飞逝，长大的我并没有实现去首都工作的梦想，

然而民族语言文化像一颗小种子，悄悄地种进了我的心田里。

勤勤恳恳，坚持“匠心”。“匠”是一门技艺，“心”是一种修为。我的母亲叫韦玉金，1956 年 1 月出生，现年 64 岁，从事少数民族语翻译录制（壮话配音）工作 43 年。从 1977 年参加工作到 2007 年退休，母亲参与民语（壮语）译制的有 130 多部故事片、20 余部科教片，20 世纪八九十年代，母亲参与译制的影片《咱们的牛百岁》《焦裕禄》分别荣获全国少数民族题材电影的“腾龙奖”和“骏马奖”。

在电影发展进入数字时代之后，涂磁配音技术也更换为数字配音技术，这对于配音演员的专业技能要求更为苛刻。由于县民语电影配音人才培养严重断层，在公司的力邀下，已过花甲之年的母亲怀着对壮语电影配音事业的挚爱，努力克服自己因在长期翻译过程中面对电子屏幕而造成视力严重下降，因在录制过程中长时间佩戴耳麦而导致左耳听力严重受损等困难，不计报酬，毅然选择回到配音岗位。在面对口型、语调要与音频同步，断句要与翻译内容完美契合等这些新的录制难度，母亲没有退缩，而是和同事们共同研究如何提高配音技巧，做好剧本角色分配，斟酌考量翻译用词，在录音棚里反复加练录制，力求达到声音与艺术的完美融合。从 2011 年返聘至今，母亲参与翻译录制了 55 部故事片、4 部科教片，其中翻译录制的电影《唐山大地震》壮语版荣获 2013 年全国优秀少数民族语电影评优奖、综合技术奖。同时还为县民语中心翻译录制了电视纪录片《风物东兰》，此举在将电视剧翻译录制成地方少数民族语言的相关工作方面起到了一定的指导性作用。

有人觉得一生只做一件事，是把人生经营得太过简单和平庸，而我的母亲用她的天赋、耐心、信念，专注坚持少数民族语译制事业至今，让我从小在光影的有声世界里耳濡目染，孕育着这颗民语种子。

不忘初心，方得始终。人们常说，人生最幸福的事就是可以把爱好演变成事业，热爱将会是取之不尽的水源，让埋在心里的种子开花结果。

2010年9月，我很幸运地通过遴选晋升走上民语工作岗位，成为少数民族语言文字工作者。时针划转到2020年，这是我在民语岗位上的第十个年头，在这十年时间里，我以青春之执着、青春之思维，迸发着让民语事业“活起来”的想法。

从2011年10月至今，我单位坚持每年开展“壮语文科技电影进百村，服务社会主义新农村”活动，平均每年有百场壮语电影进村放映；2012年6月至今，每周播出一期《东兰壮语新闻》节目，以此种方式加强党和人民群众的血肉联系；2014年9月，译制电视纪录片《风物东兰》壮语版播出，不仅丰富了地方电视台的播放资源，而且该片也是广西首部壮话地方志纪录片；2015年7月，开办《壮语故事汇》节目，让观众看到了更加多元化的壮语电视节目；2017年11月，我荣获“广西壮族自治区少数民族语文工作先进个人”称号，同年年底，在我的推动下，我县武篆镇入选成为第二批全国双语和谐乡村（社区）示范点，是全国九个示范点之一；2018年12月，自制出品的微电影《不再等候》荣获2018年“德行天下·微影故事”——广西践行社会主义核心价值观主题微电影三等奖，同年8月，完成电影纪录片《厉害了，我的国》的译制工作，并成立了民语山歌尼乐合唱团；2019年5月，拍摄壮汉双语快闪《我和我的祖国》为新中国成立70周年献礼，同年10月，武篆镇获“全国民族团结进步模范集体”荣誉表彰，12月，武篆镇入围全国双语特色学习实践基地名单。

传与承之间，跳跃着三代人对民语文化事业的执着与守护、自信与求索。坚守初心，传播民族语言文化，促进民族交往交流交融，这就是我家的传承故事。

瑶寨八角林中的欢歌笑语

陆婉珍

一个微信邀约，文友就带上我们兴冲冲地赶往一个美丽的瑶寨采风。

汪乐村隶属上思县南屏瑶族乡，这个瑶寨共有 1336 人，是个具有瑶族乡土特色的美丽小村庄。虽然汪乐村距离县城只有几十公里远，可我还是第一次走进瑶寨。

长期以来，我对于瑶寨风光，以及他们的语言、五彩的服饰、特殊的民俗风情等都充满着好奇。我随心而行，一路思忖着，一边欣赏着村边高大的玉桂树和八角树。

随着一阵阵银铃般的笑声，我们寻到了一户瑶家，看到几位身穿瑶族盛装的姑娘正在精心打扮着，准备迎接客人。我们眼前一亮，爱摄影的朋友们更是迫不及待地“咔嚓咔嚓”，拍下了这难得一见的瑶族风情画面。汪乐村村委会妇女主任李主任也在其中。

几位瑶族姑娘看到我们，脸上顿时掠过一抹红霞。随即，她们又羞涩地用瑶语为我们唱起了《迎客歌》。虽然我不懂歌词意思，但却能意会，更能感受到她们的热情好客。不一会儿，大家就渐渐熟络起来了。随后，姑娘们又落落大方地用普通话跟我们交流，有的甚至还会说壮话，虽然口音有点区别，但是基本能对话，我为当地壮、瑶民族间相互交流的融洽感到意外又特别暖心。

“我们是花头瑶，最大的特点是头巾上绣着细小的红花。”热情好客的李主任第一句话就引起我们的兴趣。

紧接着，我们围绕她们的瑶族服饰娓娓而谈。这些瑶族套装由深蓝棉布长衣、深蓝棉布短裤、深蓝棉布条缠腿带和红花头饰加彩穗组成。长衣是开衫设计，前短后长，左右开叉；衣领、袖口、衣襟还缝制纯手工织的红底碎花、蓝底碎花或绿底碎花花边布。衣服内里还配有颜色艳丽的大红色绣花小肚兜儿，因此中间还要用一条手工编织的彩色腰带绑住。下身是蓝色中短裤，小腿肚用棉布条缠住，一束红色长丝线绑在中间，流苏自然垂下，显得飘逸又美观。加上方形绣花头巾四周边缘上拼接挂着红绿相间的串串小彩珠，再配上左右两鬓的玫红色或大红色的彩线吊穗，与脖子上的项圈和一大丛红绿相间的小珠串吊穗相得益彰。

整套服装，色调为深蓝、大红、鲜绿……采用大胆的撞色搭配，可却显和谐呼应，恰到好处，毫无突兀感。整套服饰既显端庄，又很艳丽。

瑶族姑娘告诉我们，这一整套的瑶族服饰是母亲送给女儿的嫁妆之一。母亲染布、编织、刺绣，一针一线缝制，最后再添加配饰……制作完成全套服装大概需要一个月的时间。如果是外地游客来订购的话，全套服装需要一两千元才能买到。

“仅这条新娘送新郎的定情腰带，像我这样的熟练工，整天线不离手地织，都要织上6天时间才勉强能做好。”此时，坐在李主任旁边，戴着老花镜的瑶族阿婆，一边低头教女儿织彩色腰带，一边微笑着说。由于常年劳作，她皮肤黝黑，双手青筋凸起，看上去像凹凸不平的松树皮。

瑶族阿婆在耐心、细致地教着女儿织腰带，慈祥的眼眸里充满着对女儿的无限疼爱。女儿在她的耐心指导下，左手五指熟练地拨拉、抻着彩丝线，右手拿着梭子不停地在丝线间“穿行”，显得格外细致认真。

听说瑶族姑娘的这条花腰带意义特殊，在瑶族地区有俗语称：“可借财宝千万，千万别借腰带。”这是因为腰带是瑶族青年男女的定情物，是他们爱情的象征。

如果瑶族姑娘相中了哪位男青年，就会解下自己亲手绣的花腰带送给他。如果收到腰带的男子也回赠姑娘自己的腰带，那么就表示他们两情相悦，此后可以开始谈恋爱了。

假如男方收到女方腰带后，没有同时将自己的腰带送给对方，那么就表示自己要慎重考虑后再做决定。由此还产生了女方担心心仪之人被别的姑娘抢走而主动去抢男方腰带的风俗。

乍一看，这条腰带跟市面上售卖的令人眼花缭乱的腰带相比，显得很不起眼。但是，这条约四指宽、两米长的彩色腰带，是由大红、深蓝、黑色、黄色……几十根细小的丝线排列织成的。而中间的花色，还需要在编织中不断进行有规律的变换。费时费劲大半天，都未必织得出几厘米。

在当今这种快节奏的社会环境下，能够静心、耐心地做这种精细活的人已经不多了。但是，为了女儿的幸福，瑶族母亲们再难也要教会女儿学到这织腰带的手艺。

姑娘们梳妆打扮妥当之后，就兴高采烈地做起了瑶寨的特色食品——芭蕉心糍粑。她们要用这一特色美食招待远道而来的客人。姑娘们清脆悦耳的谈笑声飘荡在小小院落里，又弥漫在茂密的八角林中。

这糍粑之所以叫芭蕉心糍粑，是因为糍粑馅主要是用芭蕉心和碎猪肉、香菇、香葱煸炒熟后做成的。这糍粑味道鲜美，营养价值非常高，还有一定的药用价值——因芭蕉心含有大量钾，适当吃一些可以补充人体微量元素。

我们一面兴趣盎然地看着瑶族姑娘们包糍粑，一面听她们述说着关于做糍粑需要注意的细节："糍粑做好，用干净的芭蕉叶包好，而且必须由专人把它们成双成对地放入蒸笼里，寓意好事成双嘛！"瑶族姑娘们每次包好糍粑，都会交给李主任，而李主任则小心翼翼，非常虔诚地将糍粑成双放入蒸笼。

我偷偷问旁边的姑娘，为何如此讲究？她朝我眨巴了一下眼睛，对我耳语："老一辈人都这么要求的，让有经验的人把糍粑成双成对地放进蒸锅，显得整洁又吉利，也体现对客人的尊重。”

一边包糍粑，姑娘们还一边跟我们畅谈着她们的各种民俗，有瑶族的成人礼、瑶族婚礼……在这个瑶家小院里，不时传来阵阵欢声笑语，那些有趣的风俗让我们这些客人大开眼界，收获满满。

知道我们即将返程，村里的男女老少依依不舍地围了过来。其中一位内向的瑶族妹妹紧紧拉住我的手，眼圈泛红。她垂下眼眸，悄悄对我说：“姐，我文化水平不高，不知如何表达挽留。”接着，又抬眼望向众人，朗声说道：“但是，我们是真心实意地邀请你们留在这里吃个饭，还希望壮家兄弟姐妹不要嫌弃我们这里的粗茶淡饭……”几句朴实无华的话语，瞬间拉近了在场所有人的心。

我的百褶裙

何绿芬

我人生中第一次独自照相，是三岁多的时候，小小的我穿着已经洗到泛白的百褶裙和小花褂，脚踩一双黄色的胶凉鞋，呆呆地站在南丹县里湖瑶族乡政府的内院……那是我对自己最初的印象，也是我对百褶裙最初的记忆。

上了小学，我的裙子便一年比一年多，也一年比一年长，妈妈在闲暇之余开始教我绣裙边绣，细针头牵着红色的绒线在三指宽的黑布上挑出一个又一个菱形的花纹，那是我最早参与百褶裙的制作。

上了中学，青春叛逆的我感觉到百褶裙越来越累赘和麻烦，偶尔在节庆的时候穿一下，我就抱怨裙子勒得我腰疼，行动也不方便。妈妈总是一边笑着给我整理褶皱，一边埋怨我成天像个男孩子一样。

后来，我到南宁读大学，有一天老师带我们到广西民族博物馆参观学习，看到玻璃柜里展示的民族服装，我久久地注视着那些百褶裙，它们是那么熟悉，那么美丽。我突然好想告诉同学和老师，这就是我的民族的服装。在一个陌生的地方看到家乡的事物，竟让我内心激动不已，原来我对我的民族有如此深沉的感情。从那以后，我开始利用寒暑假回家参加各种志愿者活动，协助高校的研究生、本科生做关于瑶族的田野调查，每一次的参与和学习，我都为自己的民族感到骄傲。我们的民族文化就像百褶裙，越研究越神秘，越挖掘越有趣，每一个褶皱、每一条纹理都好像暗藏着特别的故事和意义。别人尚且能心怀诚意去探索我们民族的文化，欣赏我们民族的服饰，为什么我自己却不能对她多做一些了解呢？

我慢慢不再排斥穿传统服饰。我穿着黑色的土棉布衣和蓝色的百褶裙，和来到故乡做客的许多朋友合影。每一次看着这些照片，心中对自己的民族和百褶裙便多了一份感恩和敬重。结婚的时候，妈妈挑了一条最新最好的百褶裙给我做嫁衣。接亲的队伍递来一条百褶裙，那是婆婆送给我这个新媳妇的新婚礼物。姑姑也送来一条百褶裙给我做嫁妆。那时候的我，并不明白这些裙子多贵重，有什么特殊意义。直至成为一个母亲，我才理解了每一位白裤瑶妇女对制作服饰的热爱和对传授技艺的执着，能让自己爱的人穿上自己亲手做的服装，对她们来说充满了幸福感和成就感。我也终于明白为何我们民族的服饰如此难以成为商品，且价格差异巨大。那些承载在服饰上的深情又怎能用金钱来衡量呢？对于常年忙于制作服饰的白裤瑶妇女来说，无论买家给出多高的价格，都会有忍痛割爱的不舍。手工的魅力在于它饱含了制作人的时间、精力与深切的情谊。现在每年冬天我都会特意空出一些时间来为女儿制作一条属于她的百褶裙，想象她穿上的可爱样子便忍不住浮起笑意，而今年冬天的粘膏画，不过是制作百褶裙的其中一个小步骤，这条新做的百褶裙最快也只能在来年冬天才能穿上。

有朋友会问，百褶裙究竟有多少道繁杂的工序，需要多长的制作时间呢？那就让我慢慢道来吧……

百褶裙从一开始就倾注了白裤瑶女子的心血。从最初的种棉、纺纱、织布、裁剪等工序，到最后得到百褶裙的基本原料，也就是三段一样长的土棉布，就耗费了大量时间。在我们南丹县生长着一种特殊的树，人称“粘膏树”。每年农历四月份左右，当地瑶族群众就会在天气好的农闲时间，拿着凿子在“粘膏树”上凿开一个个小口子。待到农历六月份天气炎热的时候，金黄透明的膏汁从凿开的那些口子中流出来，就可以取粘膏了。用小铁勺一点一点地把粘膏刮下来，收集到装有草木灰水或肥皂水的小桶中。回到家，将粘膏放在肥皂水里反反复复地揉搓，挑出杂质，直至粘膏能揉成一团，表面光滑，就可以用清水洗净了，洗净的粘膏需要跟牛油以7 ：3的比例放入草木灰水中，用大火加热煮沸，冷却过滤后便可将凝固的粘膏留存备用了。冬天天气转冷时，加热经牛油调炼好的粘膏，用画刀沾上温热的膏汁在白布上画下整齐细密的图案，间隔的条纹里也均匀地涂上粘膏。选一个天气好的日子调一缸蓝靛水，待染缸里的水“熟”了（轻轻拨动漂浮在水面的泡沫可看到蓝靛水呈黄绿色），便可以染裙子。将裙子浸染再滤干，滤干再浸染，七天之后用河水洗掉垢物和余色，晾干后再放入染缸，如此反复四至六个周期，直至裙子染成黑色。

裙子染到足够黑时，这个冬天也接近尾声了，春寒料峭，山间的鸡血藤长出了嫩红的新芽，掐几捆回来捣出浓汁，用来浸透染黑的粘膏裙，以起到固色的作用，使原本的蓝黑透出了一点点暗红。将粘膏裙放入草木灰水中进行脱膏，脱好膏后放入蓝靛染缸中染蓝，按自己的喜好决定蓝色的深浅。在反反复复的染色中，春天不知不觉就过完了，春蚕也吐尽了最后一缕丝。沿着木板的边角揭下厚实又光滑的蚕丝布，将蚕丝布蒸一遍再染成橘色和金黄色，晾干存好备日后之用。

炎炎夏日，连耕牛们都想一整天赖在池塘边的树荫下，妇女们趁着农闲就抓紧每一分每一秒绣裙边绣，裙边有多长就要绣多长，就这样一针一线地绣，一卷下来有五至六米长。往往还来不及绣完，丰收的秋天就如约而至了，妇女们只能放下针线，投入到紧张的粮食收割中去。

待忙碌的秋收结束后，妇女们就可以从箱底拿出准备好的材料开始缝合了。黑蓝条纹相间的裙布，下摆缝上鲜红的裙边绣，在衔接处覆上一条四指宽的橘色蚕丝布，中间镀上一条金色的蚕丝，蓝黑色的条纹之间也在适当的位置用蚕丝略做点缀。踩着缝纫机的脚踏，听着老式的缝纫机发出的声响，就好像它也在为妇女们雀跃的心情而歌唱。妇女们缝合好裙布后，需要找一个伙伴协助自己一褶一褶地折出百褶裙的褶皱，参照自己的腰围，用粗针粗线把裙腰缝成相应的长度，剪一条黑布把裙腰参差不齐的小褶子包起来，在裙腰两端缝上两条系裙子的黑布带子，把裙子捆在圆筒状的竹篓上三天，固定出褶皱的形状。最后，另外再做一张挡片，中间是黑布，四周用蓝布包边，挡片的左右上角分别做两个绳套，然后绑上一条可以系的细带子，一条完整的百褶裙就算做好了。

次年冬天，恰逢节庆喜事高峰期，走亲戚的时候，穿上整洁的百褶裙，既是对亲友的尊重，也在无形中增强了自信。一年一度的年街节也要到了，赶街凑热闹的时候，终于可以穿上自己最新最美的百褶裙，漂漂亮亮地出门。看似一模一样的百褶裙，制作人却总能第一时间找到自己的那一条，妇女们还会在人群里悄声议论，看看谁的百褶裙染得更好，画得更好，技艺更精湛。仿佛一年的默默努力，只为了这一刻的绽放。

多年在外务工的姐姐，过年回家时跟家人穿民族服装拍了合照，闲聊中谈道："看了这么多民族的服装，还是感觉我们民族的服装最美丽也最耐看。"我心想，究竟是因为我们民族的服饰真的特别美，还是因为我们对这个民族的爱意特别浓，或许两者都有吧。

马山千年会鼓

丽 君 黎家鹏 覃向红

“嘭，嘭嘭，嘭嘭嘭……”11 月 7 日晚上，南宁民歌湖大舞台上，气势磅礴、震撼人心的会鼓表演，给前来参加 2020 年第 25 期南宁民歌湖大舞台周周演群众文化活动的四方宾朋留下了极为深刻的印象。这，就是壮族的非遗明珠——马山千年会鼓的独特魅力。

会鼓声声，源远流长

马山壮族会鼓鼓声丰富，开始时轻缓如春溪出山，姗姗潺潺，接着渐变急速迅猛，鼓声如惊涛拍岸，洪波决堤，大地震颤，千山震撼，人心震动……

凝神倾听，会鼓之声有除旧布新之妙：瞧，那厚重的冬霾变轻变薄了，芭蕉林中那卷成筒状的顶叶也悄无声息地舒展开了；听，蜂巢里传来了蜜蜂惊梦后的振翅声，老竹下有笋芽拱破黄土的微响……

这会鼓声声，源远流长。

“会鼓”是壮话“牛皮鼓”的音译，意指用牛皮做鼓面制作而成的鼓。据史料记载，马山县壮族会鼓始于宋末元初，盛行于清代，迄今已有 1000 多年的历史。最初的功能是驱鬼镇妖，外袭报警，祈求吉祥；后来随着经济社会的发展，壮族会鼓逐渐演变成壮族民间的一种娱乐活动而流传至今。

与自诩多情的丝竹之音不同，会鼓鼓声没有九曲愁肠的哀怨，没有如诉如泣的缠绵，只有雄性的彪悍和强者的狂放与阳刚。甲骨文中的“衅”字就专门写下了鼓的这种特质：古代，军队出征前宰青牛白马祭祀天神，并把牛马血涂在额头上和嘴唇上，叫“歃血为盟”；然后还要涂在鼓上，这才叫“衅”。马山会鼓之声便具有这种狂野奔放的特质，声音特别浑圆厚重，富有穿透力和震撼力：上遏行云，下撞崖壁，余响带着美妙的颤音，萦山绕岭，经久不绝。这种鼓的鼓声之所以能如此，全在制鼓人的匠心独运：做鼓身的木料全都选自深山幽谷中的佳木，树龄都在数百年以上。这种木料坚实而光滑，不汲水且耐曝晒，有淡淡的馨香。选好木料，再用斧凿掏空即成鼓身。这种鼓超大超长超重，敲起来能声传数十里，震撼山山岭岭，需安在带轮子的鼓架上才能移动。

千年鼓韵发新声

会鼓有很多种打法，有混鼓（序曲）、狂欢鼓、舞龙鼓、扁担鼓、花灯鼓等，中间还有各式各样的插曲鼓。会鼓套具除了主角鼓，还有配角锣和钹，鼓声洪亮、浑圆、厚重，钹声和锣声则十分清脆。打鼓时，多人协作，鼓手和镲手要按节奏快慢和音响强弱进行击打。刹那间，鼓锣（镲）齐鸣，鼓声震动四面八方：有时如惊雷炸响，有时如暴雨淋山，有时如骏马奔驰，有时如珠落玉盘，有时又如雨打芭蕉……

这里不能不提迎春会鼓。据《隆山县志》记载：“击鼓之习，相传已久，今犹未衰，每年农历正月初一至元宵节为自由娱乐期，每村每屯，男丁三五成群，作赛鼓之乐。”这里记载的就是马山壮族的迎春会鼓。

迎春会鼓是马山县各地流行的一种民间习俗，意在驱邪祈福，迎接新春佳节的到来。每年腊月过半，各地相邻近的村寨，便在村外山坡上，扎搭鼓棚，等腊月廿三晚饭过后，就在互相约定的时间挥槌擂鼓，霎时各处鼓声夹杂着鞭炮声响成一片，山鸣谷应，震撼千山万岭——这鼓声要一直延续到除夕零时，其间，鼓手累了可以替换，但鼓声不能停。迎春会鼓，实际上还有竞技赛鼓的意思：一是比哪一队的鼓做得好，鼓声洪亮；二是比哪一队的鼓手韧性、耐力好，鼓声自始至终都没衰惫或停歇；三是比哪一队擂鼓的技艺好，把鼓擂得有谱有调，悦耳动听又富有震撼力……虽然没有评委也不设奖项，但各队都暗中卖力，不甘落后，就连村寨里的父老也来给自己的鼓队鼓气，送来许多用长竹筒盛装的红薯酒，哪个鼓手乏了累了随倒随喝，旁边的葫芦瓢没有干的时候，鼓棚里弥漫着醉人的甜香。

这种娱乐比赛极具特色又极富趣味，深受老百姓的喜爱，因而历久弥新，长盛不衰。

近年来，作为历史长河中沉淀下来的“活化石”，壮族会鼓有了灵魂，千年鼓韵也发出了新声。

首先是会鼓制作工艺上的改进。这里不得不提到一个人——马山鼓王韦建廷。此人从小痴迷打鼓，长大后醉心于制鼓。他专心研究后发现，壮鼓制作方法不同、材料不同，鼓声也会千差万别。只有原生态的壮族会鼓，才能敲击出震撼天地的声音。所谓原生态壮族会鼓，就是选用生长时间长、木质较坚硬、直径约 1 米的樟树、枫树或木棉树等原木，先锯成长约 1.3 米的木段，然后用斧凿掏空做成鼓壳（也叫鼓仓），两头蒙上黄牛皮并钉稳，再用竹篾或铁丝从四周拉紧定型。这样制作的鼓身没有漏气泄音之虞，每一击都有共鸣之音相伴，敲起来声音洪亮、浑圆、厚重，比拼板制作的会鼓声音洪亮得多。当然，蒙鼓用的牛皮，也要极其用心挑选。皆是选用大母牛的脊皮，厚而韧，不易受潮，不松弛，才能保证鼓声不喑哑变声。就连小小的鼓槌，也全都是采用岩缝中的“斧柄木”，坚硬似铁，用这种槌击鼓，其声如金石之声，铿锵而厚重。

其次，马山县精益求精，再接再厉，积极改进会鼓打法，使其既保留了传统壮族会鼓的古雅神韵，又融入现代音乐元素，能完整演奏不同的现代音乐。

此外，一个鼓队有多面鼓。如何使所有鼓声做到整齐划一、高低快慢合拍，并形成富有节奏感的旋律？又如何使鼓声既有慢板行歌的雍容大度，又有急管繁弦的激情和电光石火的震撼？这其实要靠俗称“鼓头”的领鼓人的指挥。由于领鼓人双手同时操槌，他的指挥只能通过娴熟的肢体语言进行表达。身体的俯仰，腰肢的弯挺，鼓槌的左挝右扫、上扬下击……凡是种种，皆是指挥的信号，其余鼓手只有平时加强培训，才能心领神会。

为此，马山县有了独特的培训班——鼓头培训班，专门培训领鼓人。这其中，最出色的鼓头要数韦建廷。

韦建廷的举手投足，皆是力与舞的结合——或如猛虎下山之雄健，或如出水蛟龙之夭矫，或如灵猴跳枝之轻巧，或如鹰隼扑兔之迅捷。

壮族会鼓走向世界

随着社会的发展，壮族会鼓逐渐较多地在壮族民间的重大节日、庆典、群众性大型文体活动等时候进行表演，一般为多鼓齐鸣，鼓越多越好，以营造欢快热烈的氛围。

随着壮族会鼓应用的范围不断扩大，壮族会鼓走上了更广阔的舞台。

2007 年，马山县举办首届“黑山羊文化旅游美食节”，马山壮族会鼓和马山三声部民歌、马山扁担舞一起，首次登上了开幕式的舞台。数十面会鼓以壮观的鼓阵和撼人心弦的鼓声，惊艳了整个开幕式。

2008 年北京奥运会火炬在广西南宁传递，马山壮族会鼓被选为传递活动的表演节目，同年被列入广西非物质文化遗产名录；2010 年马山壮族会鼓参加上海世界博览会广场巡游表演；2012 年，马山县被中国民间文艺家协会评为“中国会鼓之乡”；2013 年马山壮族会鼓荣获全国第三届新农村文化艺术展演“金土地”最佳演出奖；2014 年马山壮族会鼓在第四十五届世界体操锦标赛开幕式上进行开场表演，备受世界的关注和赞誉。2017 年春节期间，马山壮族会鼓带着广西人民的祝福，应邀到台湾花莲县跟当地群众共度新春。2017 年 10 月 10 日，“我们的节日——喜迎十九大 · 全国优秀民间欢庆锣鼓展演”活动在陕西省洛川县举办，马山壮族会鼓队代表广西参加。当天，来自新疆维吾尔族的手鼓舞、安徽的寿州锣鼓、山西的威风锣鼓、济南的鼓子秧歌、重庆的梁平癞子锣鼓、陕西洛川的蹩鼓、陕西安塞腰鼓、陕西韩城行鼓、广西马山的壮族会鼓等 12 种闻名全国的欢庆锣鼓齐聚洛川。鼓手们以欢快、热闹的演出，喜迎党的十九大胜利召开。

壮族会鼓能走向世界，源于马山县对会鼓文化的传承与创新。

多年来，马山县一直高度重视、大力支持本土的民族民间文化遗产的挖掘整理工作，县委、县政府将挖掘民族民间文化，打造“文化马山”列入文化建设头等大事来抓。特别是2007年以来，马山县加强领导，精心组织，投入资金，为会鼓艺术的挖掘、传承、保护找到了一条简单有效、参与面广、成本低廉的新路子：一是开展马山壮族会鼓普查。2010 年，结合马山县实际，加强乡镇与民族、文化、财政、旅游等有关县直部门的协作配合，成立县、乡（镇）两级民族文化保护协调机构，统一协调和指导本区域内壮族会鼓的普查、抢救和保护工作，初步掌握了会鼓分布地区和生存发展现状，建立会鼓档案、数据库。二是把壮族会鼓列为马山县重点打造的地方特色文化品牌。针对一些重要鼓谱面临失传的危险，2007 年至 2012 年，县财政每年投入数万元资金，组织人员及时开展鼓谱搜集整理，创编新鼓谱。现收集到的典型鼓谱有白山镇合群村鼓谱、古零镇古零街鼓谱、古零镇上级村鼓谱、乔利乡乐圩村鼓谱、林圩镇甘豆村鼓谱、古寨乡古寨街鼓谱、白山镇西华街鼓谱。三是对民间遗存的牛皮大鼓给予造册登记，制作新的鼓器。由于历史等方面的原因，马山境内的大树几乎被砍光，马山壮族会鼓的制作因无大树来做鼓腔而停止。加上外来单位和个人的收藏，致使马山县境内会鼓存藏量减少，最少时民间仅遗存有白山镇的 39 面牛皮大鼓。2007 年，县政府投入资金制作了 140 面直径 55 厘米、长 100 厘米的新牛皮大鼓，并购置了锣、钹等配器。同时不断组织会鼓表演，有力地促进了会鼓文化的发展，激发了民间制鼓的积极性，全县会鼓存藏量激增到1000多面。马山县政府还根据不同的年龄段、性别制作不同口径的壮族会鼓，以便于妇女和小朋友敲打。四是聘请有关民族、民俗、考古、文物等方面的专家学者，具体负责壮族会鼓的抢救、规划保护、项目评估、业务指导和学术研究等工作。

一些热爱马山壮族会鼓的爱心人士，也纷纷参与会鼓文化的传承与发展，对壮族会鼓走向世界起到了推波助澜的作用。

其中有个年轻小伙子名叫韦贵，他于2012年筹资开办了“广西会鼓文化传播有限公司”。公司除了组织马山会鼓、马山三声部民歌和马山扁担舞表演队参加区内重要节庆活动的表演，还到西安、河南、上海等省市参加表演。2017年春节，轰动台湾花莲县的马山壮族会鼓表演，就是韦贵的手笔。

马山籍艺人、壮族会鼓文旅工艺品设计师陈猛儒，童年时便与会鼓结下不解之缘。2014年开始，经过五年坚持“因鼓而乐、因鼓而荣、因鼓而为”的研发，生产出了马山旅游工艺品——马山工艺鼓。许多游客到了马山，除了品赏马山的美食，游玩马山的美景，还能带走小巧玲珑的工艺鼓作为马山之行的纪念。这个工艺鼓可不简单，2019年9月6日，壮族会鼓文旅工艺品作为广西预选赛261件作品中评选出的63件参赛作品之一，代表广西参加在四川省乐山市举办的“2019中国特色旅游商品大赛”，荣获银奖。

马山县土生土长的女摄影家陆丽红，从小热爱壮族会鼓，常以马山壮族会鼓为题材，拍摄了很多会鼓照片。2014年8月，陆丽红的《振世之鼓》入选中法摄影家协会在法国巴黎举办的“中国广西女摄影家摄影作品展”。

2018年底，马山县获广西壮族自治区人民政府授予“广西特色旅游名县”称号，而作为独具地方民族特色的马山壮族会鼓，在助力马山特色旅游业发展的进程中，发挥了独特的作用。

一堂芦笙舞 民族团结情

刘振中

四十年前，梁友光从遥远的安陲乡辗转来到柳州市工作的时候，芦笙对大多数市民来说，只是一种存在于偏僻山区、带有神秘色彩的少数民族乐器。如今，芦笙伴舞已成为这座城市不可或缺的文化元素，悠扬低沉的乐音在节日和庆典的各个场合响起。

芦笙是融水、三江等地的民族节庆中传统保留活动的常用乐器，也是壮、汉、瑶、苗、侗族等民族为数不多的共同乐器，演奏芦笙是各族群众交流感情、表达心情、传递祝福的重要手段。

传统的苗族芦笙吹奏，按每堂围成一个个圆圈，乐手们围绕大芦笙，舞动着中芦笙、小芦笙进两步、退一步，有节奏地边吹边摆舞。此时，大、中、小芦笙齐声吹鸣，抑扬之间，既有“呜嘤呜嘤”的娓娓动听，又有“嗒嗒隆隆”的低沉沧桑。

侗族的芦笙舞，大家演奏前齐声高呼“喊啦——呼”，男乐手手把芦笙，跺地、蹲摆、腾跃，与盛装的侗妹们恬静、舒展、自如的舞姿默契配合。一曲多轮合奏，将天地汇成巨型的交响舞台，老少辈就在这天籁里交换着彼此的情感，血脉在这固定化的仪式中接续相传。

芦笙是少数民族特别喜爱的一种古老乐器，瑶、苗、侗等各族群众生在大山、长在大山，对芦笙的吹奏耳濡目染，习惯了用芦笙伴舞寄托感情、表达亲情，无论走到哪里生活，都忘不了幼时的乡音。哪里有乡寨，哪里就有芦笙；哪里吹响芦笙，哪里就有了乡情。

以往，芦笙歌扎根在万重深山里，活跃在偏远村寨中，城市居民只有到广西融水、三江等民族地区，甚至更远的贵州才能见识到这一民族艺术。20 世纪 90 年代，为缓解思乡之情和联络同乡，梁友光在柳州市组织了第一个市内芦笙队。但因经济方面的困难，以及交通不便带来的闭塞，芦笙队的发展遇到了很大的困难。

芦笙队刚组建时，没有固定的练习场地，只能在社区、广场、大桥底等地方组织吹奏芦笙。芦笙队缺乏固定的经费来源，成员大多是进城务工的少数民族群众，有时因工作时间冲突，影响到队伍的稳定性。芦笙队第一次组建期间，50 多名队员相继退出，坚持下来的只有梁友光和另外一名队员。

谈到对自己影响最大的“芦笙印象”时，梁友光回忆起了 17 岁时到相邻的安太乡打同年的情景。苗族打同年习俗，是以一个寨子为单位，集体到邻寨访问做客，是加深村寨之间、村民之间和谐友谊的重要活动，这其中芦笙是必备的媒介和主角。

进入另外一个寨子打同年，客寨要在寨前合奏芦笙三次，待主寨的芦笙队同样回应三次迎宾曲，伴随一番歌唱后，客寨方可过寨门。进入主寨后，到达的第一个地方是芦笙坪，客寨先吹奏三首芦笙曲，接着，主客双方便开始进行芦笙比赛。就算两寨有着经年的积怨纠纷，也会在这芦笙音舞与美酒之中逐渐弥合消融。

芦笙齐鸣那一刻，梁友光意识到，大苗山有自己独特的文明符号，芦笙合奏不仅是苗寨民间习俗的重要组成部分，更是传递合作、团结友爱不可或缺的媒介，自己作为苗族子孙，传承好这一传统技艺义不容辞。

这些年来，梁友光和柳州市芦笙协会坚持无偿办会，坚持以笙会友、以笙传情。平时不同民族的队员聚在一起练习，队与队之间开展打同年联谊活动；定期举办芦笙协会年会和苗年活动，邀请融水、三江等地及邻省的芦笙队，以及其他民族文艺团体一同参加；组织参加政府公益性演出，到民族地区和定点捐助的村屯进行慰问演出和联谊活动，芦笙队的影响力越来越大。2008 年秋，“居柳安陲民族芦笙队”重新组建，到 2011 年柳州市芦笙协会成立时，柳州市区已经组建了 5 支芦笙队。至今，柳州市芦笙协会已拥有 30 支队伍，芦笙踩堂的足迹遍及广西南宁、贺州、来宾，广东佛山和香港等地。

如今，在柳州这座城市，不少街道社区利用节日、党建活动开展芦笙吹奏表演，不少企业开始将芦笙音舞纳入企业文化，不少学校将芦笙乐器纳入校本课程。为了能得到相对专业的指导，社区、企业、学校争相邀请芦笙队到现场教学，忙的时候，一天赶 3 ～ 5 堂芦笙课（表演）是芦笙队员的工作常态，居民们也很喜欢看芦笙表演，表演结束后久久不愿散去。柳南区潭西街道社区是柳州市最早将芦笙表演列为保留节目的城市社区。“我是通过芦笙了解少数民族的。原来我以为苗族很神秘，不知道他们还有这么优秀的文化表演。”一位居民说，“现在芦笙一吹起来，社区居民就知道有活动了，比微信、电话通知还灵便。”

城市是一个能提供完善社会服务的综合体，城市现代化的进程吸引着越来越多外来人口的加入。但不同地域文化的行为方式和思考方式，终归要在这片狭窄的地域碰撞，这其中，做到不同文化的融合、包容、并蓄，“各美其美，美人之美”，应成为城市走向繁荣发展和保持旺盛生命力的标志，应成为城市和谐的表征。

加强中华民族大团结，长远和根本的是增强文化认同。近年来，柳州这座工业城市以民族特色文化为引路，在促进相互嵌入式社会结构的建设，促进各民族交往交流交融上做出了很多努力。在大龙潭社区创新山歌讲事的社区协调机制，促进各民族共居、共学、共事、共乐；在柳州城市职业学院、广西科技大学等大专院校及市区 10 余所中小学建立苗绣、侗族手工艺等非物质文化遗产传承研究教学基地，让研习民族技艺成为文化自觉；在柳工、两面针、金嗓子等大型企业建立少数民族文化活动场所，增强外来务工人员的民族文化共鸣感；采自少数民族地区的民族歌舞剧《风从苗山来》《白莲》、民族音画《八桂大歌》、民族舞蹈诗《侗》、彩调歌舞剧《红瑶梦》、群舞《仫佬仫佬》屡获国家级、自治区级文艺大奖。2020年，广西文化旅游发展大会在柳州召开时，压轴大戏正是一台民族歌舞实景演出——《夜话柳江》。

此外，每年在三月三、苗年、侗年、盘王节等民族节日中，柳州举办“鱼峰歌圩等你来”全国山歌邀请赛、“千把芦笙闹龙潭·千人多耶唱和谐”等活动，以歌会友、以歌传艺、以歌宣教，与柳州侗族的谐声大歌、瑶族的长鼓舞、壮族的山歌、苗族的芦笙舞一起，共同打造这座城市鲜明的民族文化品牌，让游客与柳州市民一起感受民族文化的别样风情，共享和谐社会的独特魅力。“鱼峰山下对山歌，雀儿山脚吹芦笙，龙潭公园跳瑶舞，艺术中心看大戏。”各民族文化交融，相互欣赏、相互学习、和谐共处的景象在柳州处处呈现。

芦笙吹进城市来，既满足了城市里的少数民族人们对乡音乡情的思念，又让城里的居民触摸到民族文化的宏远精深，加深了城市居民与少数民族群众的相互融合、相互接纳，构建起一座民族团结的桥梁，使城市更好地接纳少数民族群众，让少数民族群众更好地融入城市。以梁友光为代表的柳州市芦笙协会，用具有鲜明色彩的民族文化，为少数民族群众与城市间搭桥做出了探路式的尝试，促进了少数民族进城人员与城市居民的相互了解、相互接纳。因工作突出，柳州市芦笙协会荣获“自治区民族团结进步模范集体”的称号。

芦笙最先发源于苗族群众的生产生活，但壮、汉、瑶、侗族群众长期生活在一起，民族间文化相互交融，芦笙演奏逐渐演变成各民族共同的活动和欢庆方式。传统的民族文化历经沧桑，到今天仍展现出惊人的韧劲与张力。矗立在柳州市市民广场的12支芦笙柱可以见证，流经北部苗家、侗家、瑶家门前的数条河流最终交汇，聚成柳江，一直流向更为广袤的共有家园。

百花齐放春正好　勇立潮头写风流

——记百色市民族文化传承中心

覃蔚峰

2020 年 10 月 17 日晚，北京的国家大剧院内掌声如雷。

由中共中央宣传部、文化和旅游部、中国文学艺术界联合会、国务院扶贫开发领导小组办公室共同主办的全国脱贫攻坚题材舞台艺术优秀剧目展演在这里拉开帷幕。

当晚，以“全国优秀共产党员”“时代楷模”，百色市乐业县新化镇百坭村原驻村第一书记黄文秀为创作原型的民族歌剧《扶贫路上》，作为全国脱贫攻坚题材舞台艺术优秀剧目展演的开幕剧目震撼上演。

民族歌剧《扶贫路上》，是中共中央宣传部 2020 年宣传思想工作重点剧目、文化和旅游部 2020 年度全国现实题材及革命历史题材舞台艺术重点剧目。民族歌剧《扶贫路上》的成功上演，凝聚了参演单位之一的百色市民族文化传承中心广大演员的辛勤汗水。

百色是革命老区，有壮、汉、瑶、苗、回、彝、仡佬等 7 个世居民族，少数民族人口占总人口的 87%。根植于这片少数民族文化资源的“富矿区”，百色市民族文化传承中心早在创建之初就确立了以民族民间艺术为主的发展方向，这一发展理念像基因一样代代相传，沿袭至今，成为该中心最闪亮的招牌。

上了年纪的人也许还记得，1959 年 3 月 15 日，在澄碧湖水库工地工棚里，百色市民族文化传承中心的前身——百色地区文工团乘着时代的东风应运而生，后组建了右江民族歌舞团，2012 年挂牌成立“百色市民族文化传承中心”。如同澄碧湖一泓碧水从未变色，这一支从火热的生活中出发的队伍不管名称如何变换，依然初心不改，矢志勇立时代潮头，承担着为时代、为人民鼓与呼的责任，承担着讴歌伟大祖国、讴歌伟大的中华民族、为各民族人民的团结和发展事业服务的责任。60 多年来，他们踏遍了百色的村村寨寨，苗村的坡场上、彝家的火塘边、仡佬冲的木楼里，处处都有他们的身影、他们的歌声、他们的舞姿，百色的山山水水因为他们平添魅力，乡亲们寂静的夜晚因为他们流光溢彩。

他们给各族人民送去了党的关怀，他们把各民族精湛的艺术带到 10 多个国家，架起中国与各国人民友谊的桥梁。

他们向民族民间的音乐和舞蹈学习，并创作、演出了《百色民族歌舞》《右江风情》《壮锦》《春糍粑》《乡音》《鹧鸪岭上鹧鸪啼》等一大批接地气、叫得响、传得开、获大奖的优秀艺术作品……

他们培养了林燕飞、黄依兰、邓锐斌、黄秀红、黄汉雄、韦志坚等一大批优秀艺术人才。因为他们，百色的民族歌舞传向了祖国的大江南北，传向了世界各地，为宣传百色、宣传广西、弘扬中华民族文化发挥了积极作用。

多年来，该中心创作排演了一大批有民族特色的舞台作品，捧回各种国家级、自治区级大奖。例如：壮族歌剧《壮锦》获第十三届“文华奖”中的“文华优秀剧目奖”、第十一届中国戏剧节“中国戏剧·剧目奖”、第七届广西剧展桂花金奖、第六届广西文艺创作“铜鼓奖”；壮族群舞《暖》获广西第六届音乐舞蹈比赛节目创作奖、表演一等奖，第七届广西文艺创作“铜鼓奖”；舞蹈《乡音》获第十二届全国舞蹈展演优秀作品奖；歌曲《鹧鸪岭上鹧鸪啼》获第二届全国少数民族优秀声乐作品展演奖；等等。

其中，由该中心主任黄汉雄创作的壮族舞蹈《摆嘎摆》更是被业界视为广西壮族舞蹈的符号，其标志性动作至今仍被借鉴和模仿。《摆嘎摆》创作于20世纪90年代，曾获广西民族舞蹈调演表演一等奖、编导一等奖，全国少数民族文艺会演二等奖，第三届广西文艺创作“铜鼓奖”。

黄汉雄1981年毕业于中央民族学院（今中央民族大学），毕业后进入百色地区文工团（后改名为右江民族歌舞团）工作。30多年来，他扎根家乡，从一名刚入行的舞蹈演员，一步步成长为全国知名的壮族舞蹈家、百色市民族文化传承中心的领军人物。“我与歌舞团共成长。”提到这些年来自己的变化，黄汉雄笑着说，“这个单位就像是我家一样。”

单位就像家，不仅黄汉雄这么说，该中心副团长黄觉先也这么认为。在这个有22年“团龄”的老“右歌人”眼里，大家不只是同事关系，彼此也像兄弟姐妹甚至是长辈与晚辈那样互相扶持。“我们都是抱团来工作的，完成一个任务需要各部门人员通力合作，比如一个舞蹈节目从排练到演出，除了舞蹈队，服装、化妆、道具、音响、灯光、歌队也都为这个节目服务。”黄觉先说，“如果没有集体观念，就没办法做任何一项工作。”

这个团结奋进的大家庭由58名成员组成，其中既有十七八岁的年轻演员，有三四十岁的编导，也有五六十岁的老前辈，他们大多来自百色本地，包括壮、汉、瑶、苗、彝、仡佬族等多个民族，有25人获得副高及以上职称。

在百色，能凝聚这样一批专业水平较高的艺术人才实属不易。经济实力雄厚的院团可以花重金引进人才，请北京、上海的专家帮创作，但百色市民族文化传承中心没有这样的财力。“那怎么办？自己培养人咯。”黄汉雄说，“我们的演员又当演员又当编导，按理说编导可以不参加排练，但我们人比较少，要通过这样的办法培养演员学创作，排节目。”通过老编导“传帮带”、送编导到外地进修及请专家到百色指导等方式，让人才出得来，有收获，留得住。

青年演员杨柳枝就是通过前辈的“传帮带”成功转型为编导的。由她编创的舞蹈《裙兜蜜语》曾获广西文艺创作“铜鼓奖”、广西音乐舞蹈比赛二等奖。2007 年她加入这个团队时只有 17 岁，进团不久前辈就带着包括她在内的年轻演员下乡采风、创作作品。“一个老编导带几个（新人），帮助我们转型。”杨柳枝说，“前辈乐于把自己的知识传授给年轻人，年轻人则在继承传统的基础上不断创新，融入现代创作理念和元素，每次大家都积极地完成演出任务，这个集体很棒。”

“百色集老、少、边、山于一体，有深厚的民族文化底蕴和丰富的革命故事资源，有待文艺工作者去挖掘、整理，将其搬上舞台，传承下去。”黄汉雄表示，他将一如既往，带领团队一起奋斗，争取创作出更多深受群众欢迎、民族风格浓郁的节目。

由于长期扎根基层、扎根边疆，百色市民族文化传承中心先后被国务院、国家民委、文化部、人力资源和社会保障部，以及自治区党委、自治区人民政府等授予“全国文化先进集体”“全国民族团结进步先进集体”“全国百强文艺院团”和“自治区民族团结进步模范集体”“自治区三八红旗手（集体）”“自治区先进基层党组织”等光荣称号。团长黄汉雄多次获得广西“德艺双馨”文艺家、“广西文化先进个人”、“广西文化名家”暨“四个一批”人才、“八桂文化艺术奖”、“八桂先进人物”等各种荣誉。2019 年，百色市民族文化传承中心被评为“全国民族团结进步模范集体”，他们以自己的实际行动树立起了老区形象、百色高度。

抚今追昔，意在登高望远；知往鉴今，志在开拓未来。回首 60 多年的发展历程，百色市民族文化传承中心迈出的每个步伐，无不踩着时代的旋律，打上时代的烙印。昨日的成绩，是镌刻在前行者身后的丰碑；明日的辉煌，是历史赋予后继者的责任。

我们坚信，百色市民族文化传承中心一定会紧紧抓住时代脉搏，与群众同呼吸共命运，为这个伟大的时代交出一份合格的艺术答卷。

这正是：百花齐放春正好，勇立潮头写风流！

为了民族曲艺花繁叶茂

黎 凯

广西有 12 个世居民族，民间文化艺术氛围浓厚，各个地区在本地方言基础上融入当地特有的唱腔或伴奏乐器，形成了多种曲艺流派，如汉族的文场、渔鼓、零零落、粤曲，壮族的末伦、八音坐唱、天琴弹唱，瑶族的铃鼓……多年之前，广西大多数曲种还处于“养在深闺人未识”的状态，如今，八桂曲苑屡结硕果，少数民族曲艺精品力作不断涌现，斩获多个全国奖项，在曲坛大放异彩，相关的传承保护工作也在有条不紊地进行。这其中，包含着一位老人几十年来的默默付出……

1957 年，李侃从湖南农村来到桂林上小学。1958 年春天的一个夜晚，他和同学参加七星公园的一个游园活动，在公园里，看到鲜花缀满枝头，彩灯亮在树梢，这里莲船荡舟，那边狮子抢青，大家陶醉在节日的喜庆之中。忽然，从光华璀璨的月牙山上传来阵阵乐声，有如天籁。李侃和同学循着声音到月牙山山腰的一个亭子里，只见一队民间艺人在演唱乐曲，唱的是《玉簪记》里的爱情故事，情节凄婉，曲调悱恻动人。这之前，李侃在家乡听惯了花鼓戏，猛然听到这清丽如漓江之水的旋律，如痴如醉。在这么美好的夜晚，在这秀甲天下的桂林山水之间，这丝丝入扣的美妙音乐深深地打动了李侃的心灵。历史记载，这一天是广西壮族自治区成立的日子，李侃从此结识了广西的代表性曲艺品种——广西文场。他沉醉其中，开始了自己的曲韵人生。

20 世纪 60 年代，李侃从桂林中学高中毕业，进入建筑公司，成为一名建筑木工。他用业余时间创作了不少演唱节目，并在《桂林日报》发表了曲艺处女作——桂林渔鼓《王杰抗洪》。后来他有意识地写了一些有说有唱、有人物有故事的唱词，市曲艺队的老师帮他把文本谱上曲子，并告诉他：这就是曲艺。不久，他开始在《广西日报》《广西文艺》《演唱》上发表曲艺作品，创作渐入佳境。

1979 年，李侃调到桂林市群众艺术馆创编室工作。1980 年 1 月，李侃作为业余作者的代表，参加广西第三次文代会，这是“文革”结束之后广西文艺工作者的首次盛会。参会期间，李侃有感于广西曲艺家还没有“组织”，便连夜起草了《关于成立广西曲艺家协会的建议书》，有 14 位代表在建议书上签了名。建议书得到大会支持和自治区党委宣传部的批准，几经筹备，同年 11 月 27 日广西曲艺家协会正式宣告成立，李侃被选为理事。于是，李侃的曲艺生涯随着广西曲艺一道，掀开了崭新的篇章。

1981 年 10 月，中国曲艺家协会在扬州召开全国中长篇评书创作座谈会，李侃作为广西代表与会。这是“文革”之后全国首次举行的高端曲艺盛会，代表近 100 人，李侃在会上结识了曲艺界许多著名的专家、作家、演员，这为他的曲韵人生进一步发展搭建起了阶梯。

1995 年，李侃被推举为广西曲艺家协会主席，后又连任了一届，并被选为中国曲艺家协会理事，他深深感觉肩上的担子更重了。他下定决心，为广西民族曲艺敬业奉献、矢志不渝。在创作中，李侃时刻不忘使命，牢记责任，坚持为百姓创演。这些年他写过数十个曲艺作品，出版了曲艺集《爱的女神》《李侃曲艺作品选》，文艺随笔集《艺苑漫步》《侃侃而谈》。李侃的作品有描写人性光辉的《情深意切》，有颂扬金融卫士拼死保卫国家财产的《热血金穗》，有让心灵与山水同美的《漓水谣》，有歌颂少数民族重诺守信的《诺言》，还塑造了为了家乡的建设和发展而默默坚守瑶乡八十载的老红军……这些作品来自生活，脚踩坚实的大地，高扬社会主义核心价值观，歌颂普通人民心灵崇高之美，一经上演即受到人民群众的喜爱。有专家这样评论他的作品：内容上，表现普通劳动者的生活及其美好情怀；形式上，短小精悍，因小见大；结构上，开口很小，层层推进，巧妙缀连；语言上，简明生动，富于张力；内涵上，挖掘深层次的社会底蕴。

《春兰吟》是一个地道的广西文场节目。一天，李侃在桂林榕湖饭店采访，听到 1963 年朱德同志在桂林栽种兰花、送兰花的故事。朱德是中国人民解放军总司令，战功卓著的开国元勋，他戎马倥偬数十载，感情世界却如此细腻。朱德的崇高品质与故事发生地的奇山秀水交相辉映，愈发光彩照人。李侃对这一题材在认识上进行升华，使他的精神得到陶冶，他十分兴奋，迅速进入创作状态。几易其稿写出了抒情颂歌《春兰吟》。这个节目经过作曲、导演、演员、乐手的倾情演绎，终于获得成功，1997 年获得了文化部文华新节目奖和广西文艺创作"铜鼓奖"，开创了广西小节目获全国大奖的先河。

2012 年 4 月，李侃得到一条信息：在广西龙胜各族自治县平等乡庖田村，全寨轮流赡养侗族孤寡老人姚祖纯，每户一天，从他 60 岁起，至今已有 10 多年。在大家的悉心照料下，老人的病痛少了，人也精神了，还时不时搞一点幽默，自编自唱："姚祖纯，身体好，一日三餐吃得饱。"李侃觉得这是一个很有意义的题材，立即赶往侗乡实地考察。他看到一块全寨轮流给姚老帮扶的"值日牌"，上面密密麻麻写满了户主的名字，不禁百感交集。在采访的基础上，他还读完了一本 70 多万字的《侗族文学史料》，结合自己多次到侗乡采风的积累，创作了表现侗族人民尊老爱幼、遵守"款约"光荣传统的《侗寨传奇》。他 5 次赶赴龙胜侗乡，与导演、编曲、演员一道编排了一出既有传统又有创新、民族色彩浓郁的侗族琵琶歌表演。2013 年 12 月，侗族琵琶歌《侗寨传奇》荣获第五届全国少数民族曲艺展演一等奖。

李侃曾经了解到湘江战役之后，部队长征西行，留下一些负伤的战士，他们在少数民族地区隐姓埋名几十年，生儿育女，及至暮年。桂林媒体曾经发起“寻找老红军”活动，找到十多人，他们已是90多岁的高龄，政府恢复了他们的身份，送他们回江西探亲。而在老家，他们的名字早已刻在了烈士纪念碑上。李侃对这些老英雄无比钦佩，在一次采风途中，正好经过建设中的桂北高速公路，这里恰好与当年红军长征过桂北的路线相吻合，被称为“红色高速路”。这两者有没有联系？生活给了李侃丰厚的素材和驰骋想象的空间，他深切地感受到现实是历史的延伸，在这条路上，曾经有我们的红军战士洒下的鲜血，是他们用身躯为今天的康庄大道铺下了基石……灵感突然被点亮，一个传奇故事不期而至。李侃将三代人跨度80年的深刻历史内涵和瑶乡高速发展的现实融进作品，在作品中可以看到中国梦在“革命代代如潮涌”中逐步实现，这就是《梦圆》的主题。这个节目被选入中国文学艺术界联合会、中国曲艺家协会在北京举办的“向党汇报——纪念中国共产党诞生95周年优秀曲艺节目展演”，并参加广西纪念红军长征胜利80周年文艺晚会。

李侃没有上过艺术院校，何况以前也没有专门的曲艺学校，他自我调侃他的曲艺创作纯粹是“摸着石头过河”。当他在《曲艺》杂志发表了数十篇作品之后，编辑部鼓励他总结创作经验，写曲艺理论文章。

回望走过的艰难创作道路，细细地梳理自己作品的脉络，李侃写出了一批理论文章，如《曲艺鲜花为群众开放》《根植于民族沃土中的广西曲艺》《我怎样创作少数民族题材的曲艺作品》《少数民族曲艺如何在继承传统上创新发展》《试谈短篇叙事唱曲类作品的短和精》《南方人看相声》《广西曲艺六十年》等，这些文章收集的多是他自己的实例。读者的评价是实在、实用。由此，李侃不仅仅是曲艺作家，在《中国曲艺志》中，在他名字的词条里，还被冠以“曲艺理论家”称谓。李侃感到理论对实践的指导意义十分重要，于是组织了一次“广西曲艺发展与先进文化前进方向研讨会”，还先后策划参与过三届“广西文场展演和发展论坛”，为广西曲艺发展总结经验，探索方向。

2004 年，李侃正式办理了退休手续。正当他以为自己身体健康、精力旺盛，有更多时间在广西曲艺创作中大干一场的时候，病魔却悄悄袭来，他被检查出罹患结肠癌。2007 年 7 月动手术后，在生命经受严峻考验之时，他咬紧牙关下定决心要战胜病魔，前后共做了 6 次化疗。在住院期间，就在病床上，他一只手打点滴，另一只手在帮助青年作者修改作品。该作品编排成节目上演，后来荣获了第三届全国少数民族曲艺展演一等奖和广西文艺创作“铜鼓奖”。化疗期间，中国曲艺家协会领导刘兰芳、姜昆等冒着天寒地冻到桂林看望李侃，送来了温暖，给了他战胜病魔的力量，亦是对广西曲艺的亲切关怀。近些年，李侃不顾年事已高，仍积极参加广西文艺志愿者活动，先后在广西、广东等地的曲协和学校做曲艺创作辅导讲座，并义务为业余作者看稿改稿，受到大家的尊重。

时光荏苒，60 多年弹指一挥间。李侃从一名普通的工人、业余作者起步，成为一名曲艺作家。他曾先后荣获文化部文华新节目奖，广西文艺创作“铜鼓奖”（共 5 次），被授予“新中国 60 年突出贡献曲艺家”“曲艺界优秀共产党员”光荣称号。李侃时刻不忘一个文艺工作者的责任与担当。他学习习近平总书记在文艺工作座谈会上的重要讲话后，深受鼓舞。近年来，他除了创作与时俱进的曲艺作品，考虑得更多的还是如何继承民族曲艺的优秀传统，使之焕发新的光辉。

花红柳绿风漫语，春璀璨，正开端。这些年，在全体广西曲艺人的共同努力下，广西曲艺从默默无闻到在全国崭露头角，尤其是在少数民族曲艺创作演出方面，已然备受瞩目，占有一席之地。这其中，有无数个“李侃”这样的文艺工作者，矢志不渝地遵循为人民服务的神圣使命，不忘初心，牢记责任，为广西曲艺花繁叶茂、发展进步而努力奋斗。

骆越古歌绕荷城

刘景婧

一

山雨迷蒙中，那个形象一直在那儿——巨大的赤色人形，半屈着双臂，五指向上，壮硕的身躯，一柄圆弧形把手的长刀横腰别着，半屈着的双腿横跨在一只巨犬的正前方——这，就是骆越王。山风伴雨潇潇而来，扑打在刀削斧砍般的崖壁上，赤焰的鲜红在雨雾中浮动，骆越王身边大大小小的赤色人形逐一显现，他们无一例外地半屈着双臂双腿，仿佛在举行某种神秘的仪式。

我们的船沿着明江漂流，在一个马蹄形的大河湾处停泊。正是春雨迷蒙的三月，远山云雾缭绕，明江两岸苍山碧水，竹林潇潇，几株高大的木棉树如火如剑，直指苍穹，树上鲜红硕大的木棉花在雨中傲然挺立，像一团团浇不熄的火焰烈烈燃烧。开阔的江面上，几个头戴蓑笠的渔夫旁若无人地用壮话高声唱着山歌，粗哑的嗓音在旷古的天地间回旋荡漾，千百年来如出一辙，没有任何人和事能够改变它的野性。

宁明县古称“荷城”，生活在这里的壮族人民是骆越先民的后代，流传下来的骆越山歌曲调古朴激越，歌词以七字为句，句数也以双数为佳。我不懂壮话，但听这几个渔夫自由欢快的轮唱，总是想起奶奶曾经用汉语译给我听的山歌歌词：“与妹交情重如山，老是疑心为哪般。妹若心疑不相信，哥愿服毒给妹看。服毒死后情不断，变只燕子把妹伴……”骆越古歌情浓似火，又异常决绝，似乎和神秘的花山崖壁画有一种奇异的感应。

船至河湾处，山雨奇迹般地停了。一路上欢声笑语、叽叽喳喳的我们，此时却不约而同地选择了静默。

据《宁明县志》记载：花山崖壁画指的是分布在明江两岸珠山、龙峡、达佞山、高山、花山的各个画点。而花山则是这些画点中画面最大、图像最复杂、内容最丰富、经历年代最长久的一个画面，堪称代表作。

我们面前的高崖壁画，就是其中的一幅。整个崖壁临江而立，内斜成一处巨大的岩厦，红褐色的人形壁画错落有致地分布在泥黄色的崖壁上。听导游说，古人选择在内斜的岩厦崖壁上作画，原因是只要雨水不大，就不会泼洒到壁画上。而事实也证明了古人的智慧，虽然崖壁上有不少粗细不同的灰黑色雨水渗流痕迹，但壁画的主体千百年来仍鲜艳如昔。

由于花山壁画正在修缮，崖边栈道不允许游人攀登游览，我们只能在游船上远远仰望。这一片赭红色的壁画，最引人好奇的是它如何描画上去的，又是用了什么颜料使其保持千百年来不褪色。众说纷纭中，我想起老人们常常在茶余饭后讲的传说故事：从前，古骆越分为纳利和夏州两派，纳利有神像，夏州有神皇，他们常常率领部族在花山下展开激烈的战斗。后来，纳利请来一位名叫孟卡的异人，不仅力大无穷，还能在纸上画兵马。孟卡画的兵马栩栩如生，画好后只要锁在宝箱里一百天就能全部变活，为纳利一派夺取胜利。无奈天不遂人愿，到了九九八十一天时，不知道是哪个歹人走漏了风声，把这个消息告诉了孟卡的母亲。母亲担忧儿子的安危，趁孟卡不在时，偷偷打开了宝箱查看。谁知一打开，大批的纸兵纸马飞旋而出，但因为还不够一百天，还不能变成真人活马，结果只能飞到花山崖壁上，变成了鲜红的壁画。

历史尘埃，漫漶无考。孟卡兵马已随泛黄的故事沉入时光深处，但猎猎山风中的花山崖壁画为什么一路上散漫不羁，却在马蹄形的河湾拐角处密集聚拢？这确实是一个值得深思的问题。《续博物志》有这样一段记载：

“二广深溪石壁上有鬼影，如澹墨画。船人行，以为其祖考，祭之不敢慢。”作者李石是宋朝汉人，对花山壁画的了解仅限于古籍或传说，并不曾亲临花山进行考察。但他对花山壁画的描述却很有代表性：深溪石壁的鬼影幢幢，朦胧月色下的幽幽鬼迹，船家在风高浪急之时途经河湾拐角的心惊胆战、祝祷祭拜……这确实符合外乡人对神秘的古骆越文化的想象。作为一个从小生活在花山边上的宁明人，我听惯了老人们的古老传说，无论是让孩子们闻风丧胆的《鸡鬼传说》，还是经过壮族文化浸润改编后的《梁祝山歌》，甚至最著名的《骆越王歌》……它们无一不指向一种极具野性的原始崇拜。李石所认为的“花山鬼影”在古骆越先人眼中也许并非只起到恐吓作用。从古至今，河湾拐角处风高浪急，一直是行船的危险处。古时候行船条件较差，不少人丧命于花山河湾处。也许正是这个原因，骆越先民才怀着对骆越王的敬畏之情，以鲜红的颜料将骆越王及其臣民的形象涂画于明江沿岸的崖壁之上，特别是河湾拐角处更是集中描画了骆越先民们围聚在骆越王身边举行祭祀盛典的情形。也许骆越先民们认为，只有骆越王才能镇压得住丧命于河湾处的众多冤魂，也只有将骆越子民以“人形青蛙”的绘画形式献祭给骆越王，骆越王才不会找生人替代，转而保佑过往的船家平安行船——这与秦始皇用兵马俑代替活人殉葬，也许是同一个道理。当然，这只是我的猜想，花山壁画的众多谜团，仍然沉睡在历史的迷雾中，它们以众多神秘莫测的可能性，吸引了一批又一批学者文人前往探索。而骆越古歌依然如澄明的明江水，悠悠围绕着古老的荷城，等待着有一天，有志之士能真正揭开她神秘的面纱。

二

真正的歌海是从“三月三”开始的。

广西的歌圩源远流长，而宁明的歌圩多以花山为中心，在明江沿岸举行。宁明县文化旅游和体育广电局副局长黄文伟介绍："宁明县的歌圩每年春夏秋三季皆有，多在农历二三月间，定期定点举行，每次圩期一至两天。届时，青年男女身着盛装，带着伞聚集于圩场。圩日期间人山人海，白天多有唱彩调、斗鸡、放花炮、赛球等活动，傍晚开始进入对歌高潮，有些地方甚至通宵达旦对歌。青年男女唱到情投意合时，女子会突然夺走男子雨伞，男子会意，便追随女子到僻静处继续唱和、谈情说爱，待到黎明，互换定情物，唱分别歌。一场歌圩就此结束。"由此遥想当年漫山遍野的歌圩盛况，实在是令人向往。

2019 年恰逢中华人民共和国七十周年华诞，也为了庆祝左江花山岩画艺术文化景观申遗成功三周年，4 月 7 日，宁明县"三月三・骆越王节"骆越根祖祭祀大典在新落成的骆越王宫隆重举行。祭祀仪式分为"同根共土""骆越圣火""净手上香""颂祖昭恩""行祭拜礼""乐舞告祭""源远流长（放生鱼苗）""自由祭拜"八个部分，其中，最让我动容的是"乐舞告祭"的环节。

烈日炎炎，松涛阵阵，矗立在苍茫群山中的骆越王宫像一位沉稳的骆越长老，静静地呼吸吐纳着旷野的气息。经过了前面严肃郑重的祭祀环节，此时忽然平地里炸起一声擂鼓巨响，还没等人们反应过来，无数鼓声像由号角召集而来的士兵，远远近近、高高低低而来，绵绵密密的鼓声渐渐地汇成一片铜鼓的海洋。站在骆越王宫大殿正门的一列鼓手身着民族盛装，奋力挥舞的双臂肌肉鼓起，镶着彩色花边的鼓槌彩带随着鼓手舞动的双臂上下飞舞。有几位鼓手甚至已是两鬓斑白的老人，但是他们面容肃穆，紧握鼓槌的双手一下下地按着鼓点的节奏，有条不紊地应和着鼓声，丝毫不因为年龄而影响擂鼓的激情，似乎已经和鼓点融为一体了。

在这响彻旷野的鼓声中，几名面容姣好的女子和几名年轻力壮的男子模仿古骆越部族的装扮，双臂高举半屈，与花山崖壁上千百年前的"人形青蛙"图腾一样，跳着"花山舞"。他们目光清澈，兴奋的脸上洋溢着青春的力量与激情，在隆隆鼓声中起舞，在茫茫群山中歌唱，激越的灵魂似乎感应着骆越先祖的精神，在花山的青山绿水中自由释放着生命的力量。我似乎又看到了赤焰般鲜红的花山壁画在祭祀的旷野中烈烈燃烧，骆越先人的蓬勃野性在后人的骨血中汹涌澎湃。那种发自内心的欢乐与崇敬，是真实的生命战胜了严酷的自然环境而产生的，是不屈的精神战胜了鬼魅的幻想而产生的，是骆越先民精神与中华文化交融之后的共生共荣而产生的！

晚上在花山时空剧场上演的大型壮族神话实景剧《花山》，更印证了我的想法。花山时空剧场坐落在离明江不远的一座峭拔崖壁前，它依山度势，以花山岩画及其山体、河流、丰富的植被组成的壮丽神奇的自然景观为舞台背景，利用现代化的灯光效果，打造了一个五彩斑斓的“花山”神话。在这个与旷野无限亲近的梦幻世界，你会身临其境地感受到一代代骆越先民在生产力极其低下、生存环境极其恶劣的条件下，不屈不挠、团结奋进，不断地和自然灾害做斗争的卓越精神，那一个个动人的故事传说绘成了一幅幅绚丽多姿的历史画卷；而贯穿于历史长河中的骆越古歌，就像舞台中央那尊在冰与火的锤炼中浴火成凤的巨型铜鼓一样，成了骆越顽强不屈、奋勇向前的精神象征。

花山儿女紧跟时代步伐，用高科技手段打造了一场五彩斑斓的歌海盛宴，流传千年的骆越古歌在新时代焕发出新的魅力，它的古今交融，它的旷野精神，必将给古老的荷城带来更多的新意！

永不凋零的艺术传承

郑智敏

在恭城瑶族自治县观音乡水滨村村头、村尾及水滨小学的课堂上，时常有一位“特殊老师”拿着一把笙或一只鼓为孩子们认真授课。“孩子们，莫小看这把笙，它可是大有学问，这些长短不一的小竹管里面，装有像薄纸一样的铜片，吸和吹的时候都有曲调，你们试试……”

这位老人就是蒋礼发，自治区级非物质文化遗产项目“恭城瑶族吹笙挞鼓舞”传承人。说到“特殊”，不单是因为他已年近 80，更因为他在水滨小学是一位众所周知、不领工资的免费“编外老师”。蒋礼发教课不为出名、不为薪水，只为把在瑶族延续了数百年的吹笙挞鼓舞传承下去。

蒋礼发在父母的吹笙挞鼓舞表演中度过了他的童年，又在各民族和谐生活的氛围中对吹笙挞鼓舞产生了深厚的感情。这传承数百年的民族文化，在“文化大革命”期间被禁止，直到 1986 年，受柳州市三江侗族自治县的邀请在大众面前展示后，吹笙挞鼓舞才得以重放异彩。

当时作为村干部的蒋礼发萌生了要将此民族文化传承下去的想法。他的父亲，也是吹笙挞鼓舞的行家，一直支持并鼓励他，无论遇到多大困难都一定要坚持传承下去。

蒋礼发坚信这是瑶族文化的瑰宝，于是决定从制作笙、鼓、傩面，到学曲，再到练舞，系统地向父亲及其他前辈学习。

吹笙挞鼓舞始于明洪武年间，至今已有 600 多年的历史，由瑶族发祥地千家峒部分移居到观音乡水滨、狮塘一带的瑶族人民带入，流传至今。

吹笙挞鼓舞一般是在祠堂或挞鼓亭（坪）表演。参舞的人数为12～24人（偶数），有吹芦笙的，有击中小长鼓的，有敲大锣的，等等。起舞时按四三拍子稳健地踢踏舞步，云手击鼓，托鼓转身，优美自如。“嘣嘣嘣”的挞鼓声、婉转悠扬的芦笙声、“喉欧喉喂耶”的口号声此起彼伏，加上参与活动的围观者不断穿梭涌动，场面热闹而庄重。

吹笙挞鼓舞分为盘王出世、女鼓舞、七拍鼓舞、招兵舞、四季鼓舞、回龙鼓舞等。舞蹈动作以走圆圈、鞠躬、倒鼓、对羊角为主。刚中有柔的舞姿，加上庄重有序的曲牌音乐渲染，恰到好处地展现了瑶家人对祖先盘王的虔诚，以及瑶家人朴实厚道、坚韧不拔的性格特征。舞蹈的音乐旋律起伏流畅，节奏鲜明，具有明显的民族和声特色。乐曲演奏规律均以三遍为限，与中国古典乐曲的演奏程式“三叠”“三弄”极为相似，显出浓重的古色古香韵味。自始至终的四三拍子节奏在芦笙、鼓锣、号子的映衬下，与刚毅、稳健的舞姿融为一体，可谓珠联璧合，相得益彰。

吹笙挞鼓舞的道具——笙、鼓，其制作需要不少材料，上了年纪的蒋礼发不仅独自上山砍树，还到桂林、柳州和南宁寻找青铜。由于多年来勤奋刻苦钻研，认真练习，蒋礼发成为村里吹笙挞鼓舞的“一代宗师”。

尽管蒋礼发十分用心，但村里的年轻人外出打工的打工，嫁人的嫁人，传承几乎无从谈起。

2008年，蒋礼发有了“从娃娃抓起”的想法。他和水滨小学的老师及相关部门联系后，得到大力支持，学校每周给蒋礼发安排一两节下午的课程，让他教授学生们吹笙挞鼓舞。

小学生们被有趣的芦笙和长鼓深深吸引，在课堂上学得都很认真，甚至晚上还有不少学生去到蒋礼发家中找他开小灶。蒋礼发不仅手把手地教学生跳吹笙挞鼓舞，还免费供学生们吃饭，几个学期下来，已收了几十个学生。每当有演出机会，孩子们都争着报名参加，他已多次带领孩子们参加县庆等大型活动的演出。

几年来，蒋礼发带出了一批又一批徒弟。2008 年 11 月，瑶族吹笙挞鼓舞入选第二批自治区级非物质文化遗产名录。2009 年 6 月，蒋礼发被评为自治区级非物质文化遗产项目“恭城瑶族吹笙挞鼓舞”代表性传承人。

如今，不管是村里举行的盘王节庆祝活动，还是县里举办的大小活动，蒋礼发都会身着漂亮的瑶族服装带队亮相。很多人都说，吹笙挞鼓舞曲调优雅，舞蹈具有典型的瑶族风格，是值得代代传承的活文化。

在传承吹笙挞鼓舞的同时，蒋礼发不断挖掘和保护恭城观音乡的傩戏文化。傩戏，也称“傩舞”，流行于湖南、湖北、安徽、江西、贵州和广西一带，由驱鬼逐疫的傩舞发展而成，各地有“傩愿戏”“傩堂戏”“师公戏”“师道戏”等不同的称谓，多以演《姜女寻夫》《柳毅传奇》《庞氏女》等剧目为主，演出时戴面具，故又名“师公脸壳戏”。表演动作一般较为简单原始，音乐大多以锣鼓伴奏，人声附和。

目前，恭城瑶族自治县只有蒋礼发较为熟悉傩面具的制作和整套傩舞。在蒋礼发的努力下，现在观音乡的一些青壮年也加入到跳傩舞的行列，为这一古老的文化活动增添了新的活力。

几十年来，蒋礼发无怨无悔地为瑶族文化的传承默默付出。在他的不懈努力下，吹笙挞鼓舞和傩戏开始为人们所熟知，并得以传承和保护。他最大的心愿就是希望观音乡的瑶族文化传承下去，并不断发扬光大。

骆越神笔

韦秀观

一

像电闪雷鸣瞬间击中大地一样，第一次来到宁明，我便被花山岩画深深震撼：数千个赭红色的人像物像，组合成各种各样的生动场面，或欢歌狂舞，或行军狩猎，或花前月下，或大江行舟……形态各异，栩栩如生，千百年来跃然于左江两岸烛白斑驳的陡峭崖壁上，默默地诉说着南方民族先人的信仰和历史。目睹岩画，我仿佛走进远古的神话境地，并对此充满着挚爱和敬畏。

广西壮族自治区宁明县明江耀达河段，有一座高约250米的石山，形似鹰嘴，嵯峨嶙峋，林木丛生，青藤缠绕，临江的峭壁上画满了古老的岩画。此山当地人称“岜莱”，其中“岜”是“山”的意思，“莱”是“图画、花纹、图案”的意思，岜莱即“有花纹的山”。

而在广西，像这样“有花纹的山”及其岩画有许多。桂南有宁明县岩画（包括花山岩画、达佞山岩画、珠山岩画、龙峡岩画、高山岩画等）、龙州岩画、江州岩画、扶绥岩画、凭祥岩画、天等岜连山岩画、大新岩画、靖西岩画，桂西有宜山岩画、田东岩画、巴马岩画，桂北有金秀岩画……

其中，以左江及其支流明江流域花山岩画为主体的整个崖壁画，统称为“花山岩画”，主要分布在左江、明江河段，长约105公里。这里有着国内已知的规模最大、画点最多最密集的岩画，包含38个点，分为109

处193组，图像总数约为4050个，其中人物图像3317个，器物图像619个，构成了左江花山岩画艺术文化景观。

我们还惊奇地发现，这一带每一面相对平整的临江峭壁上，几乎都画着赭红色的图案，线条原始、粗犷和苍劲，造型古拙。虽经过千百年风霜雨露，有的已经模糊难辨，但大多数崖壁画的颜色历久不褪，仍然色彩浓重，艳丽夺目。整个崖壁画场面恢宏，气势宏伟。

其中，耀达村明江右岸花山崖壁上的岩画发现得最早，画幅规模最大，人物图像最多，涵盖内容最为完整，是左江岩画的代表作。其整个面长达172米，画幅高达40多米，图像有1900多个，其中大小人像最多，约有1300多个，还有动物和器物等图形。人像皆裸状，最大的人像是高达3米的赭红色巨人，最小的仅有约30厘米。人物图像有正面和侧面两种，手和脚的姿势基本相同，都是举手蹲足跳舞状，排列得整齐有序。

南宋李石所著《续博物志》有记载："二广深溪石壁上有鬼影，如澹墨画。船人行，以为其祖考，祭之不敢慢。"李石把这些岩画称为"鬼影"。这是中国有关花山岩画的最早记录。

二

1963年，一代文豪郭沫若赋诗云："摩岩壁画成专著，彻夜歌声听壮家。"他认为花山岩画与壮族有着紧密的联系。

我们先来看看花山岩画绘制的年代。

关于绘制年代，可从其图像符号上寻找线索。619个器物图像和符号中，铜鼓图像368个，羊角钮钟及细钮钟（铃）图像16个，环首刀图像39个，长剑图像174个，扁茎短剑图像1个，渡船图像21个，对应的文物实物在广西都曾有出土。

武鸣马头镇墓葬群作为发现骆越古地青铜文化最大的地方，曾出土的商代晚期青铜卣为广西发现的最早的青铜器，距今至少有 3000 年历史，青铜卣的族徽在花山岩画也能找到对应的图像。

1980 年在贵港市风流岭两汉墓葬群出土的环首刀，在东汉时期曾有出现，距今至少有 1800 年的历史。

这些实物的时间点都在战国早期至东汉之间，综合起来可断定，花山岩画绘制的年代在距今 2500 年到 1800 年之间。这也印证了图案中铜鼓实物出现的年代，与铜鼓迄今已有 2700 多年历史的说法相吻合。

现今出土的系列青铜器，作为人类文明进步的一种重要标志，一般认为公元前 2000 年左右是其上限。而地处天荒的南疆一隅，虽然在地理上远离黄河流域等中原地区，但 3000 年前就已经出现青铜卣并反映到岩画中，说明左江流域在文明的教化和传播方面与中原地区几乎是同步的，或者说这种传播使不同文化一直在民族交往交流交融中相互影响和渗透着。

那么，这些 2000 年前左右的规模宏大的花山岩画，又是谁绘制的呢？那一时段生活在明江及左江流域的古族群是谁？据《史记 · 南越列传》载："（赵）佗因此以兵威边，财物赂遗闽越、西瓯、骆，役属焉……且南方卑湿，蛮夷中间……其西瓯骆裸国亦称王。"可见，2000 多年前，南越（今广东）之西，即今日之广西一带，居住着一支叫骆越的族群。

《后汉书 · 马援传》对此描述得更加详细：马援"于交阯得骆越铜鼓"。《水经注 · 温水》云："故《林邑记》曰：尽纮沧之徼远，极流服之无外。地滨沧海，众国津迳。郁水南通寿泠，即一浦也，浦上承交趾郡南都官塞浦。《林邑记》曰：浦通铜鼓，外越、安定、黄冈心口，盖藉度铜鼓，即骆越也。有铜鼓，因得其名。马援取其鼓以铸铜马。"这里所说的郁水，就是今天的左江，是古骆越的中心。

骆越人主要聚居在我国的广西左江、右江流域和贵州西南部及越南的红河三角洲一带。如今，骆越后裔之一的壮族，民间还广泛流传着许多关于花山岩画的传说。比如，在丧事道场或祭祀仪式里，壮族道公跳的道公舞及傩面舞的姿态，均与花山岩画中双臂平伸、曲肘上举、双腿叉开、屈膝下蹲的人物图案一模一样。信仰仪式中这种原生态的舞姿，往往镌刻并闪耀着一个民族的图腾和历史，延续和承载着厚重的信仰和文化，在人类文明的进程中闪烁着不朽的光芒。

耀达花山岩画所在的河段，江水弯了九道弯，地理学上称之为“九曲湾水”，堪舆家认为这是附近有藏风聚气之所的暗示。每转一道弯，江流都被峭壁拦住去路，正怀疑前方已走到尽头时，船到崖壁却另有新的水道。耀达花山再往前约10公里，明江在三江口与来自龙州的丽江相遇，一起注入不远的左江。明江和左江的江流之妙，崖壁之奇，为其涂抹上一层神秘的色彩，罗列在江边山崖上的岩画更是千古之谜。

三

神秘的岩画，那些充满着质感的意象和意象群，让我们在谜一样的画廊里，捕捉到一丝来自遥远历史深处的脉动和声音，其背后回荡着一个族群赖以繁衍生息的图腾和信仰！

那么，骆越人为什么要选择在这样江弯、水急、山险的地方绘制这些神秘的岩画呢?

据考证，2000多年前，生活在左江流域的壮族先民便发明了造船技术（岩画图像里有船），最早的船设计简单，经常在水流湍急的地方沉没。为保出行平安，人们便在这些容易发生危险的地方绘制岩画，祭祀水神。由于没有庙宇，遂将祭祀时的动作，或死去的亲人模样画到悬崖峭壁上去，并用红色标注，用来召回河中的亡灵，以求生者行船平安。祭祀时，弯膝举臂的青蛙状是骆越古人的标志性动作，这一动作在岩画中出现最多。现今壮族一些地方的道公舞和傩面舞也一直在沿用。

水是生命之源。依山而建，逐水而居，骆越人的生活与河水有着千丝万缕的联系。河水源源不断涌流，由此衍生的稻种、畜牧、水产养殖等可以带给骆越人维持繁衍生息的重要物质财富。岩画上的那些稻穗、畜禽、野兽图像，正是骆越人开创稻作文明以及通过驯养野生动物而获得赖以生存的丰富物资的极好明证。

正因为如此，骆越人对自然界的流水都有一种发自内心的喜爱和崇拜，他们祭祀河神，拜水神，镇水怪，祈求风调雨顺、家人平安，并逐步演化成非常重要的宗教或祭祀仪式。

花山岩画描绘的正是某一场大规模的远古祭祀仪式。画面中位置比较中间的正面人，想必有着特殊的身份和地位，一定是祭祀的主持者；众多的侧面人则是部落中膜拜神灵的芸芸众生，他们围着主持者，服从安排，配合完成相关活动。

所有这些祭祀仪式以及岩画，都是奔着水神而来的，选择的场所当然也得讲究，比如要面水临河。花山岩画就是选择在左江及其支流的水边崖壁上。当时的人们可能认为这些地方都是水神经常出没，而且容易看得见的地方。

花山岩画反映的可能是骆越人的巫师祭水神这一宗教仪式的场面。岩画除人物外，还有马、狗、鸟、船、刀、剑、鼓等，其“中心人物”形象高大，占据画面中心位置，双手曲肘上举，两腿叉开，极像青蛙造型。围绕“中心人物”，有数量众多的“小人物”，半蹲式侧面，头形发式富有变化，整个场面宏大。“中心人物”蛙形人极有可能是巫师。举行如此庞大的祭祀仪式，目的很可能就是祈求水神保丰收和平安。

壮族先民面对诸如洪水、旱灾等天灾的威胁，既无法理解，又无力破解，因此认定“万物有灵”，与他们紧密联系的五行所涉及的地神、天神、水神、山神、火神一应俱全。壮族民间的很多村落敬奉的村社（也称“仙社”“社王”），其实就是土地神。在厨房，摆置的可供奉的神位，其实就是火神（也称“灶王”）。一些地方的民众还在农历初一或十五到某些山洞或泉潭水边祭祀，供奉的对象其实是山神和水神。一些民间重大节日，恭请巫师（道公）主持祭祀仪式，目的就是求神灵保佑五谷丰登、人畜平安、丁口兴旺。

“唱神必跳神，跳神必戴相。”壮族道公舞告诉我们，戴傩面具是壮族道公舞的主要特征之一。傩面具主要用于傩仪、傩舞、傩戏，种类众多，造型各异，多为杨柳木和香樟木所雕，然后敷彩上漆，粗犷朴拙、庄典华丽。

“凡跳神之舞，必持神之器。”道公舞还讲究“舞赖于岳，以岳伴舞”，“岳”的壮话音即鼓，道公舞是随鼓而跳的。人们认为：这时的铜鼓被赋予神的暗示和力量。道公舞离不开法器，如刀、剑等，这样才能镇魔除邪，驱疫消灾。

花山岩画中也有很多这样的图像和符号，如铜鼓、芒星、环圈、内环带点形等，首领人物都佩带环首刀，很多人物图像戴有三只眼、四只眼全蒙脸的面具，均与现今的道公舞和傩面舞相似。

四

花山岩画中蛙形人图案多次同时出现，让人想起了左江、右江及红水河流域壮族人的一些奇俗：旷野上，村民们手举火把，排着长队环游山寨，一串串火光在夜色中犹如一条条火龙，在山道与田野之间蜿蜒游动，铜鼓声、山歌声、祈福声相映成趣。人们戴上古老的面具，跳起蚂蜗舞、拜铜鼓舞、耙田犁地舞、驱邪灭瘟舞、插秧舞、打鱼捞虾舞、纺纱织布舞、丰收祭拜蚂蜗舞等传统舞蹈。来自附近壮族村寨的青年男女纷至沓来，围着篝火，通过对唱“蚂歌”（恋爱山歌）相互问答，了解彼此，以此寻找自己心仪的恋人，并约定下次歌会再相会……整个活动热闹非凡、通宵达旦。

壮族民间传说中，青蛙是雷神的儿女，是雷神派到人间的使者。当人们需要下雨时，便告诉青蛙，青蛙即对天空鸣叫，雷神听到青蛙的叫声之后，就降下雨水，满足人间需要。因此，在壮族先民心目中，青蛙便是沟通人间与天上雷神的使者，是神的化身，故备受崇敬。为求得生存繁衍与发展，人们为此便定下蚂蜗节。现今红水河沿岸壮族村寨都会举行蚂蜗节，一般从大年初一起至二月初二，组织众人齐跳蚂蜗舞、傩面舞，通过请蚂蜗、祭蚂蜗、孝蚂蜗和葬蚂蜗等仪式，祈求风调雨顺，人畜兴旺。

岩画中每一组图像都由一定种类的图像组成，画面的主体为蛙人合一的正面和侧面人身像，人像上方、下方、前方或左右还分布着种类繁多的环形图像。据统计，花山岩画点上的环形图像共计 376 个，数量仅次于人物画像。这类画像是铜鼓的可能性极大，只是在绘画时被简化成象征性图形罢了。铜鼓是古代西南少数民族的一种具有特殊社会意义的铜器，被视为一种珍贵的权力重器或礼器，因此有很高的地位。自春秋战国直至明清均有铜鼓，而以汉代制作的最为精美，式样最多，有各式图案，有的铜鼓上还有蛙图案。“铜鼓”一词进入正史，最早见于《后汉书·马援传》：“（马）援好骑，善驯名马，于交阯，得骆越铜鼓……”制作铜鼓以壮族和黎族为多。

造型如此复杂的铜鼓，被壮族先民用一笔环弧状点出，就是如今的专业画家也很难做到。

“如果是这样，我们几乎可以断定，花山岩画处处呈现的歌舞意象或意象群，事实上是蛙鼓共鸣的意象或意象群。其中的蛙鼓意象是花山岩画结构与象征的重要艺术表现形式，也很可能是后来人民在铜鼓上铸造青蛙塑像、打铜鼓祭青蛙等崇蛙习俗的重要文化源头。”梁庭望、厉声在《骆越方国研究》里如是说。

花山岩画上的蛙、鼓等一些图像和符号，暗示一定的实际意义。这种赋予某种意味的符号，被精心绘制在崖壁上，看似某种物件，实则是具备表达某种意义功能的文字。如果说这些绘制在山体上的符号还不好肯定就是文字，那么对于广西出土的文物上刻画的符号，就不能轻易否定其文字性质了。1899 年，甲骨文的发现为回溯华夏文明的历史之源奠定了坚实的基础。112 年后的 2011 年，骆越石刻文在广西平果感桑遗址被发现，数十块石板和大石铲碎片写满数百个字符，大多是成句的祭祀文和占卜辞。其中，有一块骨片上的左上方刻有一只鸟，这是最早的象形鸟字。骨片的右下方有四个字，分析整幅图和文字的意思是张网在屋边捕得一鸟为吉，这是一段完整的卜辞。鸡的壮语读音是“卦”，壮语“八卦”就是“八只鸡”的意思。壮族先民的占卜最初是用鸡来做媒介的，后来用八个字代表，现在这八个字用汉语读对应不上，但用壮语读是可以对应上的。

《山海经》也对此有记载：“有阿山者。南海之中，有氾天之山（今大明山），赤水（今红水河）穷焉。赤水之东，有苍梧之野，舜与叔均之所葬也。”“大荒之中有山，名曰合虚。日月所出。有中容之国，帝俊生中容，中容人使四鸟……”有观点认为，“使四鸟”就是鸡占卜；《山海经》是从南方开始记录，说明作者极有可能是住在骆越，从自己所在方位开始记录。

这些刻有占卜辞的骨块和石片上可以清晰辨认和描摹的字符有1028个。有一些文字符号在8000年前的高庙文化中就已经出现。专家们根据散布在文字石片旁的完整大石铲推断，这些古骆越石片字符出现的时期和大石铲出现的时代相同。

这些特殊的符号，包括花山岩画的一些图像，很可能是壮族古文字的雏形，或是无意中成为这种雏形，同时兼有汉字一样表义的功能。

花山岩画很可能是一种建立在人与河、人与水关系之上的生存智慧、人生智慧、政治智慧以及这些智慧的最高表现——哲学智慧的图式表达形式，是一种以江河的时空流转为原型依据的思想或文化成果，是远古壮族先民关于自然宇宙与社会人生的思考与结晶。因此，花山岩画实际上是一种哲学符号体系。

花山岩画是壮族先民骆越人神圣的遗留，是探不尽的宏大画卷。这些岩画及其景观，与中国南方壮族先民骆越人生动而丰富的社会实践融合在一起，长期以来引起各界人士的极大关注和探究。

2016 年 7 月，在土耳其伊斯坦布尔举行的第四十届世界遗产大会上，中国广西左江花山岩画艺术文化景观正式列入世界遗产名录，实现了中国岩画申遗零的突破。

千百年来偏居一隅的花山岩画，终于以她亮丽神奇的姿态，走进国际学术的视野。

花山岩画演绎千年的生命密码，让自然与人文相互辉映着，不但见证了当地壮族先民骆越人的古代历史，而且彰显了中华文明的博大包容。

它从远古走来，必将带着它背后的民族，整起行装，一如朝气蓬勃的少年，向着更加美好的明天前行……

歌飞千年

韦苏文

一首深邃悠远、穿越千年而依然令人柔肠百结的歌，不时飘荡在武鸣的大地上：

船从远处来啰，随水流来到咧。

船到半中河啰，看我船多好哎。

侬噢！侬噢！

侬噢！侬噢！

船在河中漂咧，妹在岸上叫咧。

只有船靠岸啰，哪有岸靠船哎。

侬噢！侬噢！

侬噢！侬噢！

这首《船从远处来》流传于南宁市武鸣区罗圩、邓柳、仙湖一带。由作曲家韦苇记谱，刊载于1962年广西人民出版社出版的《广西民间歌曲集》中。听着它婉转的旋律，仿佛看见一位英俊的小伙子正划着一叶扁舟，唱着动听的山歌，从远处而来。此时，站在岸边的姑娘正急切地盼望小船快快靠岸……

武鸣，壮族文化的发源地之一，中国歌圩文化之乡。

武鸣区位于南宁市北部，东与上林、宾阳交界，西邻隆安、平果，北连马山，南靠兴宁区和西乡塘区。境内东西最大横距111公里，南北最大纵距97公里，总面积3366平方公里。

武鸣人民用自己勤劳的双手创造了优美的自然环境与人文环境，创造了独特的地域性文化。壮乡武鸣可谓处处皆景，处处流淌着民族文化元素。人们的生活中处处流动着文化，著名的有山水文化、龙母文化、饮食文化、师公文化和歌圩文化。

在众多的文化事象中，最具民族性、群众性、广泛性、地域性、传承性的是歌圩文化。

歌圩源于氏族时代的祭祀性歌舞活动，后来祭祀性活动逐步演变成民众间的交流，淡化舞的成分而多了歌的内容，久而久之便形成了群体性的歌圩活动。据历史文献资料记载，歌圩早在宋代就已经流行。南宋周去非《岭外代答》说，壮人“迭相歌和……皆临机自撰，不肯蹈袭，其间乃有绝佳者”。到了明代，歌圩又有新的发展，并定期在固定的地点举行。

歌圩规模有大有小，各地不一，小则一两千人，大则万余人。歌圩主要有节日性歌圩、临时性歌圩、竞赛性歌圩、庙会赛歌等形式。节日性歌圩一般在农历正月至五月举行，农历三月初三举办的次数最多，而秋季则以中秋节为最佳日期。临时性歌圩是指在劳动场所、圩市活动及婚娶之时歌唱而形成的歌圩。

武鸣的壮族是古骆越人的后裔，骆越是百越中的一支。根据史料分析，骆越人最早出现在商代，式微于秦汉。在这段时期内，骆越人创造了灿烂的文化，包括稻作文化、棉纺文化、铜鼓文化、崖壁文化、巫文化、龙母文化、航运文化等，这些文化对中华文明、东南亚文明都产生重大而深远的影响。武鸣是骆越方国的中心所在地和政治中心，境内的大明山被视为骆越民族的祖山，发源于大明山的河流被称为骆越水。所以武鸣的歌圩文化与骆越文化有着千丝万缕的联系，武鸣“三月三”歌圩就是起源于古骆越人的祭祀始祖王大典，歌圩常吃的五色糯米饭就是纪念龙神（特掘）对于龙母的孝顺感恩。

武鸣民间是壮话的天下，当地人对外交际的语言几乎都是壮话。于是乎，“三月三”保留了下来，歌圩保留了下来，山歌传承了下来。出现了动辄数万人参加歌圩的盛况：“岭连岭，坡连坡……人流汇此地，十五闹山歌……闻名传四方，播山歌种子，情歌汇海洋。”

壮家生来爱唱歌，三岁娃娃开始学；

不论田间或地头，一人开口万人和。

……

出门用歌来走路，睡觉用歌当床铺；

结婚用歌当彩礼，过年用歌来杀猪。

虽曾遭官府禁歌——如清道光五年（1825 年）思恩知府李彦章便以伤风化为名下令禁歌——可依然是你下你的令，我唱我的歌，而且越唱越多。山歌不用钱来买，舌头一拐歌就来。它是人们的心声，是人们的情感，是人们的精神食粮，又如何禁得了呢？

武鸣壮族山歌有别具一格的勒脚歌。如锣圩“四柱八脚”歌和武鸣七字山歌等。

长期以来，人们往往认为武鸣只有四句五字和四句七字山歌，其中四句五字的为壮话，四句七字的为汉话。其实这是一种误解，武鸣山歌除了这两种，还有欢喃、排歌、嵌句歌、断脚歌等。

武鸣歌圩主要内容有：

1. 歌圩祭祀仪式。传统的大型歌圩举行之前先行祭拜仪式，由师公依次恭迎各路神灵。

2. 歌场交情，即倚歌择配。一般经过下列对唱阶段：

（1）游歌（沿路歌）——为引起对方注意而即兴唱的一些与赶歌圩有关的山歌。

（2）见面歌（初会歌）——一般是相互问候，互报姓名、住地，并相互谦恭赞许。比如：

男：拿伞去孚沙，去圩还是板（村）；去圩就快讲，去板（村）就回来。

穿条衣黑蓝，人问到不看；转身去逍遥，像只鹰过山。

女：哪里的燕子，来河边搭亭？哪里的司令，放兵来攻城？哪里的乌鸦，来和鸟打斗？哪里的猎手，来河边转悠？

男：妹在一边哥一边，见妹面生难开言；剪刀落地难开口，人熟我生难迎前。

女：妹在一边哥一边，见哥生得乖又甜；落地剪刀拿在手，随哥开口随哥剪。

（3）求歌——请求与对方正式对歌。

（4）和歌（接歌）——被邀请的一方和求歌者对唱。

（5）盘歌——一般的对歌，双方相互盘问唱答，在此过程中了解对方的聪明才智，以增进交流和初结情谊。

（6）相交歌（甜歌）——这是男女之间彼此倾心、相互爱慕，为抒发情怀、披露心声而唱的“甜蜜之歌”，是双方结交情谊的一种标志，有初交歌、深交歌之分。

（7）信歌（定情歌、赠物歌）——是男女互赠信物，表示确定关系、缔结姻缘所唱的歌。

（8）思歌（念情歌、相思歌）——恋人在定情之后或会情之时，常以各种思歌抒发思恋的情怀，诉说相思的衷肠。

（9）离别歌（别歌、相送歌）——对歌将结束时，男女双方难分难舍时对唱的山歌。

（10）约歌（约定歌、约会歌）——约定下次歌圩再见面的歌。

3. 赛歌赏歌。主要有：盘歌，即出题盘问唱答；猜歌，即谜语猜测对唱；对子歌，按楹联格式，出上联对下联；连故事歌，双方把一个历史传说或故事，按情节连接唱述。还有别具特色的抢歌、斗歌，即发歌者把正在酬唱中的一方“抢”过来和自己对唱，并与之斗智斗艺的唱答。

4. 歌圩上的文体娱乐活动。歌圩会期，伴有抛绣球、抢花炮、斗蛋、博扇（古俗）活动，还有壮剧演出。

武鸣壮族群众至今一直沿袭着在春秋时节举行歌圩的习俗，尤以农历三月初三和中秋节的歌圩最为壮观。歌圩历经千年传承，已在武鸣群众的心中烙上深刻的文化印记，成为抒发民族情感、促进民族心理认同的文化纽带。无论是早期的歌圩还是发展演变至今的歌圩，都产生于民间、存活于民间，是当地群众生活的直接反映，是活在民间的古老传统文化。自产生以来，尽管时间流逝、时代变迁，但其主要表现形式基本不变。歌圩具有强大的凝聚力，对当地的每个社会成员、每个家庭都具有深远的影响，因而能够世代相传，薪火不绝。

在每年农历三月初三这一天，壮族民间家家户户做五色糯米饭，染彩色蛋，欢度节日。歌节一般持续两三天，地点在离村子几公里的范围内，对歌以未婚男女青年为主体，老人小孩都来旁观助兴。小的歌圩有一两千人，大的歌圩可达数万人之多。人们到歌圩场上赛歌、赏歌，内容涉及天文、地理、历史、道德、宗教艺术、民俗文化等。男女青年通过对歌寻偶，如果双方情投意合，就互赠信物，意为定情。此外，还有抛绣球、碰彩蛋等有趣活动。抛绣球主要功能是娱乐，也是一种定情活动——当姑娘看中某个小伙子时，就把绣球抛给他。碰彩蛋是互相娱乐，亦有定情之意。在歌圩旁边，摊贩云集，贸易活跃，附近的群众出售各种货品给来赶歌圩的人，无论相识与否，都热情接待。歌圩，既是弘扬民族文化的盛会，也是商贸活动的盛会。

壮族歌圩文化绵延千年，传续至今，其内容涵盖了壮族社会生活的方方面面，是壮族文化的活化石，提供了让人们以直观的、形象生动的活态形式认识历史的条件，具有重要的历史价值。歌圩从“春祈秋报”向“歌唱为乐”发展，既是人们以歌传史、以歌叙事、以歌会友、以歌择偶的重要场所，亦是赛歌赏歌、求知教育、传承文化的主要形式，集祭祀、歌唱、文艺、传统体育、商贸活动于一体，与壮族群众的文化心理、生活习俗密切相连，其相关的民俗文化活动与农耕息息相关，具有重要的文化价值。

歌圩所传唱的山歌以及相关习俗包含着丰富的自然、人文和社会伦理道德知识同时宣传国家政策法规、民族美德，对维系民族历史、弘扬民族文化、维护民族伦理道德具有重要意义，特别是对青少年具有较好的教化作用。武鸣歌圩是壮民族群众为主体，其他民族群众共同参与的盛事。各族群众在歌圩活动中增进了民族间的文化交流，促进了民族间的团结与交融，对增强民族团结、促进社会的和谐与可持续发展具有重要的价值。

壮族歌圩除了有重要的文化价值，还具有经济价值。每年的“三月三”歌圩已成为市场经济的重要活动之一，也成为带动当地旅游业、零售业、服务业等发展的既传统又现代的节日。歌圩期间，大量游客的到来，促进了当地商品和服务市场的繁荣，拉动了当地的消费。歌圩让越来越多人了解武鸣，越来越多的外商纷纷前来武鸣投资置业。歌圩极大地带动当地住宿、交通、餐饮、商业等相关行业的发展，成为推动武鸣经济社会发展的新平台。同时，中央和地方各类媒体的报道，使歌圩声名远扬，吸引大量国内外游客慕名前来，进一步推动了旅游事业的发展。

1979 年以前，歌圩只盛行于民间。1980 年开始，武鸣县人民政府逐渐搭建平台推广“三月三”这一民族节日。1985 年，武鸣县委、县政府举办“三月三”歌节文化活动。2003 年，武鸣“三月三”歌节更名为“三月三”歌圩。2007 年，“三月三”歌圩入选南宁市非物质文化遗产名录。2008 年，“三月三”歌圩入选第二批自治区级非物质文化遗产名录。2010 年，武鸣被文化部民族民间文化发展中心确定为“中国壮乡文化研究保护基地”。2011 年，武鸣“三月三”歌圩更名为“中国壮乡·武鸣‘三月三’歌圩暨骆越文化旅游节”。2014 年，武鸣申报的“壮族三月三”入选第四批国家级非物质文化遗产名录，为突出申报非遗成果，歌圩活动名称正式更改为“中国壮乡·武鸣‘壮族三月三’歌圩暨骆越文化旅游节”。发展到今天，武鸣“三月三”歌圩已成为集文化、体育、旅游及经贸活动为一体的综合性大型文体活动。武鸣“三月三”歌圩主要由四大部分组成，即文化活动、民俗体育活动、旅游活动和经贸活动。文化活动是歌圩节的核心内容，民俗体育活动扩展了民族文化的表现空间，旅游活动深度展现了民族优秀文化，经贸活动增加了歌圩节的经济附加值。这四大部分的活动内容贯穿整个节庆始终。

“三月三”歌圩经过多年的发展，已经具备越来越高的文化品牌价值，成为一张亮丽的名片，特别是在融进骆越文化这一历史文化基因后，歌圩的文化内涵更加丰富。2013 年 12 月 5 日，中国民间文艺家协会做出了关于命名广西武鸣为“中国歌圩文化之乡”的决定。命名书写道：“歌圩是壮族民俗文化典范。武鸣壮乡具有悠久的歌圩文化传统、良好的生存环境和发展空间。武鸣县素有民众汇集唱山歌、听山歌的习俗。‘三月三’歌圩是武鸣壮乡的传统节日，因以唱歌为其活动的主要内容而得名。武鸣县注重保护传承民歌文化，广泛开展调查研究活动，着力营造浓厚歌圩文化氛围，悉心培育歌圩文化品牌。经考察论证，决定命名武鸣县为‘中国歌圩文化之乡’。”

武鸣“三月三”歌圩依托其良好的地理位置、畅达的交通条件、优美的自然风光、丰富的民族文化以及政府的大力支持，获得巨大的社会效益和经济效益。如今的武鸣“三月三”歌圩已经融合当地的骆越文化，活动内容多样且不断推陈出新，吸引更多国内外的游客，旅游业获得快速的发展，且通过节庆期间的招商引资活动极大地促进了经济的飞速发展，走出一条歌圩文化产业化发展之路。

织千年壮锦　传万代匠心

雷金息

“美丽的壮锦献给毛主席 / 献上我们壮族人民的一片心意 /……织上那壮山好风光 / 献给领袖毛主席……”曾经，一首《壮锦献给毛主席》唱响大江南北，壮锦的美名随着嘹亮的歌声传遍千家万户。

壮锦，是心灵手巧的壮族人民用心织造的艺术瑰宝，历史悠久，源远流长。宋代周去非《岭外代答》记载：“邕州左右江峒蛮，有织白緂，白质方纹，广幅大缕，似中都之线罗，而佳丽厚重，诚南方之上服也。”其中的“白緂”即壮锦。

壮锦与蜀锦、云锦、宋锦并称“中国四大名锦”，是四大名锦中唯一的少数民族织锦。壮锦一般是用麻线或棉线染上各种色彩，以原色麻线（棉线）为经，以染色麻线（棉线）为纬，用本地木制的“土织机”手工精编而成。质地结实，结构严谨，图案别致，色彩斑斓，充满热烈开朗的民族基调。

壮族妇女的“女红”

壮锦的发展经历了从单色到五彩斑斓，从简单的花纹到繁复的图案的发展变化。贵港罗泊湾汉墓出土的黑地橘红回纹锦残片，可看作是壮锦的滥觞。唐代，壮族的蕉布、竹子布、吉贝布、斑布、丝布等已成为贡品。但真正能够称为“锦”的纺织品则出现于宋代。

据南宋范成大的《桂海虞衡志》记载，壮锦当时出产于广西左右江，称为“緂布”。当时“两江州峒”出产的“緂布”，“如中国（指中厚地带）线罗，上有遍地小方胜纹”。所谓“白质方纹”就是指当时生产的壮锦，其装饰花纹为方格几何纹，其色调为单色，这是早期的壮锦，具备了“厚重”和织有方格几何纹图案的基本特征。

到了明代，壮锦越来越流行，工艺也越来越精湛。明代万历年间，织有龙、凤等花纹图案的壮锦已成为贡品。明清时期，壮锦已发展到用多种色彩的绒线编织，使壮锦呈现出绚丽的色彩，虽仍为贡品，但平民百姓亦可享用。壮锦成了壮族人民生活中的日用品和装饰品，编织壮锦更是壮族妇女必不可少的“女红”，是嫁妆中不可或缺之物。生活日用品类有壮锦被面、壮锦床单、壮锦台布、壮锦坐垫、壮锦头巾、壮锦披巾、壮锦背带、壮锦枕巾等。

“通经断纬”织壮锦

在一间不大的屋子里，几台手工木质织机一字排开，“咔嚓咔嚓”的织锦声在这个不平凡的空间里轻轻回荡，充满了韵律感。

最原始的木质脚踏提花织锦机，俗称“竹笼机”，机上装有一个大大的竹制花笼用以提织花纹图案，用花笼起花为壮锦织机的最大特点，现已改进。在每一台古朴的木织机前都坐着一位“织女”，她们手起手落，穿梭引线，动作娴熟，手脚麻利。一根根五彩的纱线编织在历史的经纬之中，也在这华丽的方寸之间展开了壮乡锦绣的历史长卷。抚摸着璀璨夺目的壮锦，就仿佛是触摸到壮族祖先生命的律动和灵光。以白色纱线为经，以各种彩色纱线为纬，采用通经断纬的方法巧妙交织，一经一纬循环往复，一幅美丽的壮锦就这样渐渐出现在织机上。

壮锦的编织工序十分烦琐，要经过纺线、染线、浆线、卷纱、拉纱、梳纱、穿综、穿扣、结花版、编花等工艺流程。

壮锦图案精巧，色彩绚丽，既是精美的工艺品，又具有很高的实用价值。壮锦因花纹图案别致，色泽鲜丽，坚固耐用，有浓厚的民族特色而驰名中外。

壮锦传统图案有数十种之多，大都选取生活中的可见之物和象征吉祥幸福的花纹，尤以几何纹为多。传统图案有框边回字形饰纹、蝴蝶纹、云纹、葫芦纹、水纹、“卍”字纹、双喜图案，以及莲花、牡丹等各种花草纹样，动物题材的图像有蝶恋花、凤穿牡丹、双龙戏珠、狮子滚球、鲤鱼跳龙门等。凤的图案在壮锦中独占鳌头，“十件壮锦九件凤，活似凤从锦中出”，这是由于壮族人民喜爱凤凰，视之为吉祥的象征。

壮锦色彩既要艳丽夺目，又要经久耐看。壮族织锦多喜重彩，以红、黄、蓝、绿为基本色，其余是补色，对比鲜明强烈，以红为背景，充满热烈、活跃、欢腾的气氛；用绿作为烘托，有开朗的情调；以黄绿搭配，则艳丽动人。一幅壮锦，常常用几种颜色甚至是十几种颜色搭配组成，由于配置得当，显得斑斓绚丽。

坚守，这条路任重道远

壮家“织女”李村灵从 1989 年开始在广西靖西壮锦厂学习壮族织锦技艺，至今从事编织壮锦工作已有 30 多个年头，她和壮锦厂的姐妹们一起，一梭一线，认认真真织好每一幅壮锦。

刚开始的时候，织好一幅壮锦需要一个月甚至更多时间，现在只需四五天，不仅工作效率提高了，壮锦的编织工艺和色彩编配都上了一个新的台阶。

织壮锦要静得下心、沉得住气、吃得了苦、忍得住寂寞。每天都重复着同样的工作、同样的动作，极其枯燥乏味，如果稍不留神织错几道，一幅即将织好的壮锦很可能就前功尽弃了。

刚开始李村灵只是把编织壮锦作为维持生计的一门手艺，经过 30 多年的磨砺，现在织锦已经成为她生活中不可缺少的一部分。隔几天不坐在织机前，心里就会有些许不安。凭着对织锦这门传统手艺的热爱，她不断创新产品，并不辞辛劳培养年轻人，希望织锦这门壮族传统的手工艺代代传承下去，不断创新发展。

苦尽甘来，每当看到自己和团队的作品展示在世人的面前，李村灵的心里便充满壮乡人的自豪和骄傲。

在无数个像李村灵这样不辞辛劳、担当重任的壮族民间技艺传承人的不懈努力下，壮族织锦技艺的荣耀接踵而来。

2006年，“壮族织锦技艺”被列入国家级非物质文化遗产保护名录。

2010年8月，一幅长6.6米、宽3.68米的巨幅壮锦被献给上海世博会。这是目前为止用传统壮锦编织技艺织就的世界上最大的壮锦。据悉，这幅壮锦是中国织锦工艺大师谭湘光和她带领的8名“织女”，用了96天的辛勤劳动才创作完成的。

2011年，靖西壮锦厂被列为国家级非物质文化遗产生产性保护示范基地。

2017年12月28日，李村灵入选第五批国家级非物质文化遗产代表性项目“壮族织锦技艺”代表性传承人。

2019年，李村灵荣获“全国民族团结进步模范个人”称号。

壮锦，这种流传千年的手工织锦技艺，如今在飞速发展的现代文明中砥砺前行。闲暇之余，请您放慢匆匆的脚步，走到木织机前，细细品味壮乡大地上的民族文化瑰宝！

深情“吡咧”

李乃耀

“吡咧”是一种乐器。它之于我，之于我可爱的乡亲们，是一种扎实有味的生活，一种悠扬激越的向往，一种幸福而宽厚的情怀，一种把辛劳与甜美糅合成理想和艺术芬芳的灵魂与神韵。

它已深深地镶嵌在我的生命里。

我第一次听到“吡咧”的声音，是在本屯一户人家的婚宴上。那时年纪还小，已记不得那是给谁办的喜事，只听大人们说，从很遥远的瑶族村寨里请来了很有名的“吡咧”队，在这两三天大喜的日子里，可以连续不断地听到吹“吡咧”了。“吡咧”把大人们喜庆的欢欣铺展在心底，把孩子们天真的欢乐谱写在脸上。

大人们以最隆重的方式接待远方请来的“吡咧”乐手。酒足饭饱之后，全屯男女老少，还有四邻八乡前来参加婚庆的客人们，把主家本来不大宽敞的厅堂挤得水泄不通，连门前的晾台上和院子里都站满了人，争相观看“吡咧”大师的演出。他们演奏着动听迷人的曲调，同时也演奏着人间的幸福与欢乐。两位乐手并排坐在太师椅上，意气风发，神采飞扬。他们的十个手指在乐管的音孔上灵活自如地弹跳，随着那时鼓时瘪、曼妙起伏的脸腮，神凝气运，不停地把一曲曲美妙的音乐从喇叭状的“吡咧”里撒播出来。那悦耳动听的曲调，好比那险峻悬崖的山泉瀑布，清冽甘甜中带着激魂荡魄的震聋脆响，好比那飞越高岭的云霞朝晖，绚烂夺目中裹挟着喷涌的千钧力量，好比那穿透心怀的袅娜情丝，委婉缠绵中纠结着如泣如诉的低吟浅唱。突然间，兴之所至，他们从太师椅上一跃而起，摇头晃脑，手舞足蹈，或蹲着，或站着，把每一首曲子吹奏得像初春的凤凰，深情地舒展着美丽的翅膀，驮载着人们的心绪，在天地间自由自在地飞翔；把每一个音符演绎得像盛夏的莲花，颤动着粉嫩的花蕊，把宇宙间所有的芬芳收拢入内，奉呈在人们面前。

在喜庆的日子里演奏“吡咧”是我的家乡田东县千百年来的传统。

随着年龄的增长，我渐渐步入社会，参加工作，得以有机会与“吡咧”有了更多的接触，对它有了更多的了解。

在县广播站上班的日子里，我曾到瑶寨请来“吡咧”乐手演奏曲目，在有线广播文艺栏目里反复播出。录制节目那天，我到车站去迎接“吡咧”乐手韦大哥，原来约定只请他一人，想不到他把他的好朋友、老搭档，也是吹奏“吡咧”的高手兰大哥一起拉来了。见到仰慕已久的民间艺术大师，感受到他们热情支持广播事业的精神，我心里自然高兴，也很感动，但我的难言之隐却无法告诉他们，因为他们打乱了我的工作计划。为了节约节目录制的经费开支，原本只打算请一个“吡咧”乐手，可是现在来了两个，这劳务费该怎么付才好呢?

在路上，韦大哥似乎看出了我的心思，主动说：“小李，我把老兰拉来了，是不是影响到你们的工作了？你放心好了，我们半夜三更起来，爬了几十里山路，才搭上班车来到县城，不图什么，就图个高兴。”我怕引起误会，就解释说：“不是我不高兴，而是怕对不起你们。平时我们录节目，一篇稿件只有两三毛钱的稿费。你们辛辛苦苦远道而来，理应得到更多的报酬，但我们经济能力有限，实在对不起两位大哥。”韦大哥却不以为然，伸手拍了拍腰间装着“吡咧”的行囊，自豪地说：“你叫我来吹吡咧，在广播里放出来，让更多的人听到，这是我们瑶族人的光荣，一辈子都难得有这样的机会。我们既然来了，就一定要认真吹好，要对得起党，对得起领导的关怀！我和老兰都商量好了，我们不要劳务费。我们瑶族农民能到广播里吹‘吡咧’，就已经很了不起了，还好意思要钱吗？”兰大哥也附和道：“我们不要钱，一分都不要。”

两位瑶族大哥的话让当时涉世未深的我脸红耳热，内心深处的感动亦无法形容。时至今日，我已不是当年初出校门的小书生，而是年近花甲的苍颜老汉，每当遭遇人生的快意或失落的时刻，我总会想到韦大哥那番朴实坦诚的话语。它催我警醒，使我成熟和聪敏，让我有足够的心智和耐力来应对生活的一切。什么是做人的崇高品德，什么是人生的修养与胸怀，似乎都在这里找到了诠释，得到了答案。

这是“吡咧”所带给我的第一份收获。这份人生的礼物，当初并没有感觉到它的意义所在。随着人生阅历在岁月的沧桑中一页页地翻开，让我越来越感受到它的珍贵。在我的心海里，它永远不会磨灭，永远不会沉沦和消逝，而是日益厚重，弥足珍贵。

到了站里，我马上向站领导汇报，并把两位瑶族大哥带到了编辑室和播音室，向同事们做了介绍。站长亲切地握着两位瑶族大哥的手，欢迎和赞扬之情溢于言表。站长还鼓励我说：“什么顾虑都不要有，集中精神录好节目。”于是，我和两位大哥进了录音室，从上午十一点到下午两点多，在闷热的录音室里待了三个多钟头，录完节目开门出来已是汗流浃背，饿得肚皮都贴到腰眼上了。饭堂准备了丰盛的酒菜，站长和同事们都过来给两位瑶族大哥敬酒以示感谢，而且也把差旅报销单和劳务费的领取单准备好了，让两位大哥签字领钱，数额也比平时的标准高。起初他俩怎么也不肯签字，直到站长“威胁”说不签字就不跟你们“喉主”（瑶语，“喝酒”之意），这才逼得他俩“乖乖就范”。席间，韦大哥一番话，更让我始料不及，目瞪口呆：他之所以把老兰一起拉来，是“吡咧”文化风俗使然。他说按照风俗，在什么场合吹什么“吡咧”，用什么规模，吹什么曲调，都是有规矩、有讲究的。比如结婚、贺寿这样的喜事，要用一对或一对以上的“吡咧”，这叫作“喜事成双”；如果只用一支“吡咧”，那就叫作“吹单支”，只能在办丧事的时候用。“我来广播站吹吡咧，让更多的人能听到，这是大喜事，不是丧事，所以不能吹单支，要喜事成双！”

社会和人生的课堂，就是这么的广阔、丰富和精深，蕴藏着永远都撷取不完的知识财富。此时此刻，“吡咧”艺术家韦大哥给我上了一堂精彩生动的采访课。人不怕浅薄无知，就怕不认真和不虚心；以后做节目，对一些文化背景，一定要深入采访和了解，越详细越全面越好。

过后，为了写好“吡咧”节目播出的解说词，我费了很多精力，到图书馆查阅资料，到文化馆请教懂行的老师，尽量把节目做好做精，让听众们欣赏到高水平的“吡咧”艺术，以此报答两位瑶族大哥的情义。通过深入学习，我才真正了解到“吡咧”这种造型精巧、艺术表达力非常强的瑶族乐器，学名叫作“唢呐”。它的形状和构造既像喇叭又像笛子：像喇叭，但又多了许多音孔，而且可以拆卸和组装，以方便携带和保管；像笛子，但又比笛子多了两个音孔，上下两头还有铜制的套嘴和喇叭口，更重要的是铜套嘴上还套着哨嘴（又称“叫子”）。别小看这只谷壳般大小的哨嘴，它可是唢呐的生命和灵魂所在，没有它，唢呐是吹不响的。制作哨嘴的材料是普通的芦苇，但要做成一只优质的哨嘴，必须有丰富的制作经验和精湛的手艺。一只漂亮的音质上乘的哨嘴，要经过反复的细削精磨，经过羊油的炮制和热气的蒸煮，且在使用过程中不断得到唾沫和油脂的滋润和保养，才能更加柔韧，经久耐用，音质更美。

根据资料记载，唢呐原来是古代阿拉伯国家最为流行的一种乐器。“唢呐”这个名称，就是古代波斯语“Surnā”的音译。传入中国后，有人叫它“唢呐”，也有人给它起过洋味十足的名字，叫作“苏尔奈”。早在公元3世纪，唢呐就出现在中国，新疆拜城克孜尔石窟壁画已有吹奏唢呐的伎乐造型。明代的典籍中，也有了关于唢呐的翔实的文字记载。抗倭英雄戚继光曾把唢呐应用于军乐与司号：“凡掌号笛，即是吹唢呐。”明代散曲艺术家王磐还花了心思，写了一首描写唢呐艺术的曲子：“喇叭，唢呐，曲儿小腔儿大。官船来往乱如麻，全仗你抬声价。军听了军愁，民听了民怕，哪里去辨甚么真共假？眼见的吹翻了这家，吹伤了那家，只吹的水尽鹅飞罢！”

跟所有的文化载体一样，小小的唢呐同样承载着厚重的生活，承载着悠久的历史。古往今来，唢呐吹奏着美妙悦耳的曲调，演绎着人间的酸甜苦辣和喜怒哀乐。

“吡咧”节目录制和播出后不久，我就调离了广播站，到文化部门工作，让我有更多的机会近距离地接触和欣赏“吡咧”文化。在随同文化馆、艺术团的专家们到壮村瑶寨采风的日子里，在拜读专家们撰写的《田东县民间文艺集成》书稿的启发中，有两个疑问在我心中逐渐形成：唢呐自新疆一带传到中原，何时传到我们田东？田东瑶族唢呐艺术文化是否与古波斯唢呐艺术文化有关联？

我一直在寻找真正的答案，但又一直得不到准确的说法。然而，我一直都坚信，答案肯定是存在的，只不过限于我个人的能力，暂时没有发现而已。而且，答案的有无，又有什么关系呢？一切都不会影响到瑶族“吡咧”文化的存在和发展。我想，文化和艺术，有时是可以没有传承源流和发展过程的完整记载的。毕竟，人类文化诞生和成长的过程，往往是互生共进、相互融合的历史；毕竟，它是人类社会所共同拥有的神圣的财富。

十多年前，由于工作调动，我调离文化部门，离开待了整整十七年的心爱的群众文化工作岗位，我与“吡咧”的缘分似乎就这样结束了。幸运的是，时间与距离可以隔断依恋，却隔不断关注的目光与祝福的心情。我不能为它奉献什么，却可以那么贪婪而无偿地欣赏和拥抱它。它时刻都能给我带来艺术的熏陶和精神的愉悦。劳顿之余，寂寞之中，打开简陋的音响，倾听那熟悉而亲切的曲调，与记忆和思念进行无声的交谈，让我一次次找到振作和充实的感觉，仿佛青春的时光又从今开头。那是“吡咧”给我带来的幸福和享受。

如今，由于政府、专家和社会各界的共同努力和加大投入，瑶族“吡咧”艺术的发掘整理和传承推介工作取得了可喜的成就，它与瑶族金锣舞一起被列入自治区级非物质文化遗产名录；以演奏“吡咧”为主的田东瑶族唢呐艺术团发展到上百人甚至数百人的规模，他们活跃于各种喜庆场合，为“吡咧”艺术的传承和发展做出了突出的贡献。瑶族“吡咧”艺术的生命与魅力，正在闪耀着令人艳羡的光芒。它那磅礴大气与婉约细腻、粗犷原始与高雅精致浑然融合的艺术风格，为人们欣赏它、喜爱它找到了充足的理由。

唢呐，我家乡可爱的“吡咧”，令人永远深情向往的“吡咧”……

浮田村里喜事多

——“全国民族团结进步先进集体”富川瑶族自治县福利镇浮田村见闻

黎学良　李俊玲

深冬的一天，我们走进富川瑶族自治县福利镇浮田村，映入眼帘的是整洁宽阔的村道、明亮干净的瑶家院落。在曲径通幽的鱼塘走廊边，几位老者在八角亭里谈笑风生；在村委大楼前的民族广场上，一群身着鲜艳民族服饰的孩子在嬉笑追逐；在广场中间的圆形花圃中，矗立着 3 块巨大的黄蜡石，石上分别刻着“忠”“孝”“廉”几个鲜红的大字；在广场周围花坛边的景观石上，铭刻着 24 字社会主义核心价值观，错落有致，在蓝天白云下熠熠生辉……

看着眼前美丽、整洁的民族乡村画卷，谁又能想到，过去，浮田村存在村容村貌不好以及基础设施落后等各种问题，一度成为贫穷、落后的代名词。

“民族团结进步创建活动使我们村改变模样，从而喜事、好事连连。”浮田村党支部书记奉得胜说，“我 2019 年 9 月 27 日代表村里到北京的人民大会堂参加全国民族团结进步先进集体、先进个人表彰大会，28 日参观民族复兴主题的展示馆，30 日在人民英雄纪念碑观看党和国家领导人向人民英雄献花，10 月 1 日在天安门广场观摩国庆 70 周年系列庆祝活动，很多村民在电视上看到我后，都发信息祝贺我。10 月 3 日我回到村里，村里张灯结彩，村民奔走相告，一派喜气洋洋、欢乐祥和的景象。当天下村调研的县领导也在村头和村民一起迎接我光荣回村。”他如数家珍地说着，还沉浸在当时的喜悦中。

一喜：民族团结进步　促进乡村振兴

浮田村距镇政府所在地4.5公里，与湖南省江华瑶族自治县白芒营镇交界。全村辖9个自然村16个村民小组，共466户1806人，其中瑶族人口占全村总人口的97%，因此，浮田村是典型的以瑶族人口占多，瑶、汉、壮共居的多民族聚居村。近年来，浮田村围绕各民族“共同团结奋斗、共同繁荣发展”主题，以“弘扬民族文化、推动民族进步、建设美丽宜居乡村”为主线，积极开展“民族团结进步与乡村振兴同行”活动。村“两委”班子经常组织党员、干部学习党的十九大精神和习近平总书记系列重要讲话精神，学习党的民族政策。通过学习，党员、干部的政治素质和政治水平得以提高，全心全意为人民服务的宗旨意识得以增强。2016年初，浮田村成立了村民族团结进步创建工作领导小组，突出基层组织对民族团结进步创建工作的引领作用，全面开展“民族团结进步·乡村振兴同行”活动。通过集中宣传、进村入户等形式开展宣传活动，营造良好的活动氛围。同时积极争取自治区、市、县、镇各级领导、相关部门的大力支持，进一步推进乡村民族团结进步各项事业蓬勃发展。如2019年5月，自治区、市民宗委，县民宗局指导帮助浮田村建成民族团结进步展示馆，并成功举办了以展示瑶族歌舞、传统婚俗、民族体育、民族团结进步创建成效等为主要内容的“民族团结进步与乡村振兴同行”现场会，不仅吸引了县内外3000多名各族群众踊跃参与，也吸引了来自桂湘粤三省（区）的40多家媒体争相报道，让民族团结工作广为人知，使浮田村“火”了起来。

二喜：发展民族经济　构建宜居乡村

浮田村属于典型的少数民族山区，也是国家级贫困县下辖的一个典型贫困村。“十三五”期间建档立卡的贫困人口有690人（148户），贫困发生率38%，大部分家庭的经济收入来源于外出务工。为发展民族经济，引领当地群众脱贫致富奔小康，近年来，浮田村全体党员干部不忘初心、牢记使命，依托本村民俗文化丰富、生态环境优美等优势，成立了浮田村民俗文化表演队，组织村民进行民俗表演，发展民俗文化旅游，让贫困户也参与其中。同时，进行土地流转，建成浮田新屋地自然村、江背自然村万亩脐橙产业基地、淮山生产基地，建成山子尾自然村蔬菜种植基地、垂钓基地及“藕鱼共生”示范基地，大力发展脐橙、无公害蔬菜等传统产业，打造“佳‘藕’天‘橙’”生态休闲旅游产业脱贫示范点，把浮田村建设成既有民俗文化，又有现代农业气息的美丽宜居乡村。浮田村在脱贫攻坚战中将民族团结进步工作作为有效抓手，2018年实现整村脱贫出列，2019年人均纯收入达到13500元。村民奉仰社笑呵呵地告诉笔者，他曾是村里的贫困户，近年来他种的50亩脐橙喜获丰收，连年收入稳步增长。全村“十三五”期间建档立卡的贫困人口已经全部脱贫。

三喜：保障民族权益　共享发展成果

浮田村结合扶贫攻坚工作，争取各部门项目资金支持，大力开展基础设施建设，进一步改善群众的生产生活条件。2017年建成的村委会青砖钢筋水泥4层办公楼矗立在村中间，办公楼的左边是古香古色的“乡愁馆”，各自然村水泥路、产业道路四通八达，90%以上的民宅房前屋后通水泥路，清洁的自来水直通各家各户。太阳能路灯、生态停车场、民族公园、民族广场等基础设施相继建成。一位姓李的大嫂指着一排排崭新的、富有民族特色的琉璃瓦房告诉我们："我们家这些房屋上的青瓦和画有图案的房檐都是政府购买并请人装修好的，住着心情很舒畅。"

四喜：民族关系融洽　家庭和谐温馨

浮田村党支部、村委会充分尊重民族文化差异，引导全村各族群众团结互助。近年来相继成立浮田村矛盾协调工作小组，实行分自然村包干制，全面精确掌握常住人员和流动人员的基本情况，妥善处理邻里纠纷，主动解决涉及各族群众切身利益的问题，积极化解各类矛盾，进一步协调好民族关系。同时，他们还对在民族团结进步工作中涌现出的优秀家庭、个人进行表彰，村民都以家门口挂有"民族团结进步模范家庭"牌匾为荣。已退休的村委会原主任奉道林说："通过民族团结进步示范户评选活动，可以发现我们普通老百姓身上的闪光点，并鼓励大家向他们学习，带好村里的风气。"村"两委"通过选树模范带头人物，充分发挥先进典型的引领作用，积极推动文明乡风的形成。奉道林无比自豪地告诉笔者：他的儿子奉勇从广西体育学院毕业后到广州一家跨国公司就职，儿媳是地地道道的广州人，在广州工作；女儿奉莉在师范学校毕业后和汉族女婿李生双双在贺州市区做通信产品生意。逢年过节大家一起回到老家，这个多民族的大家庭总是和和美美，其乐融融。奉道林指着门前停放的红色轿车喜滋滋地告诉我们，那就是儿子儿媳、女儿女婿出钱买来孝敬他的。

五喜：留住民族记忆　传承优秀文化

浮田村的各族人们在长期的生产生活中互帮互助，相敬相融。村里以多种活动为载体，以"感恩"为主题开展各项活动，比如升旗仪式、春节联欢会、篮球比赛等，把繁荣发展民族文化作为凝聚民心、打造幸福和谐家园、推动民族团结进步的重要工作来抓。每逢元旦、春节、端午节、中秋节以及“壮族三月三”、瑶族盘王节等重大传统节日，各自然村都会组织开展唱大戏、吹芦笙、唱瑶歌、舞龙舞狮、玩“三人板鞋”游戏、跳长鼓舞等丰富多彩的民俗文化活动。浮田村 2017 年代表福利镇参加全县优秀民族传统文化艺术大赛荣获二等奖，2018 年代表福利镇参加贺州市龙狮争霸赛、国际龙狮争霸赛，分别荣获银奖、铜奖。为留住民族记忆，保护传承传统民俗文化，2017 年底，浮田村将二层旧房改造成民俗文化“乡愁馆”，集中收集、展示自清朝以来群众使用的生产、生活物品，展品涉及吃穿住行、婚嫁习俗等各种用品。目前馆内的藏品达 200 多件，都是由村民自发捐赠的。“乡愁馆”展示浮田村的发展脉络，承载着历史的印记，成为留住乡愁乡韵、传承民族文化精髓、开展民族团结进步创建活动的场所。

一次次群众喜闻乐见的文化活动，让群众的素质在潜移默化中得到提升，让群众的获得感、幸福感不断增强。如今，“共同团结进步、共同繁荣发展，为构建和谐浮田而努力奋斗”已成为浮田村各族人民群众的共同心声；和睦相处、和谐发展，已成为全村文化、生活的主旋律。浮田村在习近平新时代中国特色社会主义思想的光辉照耀下，昂首阔步走在中国特色社会主义的康庄大道上。

这一路的美景

陈 伟

我就在凤山县城上班，从家到单位就一公里路程，我常常走路去上班。走在路上，时常能感受到凤山各民族之间和睦相处的温馨氛围。

凤山于 2019 年实现整县脱贫摘帽，县城那马桥上挂着醒目的标语“全面建成小康社会，一个民族也不能少” ，相当鼓舞人心。那马桥是凤山这个小城的交通枢纽，每天，我都要从那马桥经过。上游，乔音河穿山过洞潺潺而来，岸上红艳艳的几树桃花，与铭刻在穿龙岩崖壁上熠熠生辉的“熔岩之冠，洞穴之城”几个大字相映成趣；下游，水鸟嬉戏，水草依依；远处，文笔峰、雄堡山被洁白的如棉絮般的云朵缭绕，美丽宁静的小山城又迎来崭新的一天。

过了那马桥就是阳关大道，那里种有杧果树和小叶榕，长得郁郁葱葱，遮天蔽日，是小城居民散步、对歌、娱乐的地方。特别是夏天，一大早树下就坐满了人，这里一帮那边一群，歌声此起彼伏。汉族、壮族、瑶族民间歌手欢聚在一起，很多歌手会讲几种民族语言，可以用不同语言对唱山歌。不管是汉族的“莲花调” ，还是壮族的“尼哈撩” ，或是瑶族的“赛花柄 ” ，都是曲调优美、悦耳动听的原生态山歌，每次路过我都听得陶醉。

在我所住的小区，有一排门面，开有一家“创美民族服装店” ，专卖纯手工土布制作的民族服饰，老板娘是一个刚刚退休的女教师。上下班路过，常常听见她的缝纫机踏得“嗒嗒”地响。有一次，她跟我介绍说，民族服饰上的各式图案纹样，记载着不同民族的历史文化、风俗习惯、生活历程，就像“穿在身上的民族历史”，她很想好好把这些传统手艺传承下去。她还说，现如今像汉族和壮族的小边衣、绣花鞋、头巾等都在趋同，只有蓝靛瑶服饰还保持着比较独特的艳丽款式。时常可见一群大妈在她店里进行民族服装秀，还即兴来几句山歌，拍小视频上传到网上，玩得不亦乐乎。

以前，上班路上，街上人来人往，时常可以听到鼻音浓重的本地汉话、低声细语的瑶话、带有地方口音的壮话。随着普通话的普及，在如今的凤山街头，大家都会说普通话，连七八十岁的老大爷老奶奶都可以用普通话与小朋友交流，充分体现了各民族交往交流交融的良好氛围中语言的相互影响与发展。

如今的凤山县有很多家庭都由多民族组成，像我的远房堂哥，他的父亲是壮族，母亲是汉族，爱人是瑶族，儿媳妇是仫佬族，一家人和睦相处，其乐融融。

致敬六细屯

徐仁海

六细屯有故事，有一个个不应被淡忘的故事。

怀着敬意，我又一次走进六细屯。

六细屯地处十万大山腹地的上思县南屏瑶族乡江坡村一座高高的山顶上。

全村有 60 户瑶族人家，星罗棋布于山上。几乎每家的前面，皆是陡坡或沟坎。屋后，是更陡的坡更高的山。一条条山道，如慢悠悠攀行的蛇，转过窄窄的山坳，再转过山坳，依然是窄窄的山坳。

松油火把照亮岁月，草棚木屋更显坡陡坳窄，留下瑶族人多少刀耕火种的坚韧和执着。

火塘于明明灭灭中总是暖不透靠山吃山的日子，松油火把烤不干脚印里一道又一道的汗渍，更照不出一条柳暗花明的路。但一代又一代俗称“过山瑶”的瑶族人笃信：山再高，只要往上攀，总能登顶。正是靠着这种生存信念，他们与丛林结缘，在大山上用攀爬的精神延续生命，繁衍生息……

日子如山一般沉重，他们注视着流淌的江水，渴望挣脱苦难！因而，当共产党人的身影第一次出现在六细屯时，当共产党人目光坚定地告诉他们，要带领他们闹革命、挣脱苦难、翻身做主人时，瑶寨里便纷纷传开：这些共产党人能帮助大家挣脱剥削、挣脱苦难。于是，他们将这一群衣衫破旧的共产党人迎进被火塘熏黑的草棚木屋……1948 年夏末初秋，十万大山地区革命武装的创始人谢王岗，从十万大山南麓的那良游击根据地翻山越岭走进北麓的六细屯。

十万大山的最高峰薯莨岭下的六细屯，地形进可攻，退可守。早在1947年，党的地下组织就在这里建立了交通站。根据地的指示和情报通过六细屯交通站的传递，能及时送达党的地下组织手中。寨子中那间呈凹形的泥冲墙“三合院”，是瑶族村民邓德林的家，也是当年的交通站。谢王岗率队进驻六细屯后，随即在屯里设立了文印室、电报房、医疗室、伤病员疗养院和支队后勤机关。瑶族群众不但提供房舍，还用瑶族特有的中草药方子为伤病员治病疗伤。1948年秋天，广西省保安第四团一部和上思县自卫队进犯六细屯，在瑶族群众的掩护下，我党的部队往大山深处转移……敌人将抓获的两名伤员当着瑶族群众的面残忍地杀害。一时间，白色恐怖笼罩六细屯。然而，瑶族群众依然初心不改，千方百计给深山里的部队送粮送药……他们相信，躲进深山里的这群共产党人，总有一天会给瑶寨带来光明。

1949年6月18日，中国人民解放军粤桂边纵队第三支队第二十二团在六细屯成立，同一天的同一个地点，中共上思县工委宣告成立。

翻身解放的黎明将至，六细屯的瑶族群众终于看到了当家做主的曙光。

1949年12月8日，上思县全境解放。自此，刀耕火种的草棚木屋渐渐地在六细屯消失……

70年弹指一挥间。脱贫攻坚的春风吹进十万大山，六细屯有了水泥路，有了太阳能路灯，有了自来水，还有了清一色的钢混结构楼房；“志扶”加“智扶”让瑶族群众彻底摈弃了“女不读书”的陋习，屯里有了女大学生、中专生。全村最漂亮的楼房是江坡小学的教学楼。

2019年江坡村脱贫攻坚战役的号角已经吹响，精神面貌焕然一新的瑶族群众又欢欣鼓舞地投入到致富奔小康、乡村振兴的拼搏中。

正是人间四月天。一个阳光灿烂的上午，江坡村委会的小广场上，50多名瑶族群众整齐地坐成排，专心致志地聆听县里派来的营林专家讲授优质高产种植和管护肉桂、八角的知识。身穿民族服装的瑶族群众，个个脸上绽放出充满信心和激情的灿烂笑容……也是这一天正午，阳光格外灿烂，我独自一人在六细屯里那绿树翠竹掩映、清溪细流环绕的二十二团和中共上思县工委成立旧址前伫立。风景这边独好。但这分明又不能视为风景，而是鲜血凝成的丰碑！凝视着修缮后的那间凹形“三合院”，我想到烽火岁月里的六细屯，想到冒着生命危险掩护共产党人的瑶族群众那一腔满满的血浓于水的爱；想到全村被划入国家生态保护区后，这个祖祖辈辈靠山吃山的瑶寨，没有一个人逾越“红线”谋私利的家国情怀；想到那激情燃烧的岁月里为民族解放和人民幸福浴血奋斗的革命先烈；想到清晨的鸟语声中，那个步行近两百米将生活垃圾倒进垃圾池的老阿婆；想到每天早上那一群群朝气蓬勃的小学生庄严地向高高飘扬的国旗敬少先队队礼；想到林下种植肉桂、八角的瑶族群众的欢声笑语……这一刻，我心中充满了虔诚的敬意。

飞翔的蓝凤凰

王 进

穿越时空隧道，畅游历史长河，中华大地五十六个民族，每个民族都有其神秘的色彩、独特的风情、传奇的故事。

三堡的壮族生活在云贵高原南麓凤凰山脉上，从堡上屯的巨大铺路条石、顶茂村的岑氏石楼、顶换村的王氏古城堡、拉汪屯的古建筑群，到马达屯的窗户雕刻、塘袍村的超大古井、拉马村的通衢古道、甲板村的黄氏墓碑镂刻和谢家古老楼房、板台屯的田园风光……无不见证其沧桑和神秘的历史。

三堡壮族的神秘体现在神奇的山水之间。

登上海拔 1280 米高的柳夜坡之巅向北眺望，东起南丹县月里镇，西至贵州罗甸县，长达数百公里，犹如巨龙般的云贵高原南麓的凤凰山脉直插云霄，巍然耸立，阻隔北风南袭。

凤凰山脉不仅仅是一座山脉，一道阻隔北风南袭的屏障，更是三堡壮族群众心目中的一座神山。

相传远古时代，这座山叫“老鹰山”，因主峰山形极像老鹰嘴，所以也叫“鹰嘴山”。老鹰山盘踞着一只凶猛的苍鹰，经常侵扰山下村民，伤害他们的家畜，叼走兔子、小猪等，村民很无奈，天天烧香，祈求上天消灭这只苍鹰。也许是村民诚心所致，上天派来一只美丽的凤凰，与苍鹰搏斗了九九八十一天，终于赶走了苍鹰。为防苍鹰再次来犯，凤凰天天盘旋于老鹰山和柳夜坡之间。在盘旋三百六十天之后，凤凰俯瞰贫瘠起伏的土地和在田间地头辛勤劳作的村民，心生怜悯，南飞之前，从嘴里吐出三颗珍珠，一颗落在柳夜坡，一颗落在拉琴沟，一颗落在马鞍山。这三颗珍珠分别是油桐籽、蓝靛籽、棉花籽。

凤凰南飞了，桐花盛开了，漫山遍野，雪白烂漫。千百年来，每年在桐花盛放的时节，三堡壮族家家户户都要蒸五色糯米饭和腊肉、腊肠，然后聚集到与凤凰山遥遥相望的柳夜坡，对唱山歌，庆祝桐花盛开，预祝秋后桐果丰收。千百年来，每年都这么演绎着，直至今日。三堡因数万亩烂漫桐花而获“中国油桐之乡”的美誉。

凤凰南飞了，蓝靛草枝繁叶茂，在沟边溪岸延绵不绝。千百年来，年年重阳节，壮乡天街的圩日热闹非凡，身着盛装的三堡壮族姑娘从四面八方簇拥到蓝靛铺前，精心挑选心仪的蓝靛浆。蓝靛浆是壮家做刺绣品染料的最好材料，而刺绣品色彩的深浅搭配能衡量一个姑娘家的技艺水平。

凤凰飞走了，棉花含苞、吐蕊、结果，棉絮绽放了，雪白雪白的，一坡坡一岭岭。千百年来，这里的高原小棉花雪白、细腻、舒软、柔韧，是纺织花椒土布的最好材质，也是御寒保暖的棉胎原料，难怪柳州、南京、上海等地的棉纺厂家都来抢购三堡的高原小棉花，也难怪周边的布依族、水族、苗族、瑶族、毛南族等各民族群众每年年初都来预订。

凤凰南飞了，从此老鹰山被称为“凤凰山”。老鹰山偶尔有耄耋老人提起，只因那远古的传说。

凤凰南飞了，凤凰山因凤凰而显得神秘，而与凤凰山遥遥相望的柳夜坡因凤凰而满山桐花，又因满山桐花而成为三堡壮族群众聚集对唱山歌的歌海坡。有作家把这里称作“云上歌海”。因为到了这里，无论你是采风还是做客，都会有共同的感受——站在云端上，看仙女般的壮族姑娘婀娜的舞姿；站在云端上，听壮族青年男女在如痴如醉地婉转对唱。

在凤凰山下，有两条相互交汇的“情侣河”——纳彩河、白龙河。“情侣河”是供养一方水土、养育三堡壮族群众的母亲河。

关于“情侣河”，在当地流传着一个浪漫的传说：

纳彩河如翩翩少年，飘逸洒脱。壮话中“纳”是“舅”的意思，“彩”是“王”的意思，“纳彩”意为“少年王”。

白龙河似俊秀少女，文静甜美。壮话中“白”与“百”同，是“多”的意思，“白龙”是人们对俊秀甜美、心灵手巧、多才多艺的三堡壮族少女的爱称、昵称。

帅少年“纳彩”和美少女“白龙”相识于云贵高原南麓，他们相互倾慕于此，钟情于此，托付终身于此。他们美丽的爱情故事传遍云贵高原，也传到天上玉皇大帝和王母娘娘耳里。

“不遵父母之命媒妁之言，私订终身，败常纲，乱规矩，这还了得？”玉皇大帝震怒，王母娘娘立即派遣天兵天将下凡责罚“纳彩”和“白龙”的父母，并从头上取下发簪在“纳彩”“白龙”之间划了一道高耸入云的屏障——数百公里长的凤凰山脉，阻挡“纳彩”和“白龙”的往来。

“纳彩”和“白龙”一日不见如隔三秋，他们都知道彼此被阻隔，但并不太遥远——“纳彩”在山的北面，“白龙”在山的南面，就一山之隔。“白龙”风雨无阻地一边沿着凤凰山脉向南轻盈漫步，一边唱着婉转的情歌，悠扬的歌声飘向凤凰山巅，飘入云霄，飘进“纳彩”耳里。听到心上人婉转缠绵的歌声，神勇的“纳彩”拔出腰间的神剑，斩断横亘在他们之间的高大山脉，然后像脱缰的骏马冲出峡谷，跃向南方，与“白龙”相拥于宽阔的牛河，并养育了三堡壮族的子子孙孙。

三堡壮族群众非常敬重水、爱惜水、珍惜水，敬重纳彩河、白龙河，他们对神圣的母亲河不敢有丝毫的玷污，不会拿需换季拆洗的被褥衣物到河边去洗，也不会拿到溪边沟边去洗，因为溪水沟水最终还是要流进河里。如果你注意观察就会发现，三堡壮族的村村寨寨都有一口清澈干净的水井，堡上、塘袍、马达、顶换、顶茂、甲板等这些山梁上的大寨子的水井都是用巨大的条石浆砌而成，井口的条石有提水用的竹竿或绳索留下的深深印痕，见证了三堡壮族群众千百年来的汲水历史。三堡壮族群众汲水很守规矩，谁先到谁先汲水，水桶呈“一”字排列，整整齐齐，在井边形成一道亮丽的风景线，这是千百年来约定俗成的，也是三堡壮族群众团结和谐和睦的一个缩影。

大年三十，族长带着供品到河边给“纳彩”“白龙”念祀词，烧纸钱，祈求全族平安幸福，在水井边烧香贴红纸，祈求风调雨顺。新年凌晨，鸡叫头遍，壮族姑娘小伙就呼朋引伴到井里打“勤水”和“圣水”，祈愿来年更加勤快贤惠，更加聪明乖巧。姑娘们还把“勤水”倒进事先清洗干净的坛里密封，待秋后，用“勤水”浸泡蓝靛草制成蓝靛浆。小伙则用“圣水”洗澡，以求在新的一年更加帅气，更加聪明，更加干练。

居住在高原上的壮族人民用自己种植的小棉花纺纱，织出精致的花椒布，然后采撷蓝靛草，用清澈干净的井水浸泡、搅拌、溶解，过滤后制成浆水，再把花椒布放入浆水中浸泡、鼓捣、浆洗，再浸泡、再鼓捣、再浆洗，反反复复，直至染成蓝色布料，裁剪成蓝色衣服，穿上身亮丽耀眼，特别是女子，她们身着蓝衣就像蓝凤凰展翅，更加轻盈、婀娜、美丽。在盛唐时期，任职于此的是一名岑姓九品文官，他身着蓝衣裳，头戴蓝色官帽，百姓就给他“九品官蓝鹊鸟”之美称。

据史料记载，唐贞观年间的村组织以四户为邻，五邻为保，百户为里，五里为乡，这位九品文官要求户种“二亩棉花地，八分蓝靛草，四百株油桐”和户有“八盏油桐灯”。这在当时是社会文明的一大进步。此后，凤凰山脉下便年年有雪白的棉花、茂盛的蓝靛草、灿烂的油桐花。三堡壮族群众为了感谢这位九品官，每年的农历三月十三都要过“枫叶节”（也叫“吃枫叶”）。这一天，家家户户，男男女女，身着盛装，蒸五色糯米饭，杀公鸡，蒸腊肉、腊肠，染红鸡蛋，点燃香火，心里默念着“九品官庇佑”，然后请“卡更”（三堡壮话，“上寨”的意思）的“皮侬蓝温”（三堡壮话，“兄弟本家”的意思）来访，互相预祝秋后的丰收。

当地除了三月十三“枫叶节”,还有四月初八“红蓝节”(也叫“吃红蓝”),其内涵与“枫叶节”相同,都是纪念这位九品官,但比“枫叶节”更隆重。这一天,在延续“枫叶节”习俗的基础上,增加了舞龙舞狮、踩高跷、踢毽子、唱山歌等活动,热闹喜庆的节日气氛会延续三天。

三堡壮族群众用作染料的枫叶和红蓝草,除了有解毒、消肿、化瘀止痛、消炎、治腹泻、生血造血等功效,还有一层深意——枫叶代表原始、纯真、浪漫,象征人与人之间美好的亲情、友情、爱情;红蓝草被称作“仙草”,有长寿的含义,象征吉祥如意、五谷丰登、美好的日子长长久久。

如今,东至南丹县月里镇,西至贵州罗甸县沫阳镇以及白龙河沿岸诸多村屯形成了方圆两百多公里、人口三万多的“三堡壮族大家庭”。每年的“枫叶节”和“红蓝节”,身着蓝色盛装、成群结队走亲访友的三堡壮族姑娘,像一只只蓝凤凰飞翔在云贵高原南麓凤凰山脉下,形成一道道亮丽的民族交往交流交融风景线。

瑶寨巴勒

张 莉

一

初次听说巴勒，是因为那里小有名气的红薯干。五年前，在舅舅家里拜年，他拿出一袋红薯干让我尝尝。看着白色塑料袋里装着的一根根肥硕金黄的红薯干，我便不自觉地咽了咽口水。

打开袋子，取一根送进嘴里，柔韧甘甜，犹如小时候吃牛皮糖的感觉，但是那味道比牛皮糖还要香甜许多。吃过之后，口齿留香，让人久久回味。自从那次吃了巴勒的红薯干以后，我便对它念念不忘：原来红薯干也可以做得那么好吃！于是我不禁关注：产这种红薯干的地方到底是一个什么样的地方？

最近听说巴勒，是那里开发了旅游项目——巴勒山石门关玻璃栈道。玻璃栈道架设在崇山峻岭之中，连绵不断，盘山而上。胆小的人站在上面，只能抬头看天，双脚慢慢挪动前行，千万不要起了好奇之心，往脚底下一瞥。而我对玻璃栈道并无多少兴趣，更感兴趣的是巴勒作为一个瑶寨呈现出来的瑶族特色。

在一个深秋的早晨，我约上一群文学爱好者，来一场说走就走的旅行。车子沿着九曲十八弯的山村水泥道路行进，一路轻风细雨，一路美好风光。向导介绍说，这条路开通很多年了，当年上级政府支持了大部分资金进行修建，村民投工投劳，现在为发展旅游，道路又得到拓宽。每年等到农忙时节过去，巴勒全村的人都会对道路做一次集体维护，村民们已经深刻认识到经济的发展跟便利的交通是分不开的。车上的一位二胡演奏家说，以前他跟艺术团送戏下村，走了 6 个小时才到达巴勒，有女同志因走得太累都忍不住哭了；而现在水泥路修好了，路好走了，心情也舒畅了。说罢，他吟唱起一首瑶族人民创作的歌谣：

瑶族人民唱新歌，青山百鸟都来和；
歌声满载情和意，声声飞向金水河。
大瑶山上高又陡，如今公路进山沟；
灵香界上骑铁马，河口崖边驾铁牛。
瑶家住在云天外，汽车满载进山来；
装来铁牛秀春色，运来机器把山开。
……

很快，我们就到达了一座山的山顶。几十座参差错落的青砖黑瓦房、灰色钢筋水泥房展现在我们眼前。向导说：“到了！”这就是瑶族支系中的一支——茶山瑶聚居地巴勒村。大家下了车就前去参观忠良乡巴勒红薯产业专业合作社，在那里，我们看到了一大片的巴勒红薯被随意地堆放在地面上。这些红薯将在几百平方米的厂房里被加工成为软糯香甜的红薯干，然后销往全国各地。在厂房的一侧，有师傅正在安装机器。合作社里的人员介绍说，这机器叫烘干机，是刚刚购置回来的。有了这机器，就可以实现大规模作业，省去小户小手工作坊的烦琐，解放劳动力，提高生产效率……加工成品的销售问题也已经解决，村里与山外的销售企业签订了购销合同，这样可以真正提高人们种植红薯的积极性，也可以真正促进村民增收。

参观告一段落，向导将我们带到一户人家的火塘前坐定，揭开一个还烧着温火的锑锅，一股香气扑鼻而来，沁人心脾。锅里一个个红薯热气腾腾，用筷子把它们从锅里夹出，放在竹筛里散热，大家哪里还等得了，早就一人拿了一个享用起来了。我也拿起一个红薯，剥开皮，肉呈黄色，如玉一般。轻轻地咬一口，软糯、香甜、温润，全身顿时感到温暖起来。

二

沿着村庄背后的小路往上行走，是层层的梯田。此时已经没有稻浪翻滚，稻谷早已经被收进了谷仓，想来那些谷仓必定是堆着一个个大小山包了，村民们的心里想必也像那谷仓一样充实。梯田里，是另一番景象，稻草的根整整齐齐地排列着，好像是地里的卫兵，它们像是在回味着稻谷的芳香，又像是在细数着一生的苦辣酸甜：发芽，分蘖，拔节，开花，抽穗，成熟，收获，留守……最后把根腐烂在泥土里，化作春泥。

看着稻田里的肥沃泥土，不知它们是经过了瑶族人民多少世代的辛勤耕耘才变成这样的。很久以前的大瑶山是一片无人区，那里山高林莽，野草丛生。瑶族的先辈们迁入金秀大瑶山后，艰苦创业，开荒种地，引水造田，建立村寨，订立石牌规矩；为丰富民族文化生活，编出了香哩歌[①]。古老沉痛的香哩歌，随着时代前进的步伐走远了；明快欢乐的香哩歌伴随着新的生活唱起来了，瑶族群众的劳动生活充满了阳光与欢乐。如果是在稻谷丰收的日子前来，你也许会听到像《剪禾把》这样动听的歌声——

三十六里的歌声，三十六里的垌场；
七十二里的人群，七十二里的稻香。
香哩！
哪里是云彩？哪里是稻浪？
谷穗拂着蓝天，云彩落在田上。
香哩……

① “香哩”是瑶语译音，也是歌唱者对对方的称呼。香哩歌流传于广西大瑶山自称“拉珈”的瑶族民间。这种歌首末句一般以“香哩”为尾音，因此得名。

只可惜，我们来得不是时候，否则，就可以到稻田里体验剪禾把那份收获的喜悦了。除了稻茬，在一些梯田里，我们还看到新翻过的一排排黑土，那是红薯被收获回了家，只剩下孕育了甘甜红薯的黑土在满足地咧着嘴笑呢。在这里，海拔高，光照充足，且雨水较少，所以产出的红薯才那么香甜吧，我想。

三

在梯田旁边有一个耗资 20 多万元兴建的大水柜，这个水柜的水是从对面的莽莽山林间引过来的。在建成这人畜饮水工程之前，村民饮水很成问题。就饮水的问题，我专门向县政府的陈调研员咨询过。陈调研员介绍说，他们初到巴勒村时正值冬季，村庄地势高，凛冽的风直刺入骨，放眼望去，一片荒凉。巴勒村给人的第一感觉，是很不适合居住的。

当年，陈调研员在村子里到处走走看看，在村子西头看到一位老人正蹲在一个坑边聚精会神地等待着什么。走近一看，原来老人家正拿着一个汤匙，用汤匙将小水坑里那少得可怜的水舀进水瓢里，待舀满了一水瓢再倒进身边的木桶。老人家说，这水不能吃喝，只能用来清洗物件。想喝上能饮用的水，需要走一个多小时，先下山，再爬上村子对面的山冲去取了背回来，非常艰辛……

陈调研员听到这个情况后，随即向上级汇报，经过多方努力，争取来了资金，解决了巴勒村的人畜饮水问题。

我拍拍坚实的灰白色水池的边缘，嘚嘚作响；我听听引水管的水灌注到水池里的声音，“哗啦啦，哗啦啦”，仿佛引来的清水在起舞，在欢快地游动着，旋转着柔软的身体……

现在，凭借精准扶贫政策的东风，有企业来巴勒瑶寨开发旅游项目，通过土地租赁，或者其他合作方式，助力脱贫攻坚，越来越多的瑶族群众走上了小康路!

因为刚下过雨，梯田旁边的水渠里，秋水在汩汩流动着，仿佛在低吟一支生动的香哩歌。

四

回到刚才我们吃过红薯的那户人家，火塘旁边一位80多岁的老奶奶在破篾子。她的身边摆着一对刚刚编织好的箩筐，散发着鲜竹的清香。老奶奶一边熟练地把一根竹子削成一根根细长的条儿，一边笑眯眯地问我们红薯好不好吃。不一会儿，那些竹子在她手里被利索地变成了一根根小篾子，那些小篾子又被她变成了箩筐、竹篮、竹筛……

我仔细观察着那些箩筐，大致呈圆形，不封口，犹如碗状，底部略小，中部略鼓。编织的时候先打好底，再用八根较大的竹条做筐梁，然后用竹篾绕着筐梁编织。

看到我们对这些竹制品感兴趣，老奶奶给我们介绍以前的一些竹制的生活生产工具：那个长长的锥形的器物，叫作“鱼攒”，它是由一个封顶的锥形物加一个盖子做成的，盖子也是锥形的，但是不封顶，留着的小口可以让鱼儿进入。鱼攒里放着诱饵，鱼儿钻进去吃食，就钻不出来了。另外还有长得像梳子一样的砍鱼梳刀，梳刀上有密密麻麻小格子般的鱼帘……在过去的那些艰难岁月里，当地的瑶族群众靠着自己的勤劳和智慧制造出这些简单的工具，用以进行劳动生产。如今生活好了，它们也都成了历史的见证物。

五

小巷被雨水洗得干干净净，各家屋顶上缠绕着一圈一圈不肯飘散的炊烟，屋前的竹篱笆上金黄色的大南瓜默默无语。两个身着瑶族服装的小女孩从巷子里走过，银铃般的笑声在巷子间回荡着。经过一户人家的门前，一位身穿绣花服饰，头戴插有牛角一般弯弯的银板做装饰的帽子的大婶招呼我进屋坐坐。

大婶正在雨后的阳光下做着织绣活，她左手拿针，右手拿布，动作娴熟而快捷，纯黑色的底布上绣出了红、黄、绿、白几种色彩鲜艳的图案。我细细地观察，绣在中间一排白色的是山鹰。

在与大婶的交谈中得知，茶山瑶自称为“拉珈”，意思是“住在山上的人”。崇鸟的习俗到现在依然还影响着他们的生活。

除绣布上那栩栩如生的雄鹰外，还有炯炯有神的龙睛花、迎风飘扬的旗子花等，每一种花纹图案都代表着不同的寓意。如今留传下来的过年期间的“舞香龙”，是瑶族群众为了庆祝丰收、祈祷吉祥平安、祈望神龙庇佑而举办的一项民间活动。另外，现在金秀茶山瑶每年都举办一次较为大型的“功德节”，其中就有先祖遗留下来的“安龙”仪式。他们认为，满山满岭的作物全靠山龙降雨赖以生存，若是久旱无雨，则要重新“安龙”求雨。在姑娘的嫁妆必备品——孩子的背带上，也会绣“龙骨花”等与龙相关的花纹。

说到姑娘的嫁妆，茶山瑶的婚恋习俗也是很有特色的。以前，茶山瑶家家户户的大门左上方或右上方都有一个漆着朱红色栏杆、形似阳台的吊楼，吊楼旁的房间里就住着美丽的“侬娇”（意为“姑娘”）。勤劳勇敢的年轻“侬给”（意为“小伙子”），会在月光如水的晚上给心中的“侬娇”唱“慕情歌”：

你长得像朵花呃，香哩！
出门蝴蝶跟着你，
回家蜜蜂跟着你。
要是你再戴上银板和耳环，

满坡的花儿就不香了，

满山的鸟儿就不叫了，

我的三魂七魄啊，

也就跟你去了呃，香哩！

唱完了以后，早已相中了那勤劳勇敢的年轻“侬给”的美丽“侬娇”“吱呀”一声打开房门，在吊楼上笑盈盈地向“侬给”伸出她温柔的手……一双双一对对的“侬给”“侬娇”开始了幸福美满的生活……

正沉醉在温暖的遐想中，电话铃声响了起来，领队催促我们返程了。依依地，我们向秋风中多彩的瑶寨巴勒道别；挥挥手，向瑶寨巴勒天边玛瑙般的云彩道别……

侗乡眼神

东 木

一

大哥曾在三江侗族自治县林溪镇高秀村任第一书记。他经常给我讲述侗族风情、村寨木质建筑，特别是那些独具特色的“非遗”文化，代代相传，魅力非凡。村主任亦是“非遗”的传承人之一。大哥叙说时，他那闪动的眼神让我记忆犹新。他在村里度过了许多宁静而忙碌的夜晚，和当地群众结下了深情厚谊。后来，家里出了大事，村支书、村主任舟车劳顿不远百里到家里慰藉，并唱起侗族哀歌，让人唏嘘不已。

从那时起，我对侗族产生了极大的好奇，曾数次计划去高秀村住上几天，感受一下那里独特的民族风情。鼓楼、木房和“非遗”的歌声，一直驻在我的心里。

此次行程虽然没有高秀村，但有高定寨子，足以重温大哥当年的心境了吧。

在五个小时的路途上，除了回忆着大哥的点滴，还做了梦，梦到侗歌与壮欢交叉响起。想起了几年前，与朋友在三江一起看《坐妹》的那一夜。在大山的包围中，侗乡“鸟巢”里，侗族大歌的歌声摇曳，鼓楼和吊脚楼在侗族风情中洋溢着温暖。朋友听着歌声如痴如醉，听着听着，仿佛世界上只有歌声了。

下了高速公路之后，在逼仄的乡间公路上行驶不久，便来到了独峒镇岜团侗寨。这里的民居略显凌乱和拥挤，唯独那岜团风雨桥放大了我的眼睛。心里暗自期待能踏上这座桥，在风雨中感受古朴的存在。

庆幸的是，此次的行程中，当地给我们安排了参观岜团风雨桥。远远望去，这桥是河的眼睛。无论风雨，它始终在描绘天地的表情，记录下四季的风景。清明过后的时节，河道中有几个女子，正在不急不躁地打捞着河中的小鱼小虾。绿树俨然在为夏季的到来做准备，满岸满山葱葱郁郁，满眼都是春的味道。

其实，深入独峒之前，我对侗族的风俗习惯，特别是对“款”的故事不甚了解。同行的吴老师面带微笑，眼神淡定地介绍，侗族的社会组织叫“款”。款组织由小款、中款、大款和联合大款四个层次构成的。款组织为了规范成员的行为，制定了一系列的制度规范，这就是“款约”。款约包括行为规范、道德准则、家庭组织、民族起源、区域划分、宗教宗法等内容。

我们爬到山坡上的款坪，“六面威规”“六面阳规”“六面阴规”的款约刻在花岗石上。这些处罚由轻到重，规定详细。由于侗族没有自己的文字，为了便于记忆，便将“款词”汇集成歌来传唱，千百年便代代流传下来。

二

在返回的途中，恰巧遇到了队伍中唐老师的爱人、岜团村第一书记甘书记。他从城里来到湘黔桂三省区交界的贫困村，可想象其中的艰辛。甘书记对于岜团的情况如数家珍，滔滔不绝。想起大哥曾经也为了脱贫攻坚而忙碌，他熟悉每一个贫困户，把时光、精力撒在这一片大地上。我情不自禁地对甘书记产生敬意，一定要拉他与我们共进晚餐。

油茶承载着侗族人的热情和渴望。对于油茶，我一直觉得它可以解渴解腻，有利于健康，而味道亦不错。我们在农民画“非遗”传承人杨老师家刚坐下喝油茶时，农民画老师阿纯已再三催促，非要我们到她家打油茶不可。她从下午开始忙，已摆弄了好多菜肴，一定要我们过去品尝一番。

她在鼓楼等我们。我们顺着街走，鼓楼立在狭小的街道上，位置正中，体量不小，体现出建造者的分外重视。我一愣，这鼓楼分明是一只略显幽暗的眼睛，守望着过往的岁月，守护着奔波的人们，其中蕴藏多少故事啊！

这一次，我亲身感受到了打油茶的乐趣。我接替主人拿锅铲打了一顿茶叶，加姜，加水，煮沸，上桌。阿纯老师亲手采摘的艾叶做的艾粑粑，毫无青涩味，有类似花生淳厚而朴素的气息，让我感觉到岁月在美味中积蓄，勾起我强烈的食欲。我把摆在面前的那碟一扫而光，而对酸鱼、酸肉、蕨菜等菜已完全顾不上，这一道艾粑粑成为我的独家记忆。

翌日清晨，我在侗天湖茶场看到了质厚叶肥的艾草，果然长得与家乡的品种不同，怪不得用它做出的粑粑味道也不一样。在阳光映照下，艾草像心事简单的女子，等待有缘人的遇见。茫茫四千亩的茶场，藏匿无数未让人知晓的故事和岁月。

这一片茶场是在侗家儿女吴总的带动和大力耕耘下，历经十多年，克服了无数困难而艰难发展起来的。在海拔一千米高度的山上种植茶叶，无疑是一种勇敢尝试和巨大挑战。老一辈的寨老说："只要有杜鹃花开放的地方，就会出产好茶叶。"这句话一直激励着吴总奋力前行。这里因茶而兴，因茶而富。每天在她茶场里做工的村民少则十多人，多时上百人，带动了一方产业，为脱贫致富出了力，流了汗。

在山坡顶上的湖，当地人称为侗天湖。湖水清澈，在阳光下就像一只巨大的蓝色眼睛。这只眼睛，有海的胸怀，滋养着这一方的侗族人民。每年五月，漫山遍野开放的杜鹃花吸引了无数游人。三省坡离此不远，常有各地侗族群众在此聚合，放声歌唱。

三

终于来到高定侗寨，侗族每一个寨子都有自己的灵魂居所——鼓楼。上百年来，高耸的鼓楼就是寨子的眼睛。我第一眼就看到矗立在寨子中的鼓楼，形似宝塔，数了数，有七个。我是第一次看到村寨中矗立着如此之多的鼓楼。许多吊脚木楼盘山而建，层层叠叠，以鼓楼为中心向两边延伸，在鼓楼边生长，像是鼓楼的孩子，簇拥在大山的怀抱里。

侗寨吊脚楼属于半干栏式建筑，依照地形地势用木材修建而成。木窗飞檐，岁月摇晃，向世人展示出独特的木屋灰瓦的美。在侗族的生命哲学里，既要发挥茂林修竹的作用，又要保护和利用好自然生态，就地取材，为己所用。可见侗族是个热血而温暖的民族，又可见其富有灵性。

不远处，传来阵阵清脆悦耳的笛声。我循声一路奔了过去，随手推门，原来是侗笛"非遗"传承人吴大伟正在吹奏侗笛。吴老师的祖辈以制作侗笛为生。他面容和善，眼神自信。选竹、测量、开孔、试音，他做了三十年，吹了三十年。侗笛竖着吹，如箫状。吹笛时，不用停顿换气。只见他腮帮鼓胀，在口腔内完成换气，笛声则始终流转不断。笛声高雅古朴，这笛声、这气息流淌千百年一直未曾断。每年假期都有全国各地学生组团过来，在寨子里住上好几天，向吴老师请教侗笛技法。他毫无保留，倾囊相授，只求侗笛吹奏技艺能长久流传下去。

我登上寨子的最高处，那里樟木耸立，散发阵阵芳香。那里有一个巨大的铜雕笛子，上面赫然刻着"中国侗笛之乡"几个大字。高定堂喊（学校）就立在树荫下，虽已弃用，但还是保存完好。寨子里读书的人多，走出大山的人也多。我在樟树下发呆，在高定的木楼中穿梭，感受那些木头的温度。一切的一切，都离不开木头。他们与木楼浑然一体。

每到一处鼓楼，我都会让自己的心平静一下，整理行装，轻缓跨过门槛，登上二楼，或冥想，或凝视。鼓楼是侗族人议事、聚合、祭祀、迎宾的地方，是侗族文化的传承场所。鼓楼以榫穿合，不费一钉一铁，七或九层为常见，高十多米，一般用两根柱子支撑。在高定寨子有一处独柱鼓楼尤为显眼，一根木头支撑往上，稳稳当当如一把巨伞立于半山。

我们坐在鼓楼上小憩，任山风吹拂。当地人阿桂老师说的一番话，让我沉思良久。“其实，我们侗族人建造鼓楼，充分利用木头之间的生命力，木与木榫合，互相支撑，没有伤害，所以持久。如果用了铁器，已伤害了木头，反而不妥。”

由于这样的村寨越来越少，“申遗”成为保护类似高定这种寨子最有力的措施，可喜的是三江申遗办公室已在着手制订“申遗”管理办法。我们几个同行，有幸旁听了“申遗”管理办法征求意见的座谈。申遗办公室的同志已连续转战数村，村落保护迫在眉睫。善做者善成，这将使民族文化传承、村寨保护有法可依。三江将高定、高秀等六座村寨纳入向世界教科文组织“申遗”的范围，这对于保护一个民族文化的整体性，会是一个漫长的过程，但是，侗族人坚信，他们可以做到。

炊烟四起，轻绕着山风而去，那是催促我们去打油茶。侗族人的热情不仅体现在待人接物上，更体现在歌声里。阿桂老师邀请当地最好的歌师阿志为我们献歌，用侗歌向我们致意。他们随着音乐现场作词，跟着音乐通宵达旦地唱出心中的歌。侗笛、侗琵琶声音轻柔，女声部的演唱亦是古朴恬淡，久久留在木楼中，镂空了以往的那些岁月。爱情也躺在那些歌声里，明眸善睐，悲欢离合。侗族的乐器大都为歌声作伴奏，因此音域不会太多，声调不会太高，就如绿叶，不会姹紫嫣红，但不可或缺。男奏女唱，两个人的眼神要对望，目光与目光对视，自然呼应在一起。在侗歌伴奏中，我们的油茶也是越喝越清醒。我尝试拨弄一下看似简单的侗族琵琶，却发出了弹棉花的声音。女歌手看着我，轻轻笑了笑，有一丝腼腆韵味，却不显唐突。

倚窗望月，清风为弦，流水作琴，茶意为韵。在这如水夜色中，让自己留下对侗乡的一生爱恋……

高定侗寨：一座落入尘世的世外桃源

马昌华

一

这里的姑娘水灵如晨露，这里的米酒仙人欲饮之，这里的芦笙唤起万物生……位于湘桂黔三省区交界处的三省坡下，有一个充满传奇的侗族村寨，在这里，人们生生不息地繁衍了近500年，从当初的不过几户人家发展到如今670多户2600多人，这就是2012年入选“中国世界文化遗产预备名单”的三江侗族自治县独峒镇高定侗寨。

七层重檐的雄伟寨门高高矗立在右边寨顶的垭口公路上。寨门之上有可供行人出入的走廊，兼具风雨桥的作用。作为村寨的标志性建筑之一，如今寨门防御外敌的功能已然消失，完全成了体现侗族人热情好客的迎宾之门、笙歌之门。

在寨门的左上方，有一棵需数人才能合抱的香樟树，树龄已有500年，树干和根部长着一个个巨大的圆疙瘩，见证了寨子的沧桑。

与寨同龄的古香樟，被寨民们称为“树神”。

侗族有个风俗叫作“月推瓦”，就是寨与寨之间的男女青年交换做客。年轻人在一起劳作，唱山歌，以这样的形式相互往来，增进了解，加深情谊。传说在建寨初期，高定村与一山之隔的牙寨村归盆屯成了“行歌坐夜”的友好村屯。每到天黑，归盆屯的“勒勉”（侗语，意为“姑娘”）都在等高定村的一个“勒汉”（侗语，意为“小伙”）。这个小伙帅气得像仙人，能说会道，讨人喜欢，姑娘们个个都希望他到自己家里去“坐夜”，久而久之这个“勒汉”就闻名乡里了。一次，归盆屯的姑娘故意问小伙是哪里人，小伙子回答：“我家住在高定村，我姓张（樟）。”归盆屯的姑娘们偷偷在他身上做了个记号——用绣花针将几条红绿绣线串在他的衣服上。第二天，归盆屯姑娘们就到高定村来询问村里的老人家：“你们村是不是有个姓张的‘勒汉’？”老人回答：“没有”。姑娘们心灰意冷地往回走，走到寨门口时，觉得有些累了，便坐在旁边的香樟树下休息。这时有人无意中看到香樟树上插有绣花针和红绿绣线。姑娘们一下子醒悟过来：原来，她们天天思念的“勒汉”竟是一棵美丽的香樟树。

高定，意为高而陡的村寨。

世居于此的侗族居民就是在这样的山地河谷环境中，逐渐形成了以侗族鼓楼、风雨桥为标志，民居团簇、紧凑围合的“山、水、田、林、寨”圈层布局。

从古香樟前的坪地望过去，整个寨子连绵分布于两边斜坡的山坳里，依山傍水，浑然天成，如一只展翅欲飞的大鹅。寨中石板路平坦蜿蜒，典型的侗族建筑层次错落，吊脚木楼鳞次栉比连成一片，座座鼓楼点缀其间，交相辉映，侗族文化元素保存完整。寨子四周竹林苍郁，古树参天，自然生态环境优美。

寨子里四通八达的小路延伸至每一栋吊脚楼前后，路上铺砌着卵石或者青石板。踩着长满苔藓的石板阶梯，行于寨内蜿蜒的巷道，满眼都是独具特色的木楼群落，让人顾盼流连。墙头边晾晒侗布的大嫂，屋门口闲坐小憩的阿婆，鼓楼里抽烟讲款的阿公，小巷内挑担缓行的汉子，木楼上娴雅梳妆的姑娘内敛而从容，让人感受到浓浓的侗家风情。一路上，不时有侗族群众和你热情地打招呼，甚至邀请你进木楼坐坐，喝口水，吃碗油茶，仿佛你就是他们家的远房亲戚。

二

过去，为了对抗外敌，相互照应，侗苗两族素爱联结聚居。高定侗寨便是一个群落印记深刻的典型村寨，民族团结亲如一家，睦邻友好相互依存。

高定村现共有六个氏族多个姓氏，除吴姓之外，还有李、杨、莫、卢、黄等姓氏。他们的和亲睦邻，不仅体现在日常生活上的悲喜与共，也体现在面临灾难时。直到现在，高定村依然使用明火做饭，彼此相连的木楼很容易引起火灾。但是一百多年间，却很少发生大火灾。因为只要一家着火了，全村人都会迅速赶来帮忙救火，事后还送粮食、衣物、被褥等帮助这家渡过难关，还合力帮其重建家园。因为大家都清楚，同住在一个寨子里，只有团结一心，才能战胜各种灾难。

在修建房子上，也是全寨出动。谁家起新房，在家的男女老少都会主动帮忙做事，就像自己家起新房一样尽心尽力。特别是“竖排上梁”那天，全寨子的人是一定要到场帮忙的，必须凭靠全寨人的力量把高大的排柱立起来。

谁家嫁女迎亲，寨上的人都要一起热闹几天，把主家的婚事办成全寨子红红火火的喜庆之事。谁家的老人过世了，全寨子的人也会出动帮忙，把老人的丧事料理得妥妥帖帖。

聚族而居的侗家人，社交的场面更是声势浩大。

“百家宴”是侗族待客的最高礼仪。当地流传着这样一个说法：“吃百家饭，联百家心，驱百种邪，成百样事。”

每逢村寨互访或有特别尊贵的客人来访时，全村各户自备酒、菜、饭，一起到鼓楼坪“一”字形摆开长桌。邀请客人吃百家饭菜，喝百家米酒，享百家祝福。饭桌上，客人可从第一桌吃到最后一桌，你来我往，觥筹交错，热闹非凡。

月也，汉语叫“走寨”，是侗族最典型的集体社交形式。一到开春，全寨子的男女老少，都要换上节日的盛装结伴而出。他们带上芦笙、琵琶或侗戏班子，浩浩荡荡地到结对的寨子里去走寨做客。主寨用织布机、鸡笼、扫帚等物品置于寨门口设下路障。客人想越过一个路障就必须与主寨对歌。主寨唱“拦路歌”，客人要对“开路歌”。客人每答对一首，主人便撤去一个路障；客人若答不出，也可以燃鞭炮向主人表示歉意和敬意。最后，主人撤尽路障迎客进寨。主寨杀猪宰牛，热情款待客人。客人与主人边吃边对歌，吹起芦笙，唱起侗戏，千人齐跳多耶舞。两个寨子几千人聚在一起，从白天到黑夜，从傍晚到黎明，纵情狂欢，场面壮观。客人要在主寨住上三到七天方散。来年，结对寨子则以同样的方式走寨回访。

三

侗寨的建筑群落与自然环境浑然天成、相映成趣，体现出天人合一的艺术境界。侗族鼓楼、风雨桥、吊脚木楼全由合抱的杉木柱榫卯连接而成，不用一钉一铆，横穿直套，扣合无隙，结构异常严谨。侗家人凭着独特的技艺和经验建起的座座楼桥，不仅工艺精湛，而且结实耐用，即便历经风雨，依然精美绝伦，令人叹为观止。这些独具特色的民族建筑，是对我国民族建筑的一大贡献，具有很高的文化价值。

鼓楼是侗族最核心的镇寨建筑，是侗族文化的重要载体，也是侗家人的精神寄托。每座鼓楼的顶上都装饰有“葫芦串”，飞檐角上装饰有飞鸟，这些都与侗族的图腾崇拜有关。

在侗家人的传统中，习俗礼仪、娱乐社交、宗族议事断案等活动都离不开鼓楼，各种大事小情都可在鼓楼里办好。

在高定侗寨，七座按宗族分布而建的鼓楼，有四角攒尖顶、八角攒尖顶、四角歇山顶等多种造型，飞檐叠翠，各具特色，形成独特的鼓楼群落。

高定侗寨独特的鼓楼群展示着民族建筑的美丽与绚烂。站在不同角度欣赏鼓楼群，会有不一样的情趣。遥望，鼓楼互相呼应，雄伟之中透出几许柔和；近看，鼓楼各自争雄，卓然独立。这既是高定人的审美情趣和建筑理念的完美展示，更是高定人坚忍不拔、合作向上的精神体现。

四

“款”是侗族村寨与村寨之间的一种地缘性联盟组织，也是一种民主自治组织。高定侗寨长期以来归属于离寨 9 公里的地瓜款坪，下以孟寨村为界，上以干冲村为界，包括苗江河上游两岸的 20 多个村寨。

“款”，也叫侗款、理款，实质是侗族的“民法”，是款组织为了规范成员的行为而制定的一系列规章制度。为便于记忆，侗族人将“法典”内容编成一首首歌来讲唱，用以规范族人的行为，传颂优良的品德。

讲款，是在盛大集会前必须举行的一项仪式，由一名或多名德高望重的老者将款词朗朗唱出，这些款词是人们必须遵守的村规民约，违者将受民众的谴责和“款”的惩罚。

每年春节期间，高定侗寨的每个氏族鼓楼按照传统习惯举行讲款活动。大年初一，全寨人祭祀飞山庙之后，聚集到村寨大鼓楼坪，举行芦笙踩堂和讲款活动。这些代代相承的活动均有特殊的意义：飞山庙祭祀侗族首领威远侯杨再思，祈求神灵保佑、村寨平安；芦笙踩堂，祈求新的一年风调雨顺、五谷丰登；讲款，增强村寨的凝聚力，惩恶扬善，维护村寨正常的生产和生活秩序。

高定侗寨是一个人文荟萃、人才辈出的地方，有享受国务院政府特殊津贴的大学教授李信闲，中国少数民族文学学会侗族文学分会副会长、著名作家、铜鼓奖获得者吴浩，等等。到目前为止，全寨考取大学的共有 300 多人。多年来，寨上的学子们不断考取县里、市里的“中考状元”“高考状元”，高定村成为远近闻名的“状元村”。

这样的成就源于对教育的重视。

说起教育，还有一个颇为耐人寻味的故事。

清朝时，寨子里还没有能识汉字的人。一天晚上，独峒村两个青年到高定村来走寨，为了骗取一顿夜饭，便合计搞了个恶作剧。他们将一块“小孩夜哭”的木牌捆上两颗红辣椒送进“五通”宗族的鼓楼里，说这是乡公所的令牌，叫高定村人赶紧送到干冲村去。五通族人信以为真，派人将木牌连夜送往干冲村，还特意做了一顿饭犒劳两个青年。干冲村人接到木牌一看，讥笑不识字的高定村人是睁眼瞎子。村人们这才知道被骗了，他们意识到没有文化就要受人欺侮。于是，高定村召开款会，决定全村捐钱送吴庭德、吴通灵等 4 人到县城去读书。从那时起，高定村才有了懂得汉字的人。

去县城读书的 4 个年轻人当中，吴庭德后来考上了秀才。他把考取秀才得到的钱款捐出来，寨民们也踊跃捐资，在寨东头修了一条宽阔的石板路，取名“秀才路”。从此，高定村重文重教之风兴起。1925 年，吴庭德办起了高定村第一所私塾，就是寨顶那座香樟环抱的百年老学堂——高定堂喊。中华人民共和国成立后私塾改为初级小学，后又改为高级中心小学，直到前些年在老学堂对面建成新的校舍才搬走。现在村里正打算把老学堂改造成高定村文化展览馆，让寨子里的人记住过往，也让来这里的客人了解高定的文化历史。

百年前全村捐资选送年轻人到县城读书学文，兴起了捐资助学之风。

每年，在村里的春节联欢晚会上，从小学到大学每个年级的前五名都能得到村里颁发的奖学金。外嫁女的优秀子女也一视同仁，享受同等的奖励待遇。

在晚会现场，也会不断有人给优秀学子们助学红包。

村里很多人上学的时候家里都很困难，他们得到村民们的资助才得以完成学业，在外有了稳定的工作或者经商做老板。二十多年前，在外工作的高定村人为了感恩并回馈家乡，帮助和鼓励正在上学的读书人，成立了高定村教育基金会，并发起社会捐助。

为筹集村里的教育基金，在县城工作的吴有兴等热心人士，还专门发起成立了高定村同村会，把捐资助学的传统传承下去。

高定村教育基金会成立二十多年来，捐资奖学助学行动从未间断，不仅做得越来越好，而且形成了自发的村规民约。

五

侗族是一个多才多艺的民族，高定侗寨是有名的民间艺术之乡，建筑、蜡染、剪纸、服饰等民间工艺，无一不彰显着高定侗寨民族艺术的光芒。

2019 年 6 月 20 日，广西艺术学院造型艺术学院大学生校外写生基地在高定落成，目的就是将高定优秀的文化资源进行整合与创造，推动优秀文化遗产、文化精神的活态传承与创新。

高定侗寨的许多才艺能人都身怀绝技，侗族非物质文化遗产的代表性传承人有：笛子歌传承人吴平兰、侗笛传承人吴大伟、侗戏传承人吴起善、琵琶传承人吴唐忠、芦笙传承人吴起超、三江农民画传承人吴怀中等。他们不仅才艺高超，还主动带徒传艺，开班授课，让民族艺术后继有人。高定侗寨的芦笙队曾代表广西远赴香港、澳门地区参加文化交流表演，获得好评。

多次获得乐器展示与表演大奖的侗笛传承人吴大伟，制作与演奏技艺样样精湛。经他改良制作的侗笛，音色柔和、清脆、明亮，独具神韵。每年前来参观学习和研究侗笛制作与演奏的人络绎不绝，高定村也因此被誉为“中国侗笛之乡”。

“妹想邀哥上山来赏花，山谷的野花开得红艳艳，最美丽的那朵长在高高山崖上，妹想让哥摘一朵，如果哥不怕高，帮我摘下来，那么我俩的心就可以在一起……”听，是哪位多情的侗族姑娘，情不自禁地唱起了缠绵的笛子情歌，透过层层岚雾，伴着阵阵樟风，声声萦绕于心，把天上的神仙也听醉了。

高定的早晨，山岚雾霭笼罩着黛色的木楼山寨，啾啾鸣叫的鸟儿在寨子上空轻快地翱翔，拨开重重云雾的阳光，照耀着层层叠叠的青翠茶林，照耀着一边歌唱一边采茶的“勒勉”。在这远离尘嚣的世外桃源，崭新的一天开始了……

姜味飘香的冬季

古西格玛

姜对于生活在驮娘江边的西林人来说，是一种非常普通的植物，但我却对它有一种特殊的情感，那绿油油的叶子、黄灿灿的块茎、火辣辣的香味深深地吸引着我。

在那个年代，偏僻的深山小寨也受到了“文化大革命”的影响，村民忙着开会、学习，生产劳动不正常了，许多好田好地荒废了。收获的季节，坝子一片荒凉，屋子空空荡荡，眼看漫天飞雪的漫长冬季即将到来，村民们一筹莫展。

那年的冬天来得特别早，又特别冷，幸运的是，江边的壮族叔叔得知我们的困难处境后，赶着一匹彪悍强壮的黑马，驮来许多大米、生姜、干笋和一包小干鱼，专程来看望我们。那天，爸爸宰了家里的一只老母鸡，还配上一些农家小菜，拿出珍藏了好长时间的苞谷酒，两人一边喝酒，一边聊天，一直聊到深夜。

壮族叔叔是爸爸赶集卖山货时认识的。他的家在驮娘江边，他和爸爸是同年同月生，他们说相识是一种缘分，壮、彝两个不同民族的朴实农民便结拜成了同年兄弟，经常你来我往。收成好的时候，爸爸总是给江边的叔叔带去麦子、苞谷酒、辣椒骨、腊肉之类的高山特产，叔叔也经常捎来一些大米、干鱼、生姜、芭蕉之类的江边产品，两家人的感情日益加深。

天刚蒙蒙亮，爸爸妈妈就为叔叔做好了简易的早餐。吃完早餐，叔叔就要回去了。妈妈端来了一小坛辣椒骨，爸爸拎来了一壶苞谷酒，再装上一些用自产的麦子自制的面条塞到马篮里。由于叔叔回程路途遥远，妈妈还特地准备了一包用芭蕉叶包好的糯米饭和一小布袋玉米粒，作为人和马在途中的午餐。

叔叔接过爸爸手中的缰绳，依依不舍地上路了。马蹄声渐渐远去，爸爸妈妈依然呆立在风中，目送着叔叔直到身影渐渐消失在灰蒙蒙的山间野草覆盖的小路上，这时天空飞扬起片片雪花。

那年的冬天，雪下得特别大，没几天工夫，地上就堆积了厚厚的白雪。远山峻岭银装素裹，一眼看去，分不清哪里是沟，哪里是路，哪里是坎，出门寸步难行。

往年这样冰天雪地的冬日会持续十天半月，有时甚至长达一个月。遇上这样的天气，我们只能老老实实地待在家里，过着生火、烤火、煮饭、吃饭、睡觉这样简单重复的生活，躲避严酷的寒冬。

每到这样寒冷无聊的冬天，爸爸妈妈总是用南瓜、豆子、霉干菜、红薯、萝卜干、辣椒骨等做成各种家常菜，变换着花样，让我们简单的生活变得有趣，可今年的冬天，那些都只能成为美好的回忆和遥不可及的奢望了。

雪，停停下下，下下停停，地上的积雪有增无减，粮食却一天比一天少，菜类已变得稀缺，老天爷却丝毫没有出现转好的迹象。面对一家八口人的吃喝拉撒，爸爸妈妈感到力不从心、焦虑不安。

日子一天比一天难过了，最后只剩下壮族叔叔送来的一小堆生姜和一直收藏在火塘上方的竹篮子里的那小包珍贵的干鱼。在物资极度匮乏的年代，我们住在高寒山区，没有深潭，没有河流，养不出鱼虾之类的水产品。干鱼对我们来说是不可多得的奢侈品，一般只用来接待亲朋好友，平时是不会轻易动用这样的珍品的。

那天，妈妈煮好了饭，静静地坐在火塘边，看着跳动的火苗发呆。爸爸也沉默不语，其实家里已实在没有其他可以下锅的菜了，门外依然冰天雪地。

天色越来越晚，我们也饿得饥肠辘辘，爸爸无奈地取下火塘上的那包小干鱼，小心翼翼地打开它，我们六个孩子期待已久，一哄而上把爸爸围住，一股浓浓的鱼香扑鼻而来，令我们垂涎三尺。

爸爸挑出两条小干鱼浸泡清水，再抓来一大块生姜，洗刷干净，放到菜板上，用刀背敲击成姜蓉。捞出浸泡过的干鱼洗净剁碎，再将铁锅洗得干干净净，放置在火塘里的三脚架上，待铁锅烧热烫得冒出青烟时，往锅里倒一小勺猪油，同时把剁好的生姜、干鱼一同放入锅中，用锅铲快速翻动三五下，接着又舀了两大瓢清水放入锅中。我们在一旁添柴加火，一锅姜拌鱼汤顿时沸腾起来，爸爸随手拍几瓣大蒜丢到锅里，再加上一勺辣椒骨，不一会儿，一种我从未闻过的姜鱼香辣味在小屋里弥漫开来，随着袅袅炊烟飘出窗外。

这时，我们兄弟姐妹齐上阵，七手八脚地把尚未烧尽冒着黑烟的火柴头撤掉，让火塘里留下一堆红红的火子。闷在火边锑锅里的红米饭早已散发出了高山旱谷特有的香气。我们赶紧将锑锅移到火塘边，迫不及待打开盖子，首先给爸妈和最小的弟妹每人盛上一碗，然后才给自己打上一碗，依次围坐在火塘边，火上的一锅姜鱼辣椒汤热气腾腾，我们边吃饭边烤火，享用着自家别样的火锅，一家人其乐融融。

在后来的几天，我们如此重复着每天一锅美味姜鱼辣椒汤的简单生活，度过了艰难困苦的日子。

当时，在爸爸和叔叔的影响下，村里忠厚老实的彝族人与江边壮族兄弟结成同年的对数也越来越多，而且关系都很好。在那个特殊的年份，他们也一样彼此牵挂，在叔叔的带动下，壮族同年们纷纷来到彝寨看望受灾的彝族同年，大家一起分享和我们家一样的温情和美味，携手共同渡过了难关。从那以后，我对壮家人、鱼和姜都有与众不同的特殊情感。

我与壮家人和姜的缘分故事还在延续，在我如花似玉、情窦初开的年华，在我朦朦胧胧徘徊在爱河岸边的时候，在苗族、彝族人口占 90% 以上的家乡，一次偶然的西林之行，却成就了我和威的一世姻缘。在春季一个细雨绵绵的日子，我们相遇在美丽的驮娘江边，我们从最初礼节性的相互搭讪，到相互了解，相互倾诉，彼此相互鼓励，后来成了知己。

经过长达三年的交往，我们组建了家庭，成了患难与共的夫妻，我也成了地道的壮家媳妇，从此离开了生我养我的高山小寨，移居到西林驮娘江边生姜的产地生活，也许是我与壮家、生姜有缘才成就了我们的姻缘。

春去秋来，峰回路转，因工作调动，我有幸从事招商引资工作，让我再次关注生姜，并为之牵肠挂肚。

我喜欢近距离欣赏五月绿油油的姜丛，更喜爱那一片片、一块块布满山坡、林间、地角的姜地秋后金黄成熟的美景。还有那百亩连片的即将收获的生姜生产种植基地，一个又一个山头，满山遍野，仿佛遍地黄金，让人心旷神怡。

我也目睹过生姜因市场疲软而被丢弃在山间路旁堆积如山、烂臭如泥的悲凉景象，农民血本无归，损失惨重，让人痛心疾首。看到这一幕，我积极奔走，抱着一线希望，拖着疲惫的身躯，拎着沉重的包袱，走南闯北考察、展销、洽谈，功夫不负有心人，终于引来了几家实力雄厚的进出口贸易公司到驮娘江边投资办厂。为生姜寻找加工升值空间和市场出路，为壮家民众找到一条致富门路，这也许也是我与生姜缘分的延续吧。

一车车装满车辆的生姜络绎不绝地开进加工厂，变成一件件、一箱箱、一车车包装精致的成品走向市场，产品远销韩国、日本、德国等国家，商家获利了，农民增收了，美好的愿望终于变成了现实。

悠悠岁月十几年过去了，现在的我虽然已调离了原来的工作岗位，但每当看到如今依然充满生机活力的现代化工厂和车水马龙的繁忙景象，嗅到空气中淡淡的姜香，内心便感到莫大的自豪和欣慰。

几十年的风风雨雨、起起落落都已成为过眼云烟，唯有那与不同民族的兄弟姐妹结拜为同年团结互助、雪中送炭的传统，如今依然在我的故乡延续盛行，姜鱼辣椒汤的味道依然飘香如故。

写春联

覃继南

临近春节，我接到了我负责帮扶的建档立卡贫困户杨大哥的电话，他想让我给他的新房写春联。

杨大哥家有四口人，他因病致贫，没有能力重建老家已倒塌的房子。为了安顿全家和方便儿子在镇上读初中，近几年，他们在明亮镇亭亮街上租房子住。经过落实易地扶贫搬迁集中安置政策，他家享受到人均 25 平方米、共 100 平方米的安置房。经过一番简单装修后，他们便拎包入住了。

安置地近县城，由于经常入户扶贫，知道杨大哥住哪一栋哪一单元哪一户，我很容易地就找到了。

杨大哥一家人早已在家等候了。我一进门，杨大哥的母亲就拉住我的手说："勒啊，抖罗嘛，啃勒闷。"杨大妈着一身壮族服装，不会讲普通话，说的是壮话，"勒"是子女的意思，是把我当作子女来看待了。她的意思是说："儿啊，来了，吃红薯。"我刚用壮话回应她，杨大哥已经从桌子上拿起一个红薯塞进我的手中。红薯刚起锅，还是热的，我顿感手中温热而黏稠，那是红薯沁出的糖汁。我笑道："大妈，你们太客气了。"

壮族人好客，但凡有客人进家，主家总是要盛一碗粥给客人喝，并盛情挽留客人吃饭喝酒。按照当地壮家风俗，客人吃了东西才算是看得起主家。

杨大哥的妻子说："这几年，你经常来帮扶我们，辛苦了。"杨大哥的妻子身材微胖，力气足，声音洪亮。

“是啊，没有你帮我们申请，跑这跑那的，我们哪能住得上这么宽敞明亮的好房子呢。”突然，杨大哥哽咽着说，“想起几年前，我们房子倒塌了，全家没有地方住……”

我连忙说：“杨大哥，别这样，今天是你们的好日子，我们应该高高兴兴的。”

“对！今天是高兴的日子，我太激动了！”杨大哥举起袖子抹抹泪水说。

我环视杨大哥家的新房子。客厅地板用灰色瓷砖铺就，墙壁上发出银色的光泽。细叶桉沙发倚墙摆在客厅中间，沙发正对面桌子上的大电视机正在播放节目。铺着报纸的圆形饭桌已经当成书桌挪到客厅中央来了，桌子上面摆放的大红纸已经剪好，整齐地摆在那里，非常显眼。

我问道：“住上这样的房子，你们满意吗？”

“非常满意，托你们帮扶干部的福，托政府的福啊！”杨大哥说，“你看，我儿子小军初中毕业享受扶贫政策安排读技校，现在毕业都领工资了。政府又安排我做保安，我妻子做保洁员。我们全家四口就有三个有工资领，这是做梦也梦不到的事啊！”

“还有，我们享受扶贫医疗政策，身体逐渐康复了。”杨大哥的妻子也激动地说，“我家婆的白内障得到免费治疗，可以正常看电视了。他的肺结核病经过免费治疗也基本好了，我的病也能享受新农合扶贫政策报销医药费 95% 以上，真是托党的好政策的福啊！”

“是啊，你们享受到扶贫政策，有了收入，可以脱贫了。”我说。

“今天特意请你来，就是要商量怎样写春联，怎样把我们感恩的心意写在春联上。”杨大哥笑道。

“好！我们一起讨论。”我说。

“写什么好呢？”杨大哥说，“之前家里经济情况不好，治病都难，从来都不敢想盖新房的事。多亏了政府的精准扶贫政策，我们家盖好了新房，拎包就可以入住了，我想写这个内容。”

“让我好好想想。”我想了一下说，“我给你们提供几副春联，由你们定吧。”

“好！你写。”杨大哥兴奋地说，“我负责倒墨水。”

我打开毛笔帽，在倒有半碗墨水的碗沿润了润毛笔，拉过一张红纸，略为思考，便在红纸上写了起来。

“易地搬迁好政策，喜居新房谢党恩。共产党好。”杨大哥跟着我写的字念了起来，“好！写得好！”

“精准帮扶摘穷帽，沐浴党恩住新房。感谢党恩。好！”

“安居乐业赋新篇，扶贫政策暖人心。永远跟党走。也好！”

“坚定信念跟党走，脱贫致富奔小康。实现中国梦。也好！”

“托党恩乐迁新居，感良策喜脱贫困。国策英明。都好！”

我一口气写了五副春联后，抬头笑道：“好了，你们选吧。”

“哎呀，文化人就是文化人，一个意思就写了五副春联。要是在古代参加科举考试，你一定能高中状元的！”杨大哥赞道。

“哪里哪里，有感而发罢了。”我哈哈笑道，“选吧，要哪个？”

“选哪副好呢？我都看花眼了。”杨大哥也哈哈笑道。

“第一和第二副像平时说话一样，说到我们的心里了。”杨大哥的妻子说。

“推！姐双复真镰最合意！”杨大妈也用壮话赞许道，她的意思是说：“对！这两副春联最好。”

“精准帮扶摘穷帽，沐浴党恩住新房。共产党好。”我说，“就这样，两副春联合二为一吧。”

“好！就这副，写吧。”杨大哥说。

杨大哥他们帮我按压大红纸，我便开始埋头书写了起来，一口气把对联写好了。

写完后，我说：“我不是书法家，写得不好。”

“很好啦！我们就是想要你写的字。”杨大哥说，“沾点‘财神爷’的财气。”

“是沾党的好政策的福气。”我大声地说。

“对！沾党的好政策的福气！”杨大哥也大声地说，两眼放着光。也许是因为过于激动，杨大哥满脸涨红，好像是过年往新房门上贴春联，让大红的春联映红了脸。

这时，杨大哥的妻子停下来对我说：“对啦，我还有一件好事想请你帮忙呢。”

“什么事？”我说，“你说吧，我尽我的能力帮你们。”

“我儿子结婚时，想请你再到家里来写一副婚联。”杨大哥的妻子兴奋地说，“行吗？”

“好啊！”我马上满口答应，“我还要来道贺喝喜酒呢。”

“欢迎欢迎！”杨大哥的妻子高兴地说。

“欢迎当然是欢迎。”杨大哥对妻子说，“不过，八字还没看见那一撇呢，你想得倒美。”

“我当然想得美！有这么好的国家，这么好的政策，这么好的帮扶干部帮助我们，你看看，新房子有了，收入有了，儿子又有工作了，生活这么幸福，日子肯定是越来越美！”杨大哥的妻子兴奋地说，“我还想着抱孙子呢，哈哈！”

“对呀！我也想抱孙子呢！”杨大哥也哈哈大笑起来。

杨大妈也跟着哈哈笑了起来，欢乐的笑声充满了整个新房。

这时，明媚的阳光洒进宽敞明亮的屋子里，投射在大红纸上，红色的暖光顿时弥漫整个房屋，让人觉得暖暖的……

大苗山拜年记

黎艳萍

近几年的春节，我有幸跟随做民族文化研究的温远涛老师到大苗山吉曼村走亲戚拜大年，近距离感受大苗山悠久的历史沉淀、原始神秘的民俗、淳厚朴实的民风和绚丽的民间文化，了解这个民族的前世今生。温老师考察吉曼苗寨已十多年，老寨主董老是他采风时认下的波佬干爹。整个寨子里的苗族老少，都跟着董老亲切地称温老师为“温大仔”。董老每年过年之前都会熬一锅重阳酒等他的“温大仔”带朋友回来拜年。随行的我深深感受到苗家朴素的待客之道和温馨的风俗民情。

吉曼印象

那年的大年初五是一个难忘的日子，我第一次到吉曼苗寨拜年。

吉曼苗寨地处广西融水苗族自治县安陲乡，整个寨子四面环山、重峦叠嶂。从融水县城出发，行程约80公里，却要走4个多小时，其中安陲乡政府到吉曼村的20多公里全是险峻的盘山弯路，沿途松林苍翠，群鸟啁啾，翠叶含露，水汽氤氲。路遇几处山泉积潭，潭幽水洌，可见潭底卵石细纹，美极了。路边一座座错落有致的吊脚楼，依山傍水的层层梯田泼彩似地蜿蜒而上，不禁让人想起那些美丽的远古传说和动人的神话故事。

车子开到吉曼村的球场边，老寨主的两个女儿来接我们。村里过年的气氛很浓，虽飘着毛毛细雨，但球场上的球员们依然生龙活虎，旁边助阵的观众也兴致勃勃。按苗家过年走亲的习惯，我们在门外烧了一卷鞭炮后，才在姐妹俩的引领下走进老寨主的吊脚楼。

虽然知道苗家人对远道而来的客人很热情，但老寨主一家对我们这些访客的欢迎程度还是令我很吃惊。作为老寨主的干儿子，温老师每年的正月初五都回来拜年，而且总给家里老小带些礼物。这次他给老寨主带的是一个微型水烟袋，把老寨主乐得脸上笑成一朵绽放的菊花。

一阵寒暄过后，趁着温老师他们叙旧，我悄悄拉上两个同伴到村子里转悠。由于村里在举办篮球比赛，村民大多聚在球场上，整个村道安安静静的，几乎没遇上什么行人。春雨淅淅沥沥地飘着，像是心灵的低诉，有某种特别的魔力。

信步而行，我清晰地听见自己的脚步声，甚至心跳声，仿佛已从尘世涉入方外，回归安宁。简单，干净，超脱。

顺着耳目所及的信息，我嗅到了苗山朴素的烟火味，那是苗家人过年独有的味道。

苗山酒歌

在苗山，不论男女都喜欢喝酒，他们平时常常以酒解疲，以酒示敬，以酒传情，饮酒为乐。“无酒不成礼”是他们的习俗。酒，是待客议事、婚丧嫁娶、起房建屋、逢年过节的必备品。在老寨主的家里，我第一次尝到苗家自酿的重阳糯米甜酒，也亲身体验了苗家人豪放的酒文化。

在吉曼，有尊贵客人来拜年是一件荣耀的事，客人越多，说明主家的威望越高，人缘越好。客人进家后，主人做的第一件事就是杀鸡宰鸭，祭拜祖先。

苗家人杀鸡宰鸭的方式很特别，他们不用刀，也不用水，就一个火塘和一把剪刀，放血后，直接把带毛的鸡鸭架在火塘上面的铁架上烧烤，整鸡整鸭在火架上不停地翻动，直到鸡鸭毛全部烧尽。接着，他们把鸡鸭开膛后的心、肝等内脏拿出来，分别放到事先准备好的三个酒碗里，和杀好的鸡、鸭及腊肉、青菜一起，摆在火塘旁边的地上，由家里的长者带领大家祭拜祖先。祭拜经文是用苗语念诵的，我们一句都听不懂，但能感受到苗家人祭祀时的庄严和肃穆。

祭祀完成后，家长把碗里的酒和鸡杂分好，让家人按年龄大小顺序吃完以后，才敬酒给客人吃。客人喝的酒里也必须有生泡的鸡杂，寓意是喝酒必须有菜送。客人必须酒菜都要吃完才好，而且不能用筷子，只许用手抓着吃。

我平时是很少沾酒的，但是我感觉那酒里充满了原始、神秘和厚重，它强烈地诱惑着我，好像喝了这碗酒，自己的身心就能融入苗寨一样。微微泛着乳白色的米酒散发着醉人的醇香，浸润心脾，让人醉意悠悠。我不知道，到底是酣畅浓烈的酒滋养了这个民族不屈不挠的气节，还是他们淳厚朴实、正义勇敢的个性濡染了酒文化，才使得苗族米酒甘洌清香，饮之弥醇。

没坐过苗家的酒席，不知道苗家人喝酒的霸气。那种热火朝天的气场，我想我一辈子都不会忘记。最好玩的是喊酒。大家站起来，手持酒杯，齐声高喊：“呀呜！呀呜！”（苗语，意为“喝呀！喝呀！”）喊完后大家都一饮而尽，欢快的喊酒声这边刚落，那边又起，此起彼伏，震天动地。置身在这炽热如火的氛围中，你会感觉人和人之间亲如手足，酒更甜，情更浓。

吉曼宴席上还有一道很特别的菜，就是用竹笋腌制的酸菜，长长的一条条摆在碟子里，一口咬下去，满嘴都是酸爽美味。

烧田鲤，这又是苗家的另一道美食。苗族阿姐告诉我们，自古以来苗族就有在稻田养鲤的习俗。每年五六月份插禾苗时，就开始在田里放养鲤鱼苗。鲤鱼平时吃稻田里的小虫、水草等，禾苗抽穗扬花时还吃落入水中的禾花，故而田鲤也叫作“禾花鱼”。几个月后，那些田鲤就一尾尾长得又肥又壮了。在吉曼，我们有幸亲自制作了这道菜，品尝自己的劳动成果是一件快乐的事情。我们用干柴在火塘里烧起一堆旺火，然后把小竹子或小树枝破开一端，将几尾鲤鱼夹成一排，放在火上翻转慢烧，待到鱼的两面烤至焦黄并不断冒出鱼油时，鱼就熟了。看着金黄飘香的鱼儿，口水都忍不住要流出来。吃的时候，蘸上盐水，其味清香，鱼肉甜嫩、肥美，让人吃了还想再吃。

饭桌上，苗家人的主食是手抓糯米饭，肉和菜基本也是抓着吃，而且他们还有个习惯，就是喊酒后手抓肉菜相互喂吃。开始的时候我们感到非常吃惊，尝试拒绝不吃，可后来实在招架不住乡亲们的热情，渐渐地完全融入进去，最后大家都变成一家人，大口喝酒，大块吃肉，大声喊酒，一个个喝得醉眼迷离。

芦笙踩堂

大年初六，是吉曼吹芦笙踩堂的好日子。芦笙在苗族人的生活中是很寻常的乐器，节日庆祝、迎亲嫁娶、呼朋唤友、休闲娱乐都离不开它。

在到吉曼前，我也曾到过苗山，听过、看过芦笙演奏，但这么近距离地接触它，还是第一次，感觉有那么一点点兴奋。

一早起来，喝完浓香的油茶，我们就迫不及待地到山寨里转悠。在村口，我们看到一个师傅正在认真地制作芦笙，一群孩子在他身边玩得不亦乐乎。苗家的孩子憨厚朴实，就如这山里的泥土一般，他们不会说漂亮话，但他们的热情一点也不比大人们少。他们拿起一支支不同的芦笙给我们演示，做芦笙的师傅在一边温和地笑着，任由孩子们摆弄。这些孩子一招一式都有模有样，吹得兴起时身子左摇右摆，那种全身心的投入和沉醉，让人忍不住地想去亲近他们。

终于忍不住心痒，同行的两个妹子也拿起靠在墙边的芦笙舞弄起来。可任她俩怎么努力，半天也吹不出一个调子来，把一边观看的师傅和孩子都逗乐了，她们自己也笑得直不起腰来。

正玩得起劲儿，有人喊："大门接拜年客人啰！准备芦笙踩堂啰！"

我们跟着人流往村头大门跑，看到大门两旁整齐地站着两排盛装的吉曼姑娘和拿着芦笙的小伙，原来是柳州民族芦笙队来拜年了。吉曼村正以迎贵客的最高规格到村门口欢迎他们的到来。

一路吹吹打打，客人和主人一起来到了村里的篮球场，一年中最隆重、最热闹的芦笙踩堂便开始了。

踩堂舞是苗族人民在传统坡会上最爱跳的自娱性男女群舞，主要表现庆贺、劳作和爱情的内容。舞蹈时，坐脚芦笙、地筒位于圆心，在"芦笙头"的引领下，男女青年分开围成两个圆圈，女外男内，对称依圆起舞，圆心大芦笙和地筒原地摆动伴奏，整个舞蹈的起承转合全由"芦笙头"掌握。芦笙既是舞具，也是伴奏乐器。小伙子边吹边左右摇摆，下蹲转身，逆时针作舞。姑娘们手持白毛巾或绸带等顺时针起舞，舞步为上三步、退两步，并脚上立，前倾，摆手拧转。舞蹈缠绵柔和，舒缓轻盈。坡会上，少则几堂芦笙，多则几十堂芦笙，同时吹奏起舞，场面热烈壮观。

身穿金色布衫的"达亨"（苗家小伙）弯腰踢足，边奏边舞，插在笙管上的锦鸡翎毛也随之摇曳，尽显苗家男儿特有的潇洒和豪迈。穿着绣衣褶裙，头戴鲜花、银簪、银梳的"达配"（苗家姑娘）围着芦笙手眉目传情，轻轻踏足，轻轻摆手，轻轻扭腰，闪光的银饰也轻轻作响……跳的人醉了，看的人也醉了。

在球场上尽情跳了一阵后，全村人又在寨老的带领下，浩浩荡荡地穿过村中间的村道向村后的坡会场行进，一路芦笙声人声交集，欢声笑语不断。我们手中相机的快门不停地响，恨不得把所有美丽的瞬间都记录下来。

到了后山的赶坡会场，竖在场地中央的一根大柱子吸引了我的目光。

温老师说，那是吉曼村的图腾芦笙柱。高高的柱子顶端有一只端庄的鸟，中间有一对威武的牛角，下方有一个气势庄严的龙头，龙头旁边站着两只鸟，下面趴着两条鱼，龙身从牛角向下缠绕，鳞片用七彩颜色装扮，非常漂亮。

据资料介绍，芦笙柱顶部镶嵌的鸟兽，各苗寨有所不同，有孔雀，有野鸡，有白鸽，有凤凰，还有混合型的神鸟。苗族民歌中，多用鸟、叶、花等代表姑娘。将姑娘比作鸟，是因为鸟不仅美丽，而且善于歌唱，是人类歌颂的对象。芦笙堂是人们娱乐的中心，自然也是追求美、展示美的场所，人们当然希望自己村里的姑娘是芦笙堂上最美丽、最受赞赏的。因此，他们通过各种物品装饰的芦笙柱来表达这种追求和憧憬，芦笙柱上的鸟正是踩堂姑娘的化身。

而芦笙柱上的水牛角则是友谊和睦、相亲相爱的象征，同时也是苗家小伙的化身。苗族常用牛比喻忠厚老实、力大无比的好小伙子。水牛是牛中之王，将水牛那对弯角引入芦笙文化，用来比喻小伙子的身强力壮和憨厚诚实尤为贴切。另外，苗族以牛为最高接待规格，将水牛角挂在芦笙柱上，表明主人热情好客的性格和渴望密切往来、彼此相亲相爱的心愿。

快乐的芦笙再次响起来，苗家小伙和姑娘们在坡会中心跳起了踩堂舞，坡上坡下全是一张张幸福快乐的笑脸，整个吉曼充溢着祥和、温馨的气氛。

笑着闹着，不知不觉，天色渐晚，人们也慢慢散了。我们在苗寨的第二天，就这样飞逝而过。

芒蒿祈福

吉曼，是芒蒿之乡。每年正月初七是吉曼的芒蒿节，它是苗乡独具特色的传统节日之一。一大早，村民们就纷纷出动，准备接受芒蒿的祝福。

芒蒿是苗族民间传说中的娱乐神，是苗族人民对勤劳善良、吉祥幸福、健康长寿的寄托。传说古时候，苗山人烟稀少，恶兽猖獗，病疫蔓延，苗族人民深受其害。有个苗族后生决心为民除害，便制作了一副凶神恶煞的面具戴上，身上披着芒草，手脚涂锅底灰，变成芒蒿，出没在深山和村落，砍杀凶顽，驱赶邪魔。他走到哪里，哪里就人畜兴旺，平安吉祥。

苗族人把芒蒿视为惩恶扬善的神。他们认为，芒蒿拍摸小孩，小孩就能快长快大；拍摸姑娘，姑娘就会越来越漂亮；拍摸老人，老人就可以长寿；拍打小偷小摸者，则表示警告。在人们心目中，芒蒿是正直、友善、勤劳、勇敢、吉祥、幸福的象征。

村里制作芒蒿草衣的地点就在老寨主家木楼的斜对面，芒蒿身上披的草衣是用村里的年轻后生们一大早从各家各户采集而来的稻草以及山上的芒藤，由村里德高望重的寨老们编织而成。

上午 11 点多，随着一声鼓响，头戴面具、身披芒草、全身涂墨的芒蒿从山上狂奔而下。在节奏明快的铜鼓声伴奏下，芒蒿在人群中跳起粗犷豪放的芒蒿舞。他们的面具一律是凶神恶煞相，涂以黑、红、青三色，但看上去并不觉得狰狞，倒觉得很逗、很亲和，甚至有些“萌萌哒”。

舞蹈表演完后，在欢快的锣鼓声中，芒蒿开始穿村走巷，与人们同乐。他们一边手舞足蹈，一边与人们摸头、握手和拥抱。在人们的欢呼呐喊声中，芒蒿节气氛达到了高潮。

芒蒿这一生动具体的形象充分表现了苗族人民对祖先的追忆和对自然万物的认知，表达苗族人民与自然相依相存、追求美好生活的生态意识和审美追求。这种独特的民间文化在全国各地的苗乡中都比较罕见，独留存于融水安陲乡一带，是苗族民间珍贵的文化遗存。

三天的吉曼之旅，原始神秘的民俗、淳厚朴实的民风和绚丽的民间文化，让我对这个民族的远古和未来产生更浓厚的兴趣。吉曼留给我更多的是怀念和遐想。奇美吉曼，将成为一段温馨的回忆。

吉曼，我会再来的。

三月三里米饭香

周羽兵

农历三月的春风吹过，天气乍暖还寒，树枝上的枫叶便在眼前晃动。每年春天，山上的枫叶就蓬勃地长出来，吐着新绿——那是做黑米饭的染料。

小时候日子苦，春天青黄不接，新粮接不上茬，哪有什么可吃的！我们天天掰着手指头，盼着农历三月三的到来，这样又可以大快朵颐一顿，也安慰安慰委屈了许久的肚子。

又是一年三月三。我们早早就闻到香味了，那是母亲在用枫叶、糯米作原料准备着黑米饭。我们兄弟姐妹一个个翘首以盼。

母亲从锅里盛满一碗黑米饭，递给我和妹妹，嘴角一扬："喏，给你十五公、十五婆送过去。"妹妹嘴一噘："妈妈，我们还没吃饱呢！"母亲怜爱地用手抚摸了一下她的头："娃儿乖，明天妈妈再给你们做。"

邻居十五公、十五婆是无儿无女的老人，在土地改革时分得大屋的这几间房。现在二老年事已高，渐渐失去劳动能力，只能依靠住在村东的近房侄子一家生活。侄子、侄媳隔三岔五过来挑水做饭，尽点孝心。

十五婆是当年十五公到桂西北做工时带回的山里妹子。与十五公拜堂成亲时，辈分小的在大人的教导下称她为"十五婆"，操着生硬的本地土话的十五婆不忘幽默大伙一把："难啰难啰，我年纪轻轻就变成'婆'了。"诙谐的打趣引来笑声一片。这个小插曲便成了村里人茶余饭后的笑谈。

年轻时的十五婆心灵手巧，做的壮家红蓝饭让人垂涎欲滴。她嫁到我们这里后，也跟村里的姑婆娘子们学起了做黑米饭，可是她做的黑米饭食材很少——少量的糯米，掺入大量的籼米，一锅黑米饭放的白糖并不多，有时干脆用盐代替。每年三月三当天她都会给我们送来黑米饭，而且是天刚刚亮的时候，我们家的大门还没有开，十五婆便把一碗黑米饭放到我家的门槛上了。我们听见她轻叩几下门，转而就听到离去的脚步声。我还窝在暖暖的被窝里，早起的母亲在帮孩子掖好被子后来到厨房，燃起第一缕炊烟。一听到动静母亲就开门去了，不一会儿母亲回来了，手里拿一只大海碗，冒尖的黑米饭像座小山包，够我们这些小馋鬼饱餐一顿了。

十五婆的黑米饭不甜、不黏，唯一值得称赞的就是枫叶的味道还算纯正。母亲说，十五公他们家境不好，舍不得多放糯米，里面掺的籼米太多，所以不黏，但这也是人家的一份心意。十五婆是个有心人，整座大屋里谁家没有吃过她做的黑米饭？

十五婆是壮族人，口不择言的长舌妇和不懂事的孩子背后叫她“壮姑婆”。偏见令本来性格开朗的十五婆变得有些孤僻，不太合群。七大姑八大姨坐在一起拉家常时，多愁善感的她总怀疑大家在背后说她的坏话，平时和左邻右舍相遇时也把头扭到一边，装作没看见。感觉受了委屈的她向十五公倾诉，十五公便耐心安慰她。可是时间久了，要强的十五公也认为大家排斥他们，态度起了变化，于是大家便真的对他们颇有微词了。加之他们两人一直没有生养，在那个年代没有后代的人是让人看不起的，毕竟“不孝有三，无后为大”的传统思想根深蒂固，于是大家也就自然疏远他们了。十五婆心灵手巧，是种田的一把好手，会唱婚嫁歌和哭丧歌，还会做红蓝饭和黑米饭，以前谁家有喜事就让她教嫁出去的女儿或娶进门的媳妇唱几首婚嫁歌，哪家老人走了也请她来唱哭丧歌。然而时代在发展，现在新事新办，旧的习俗也渐渐被取代，十五婆感到自己没有用了，越发爱钻牛角尖，不太与乡邻来往。但十五婆每年三月三雷打不动地给大家做黑米饭。她做的黑米饭软软糯糯，十分香甜，上面撒一层薄薄的咸香花生末，下足了食材——看得出老人的日子比以前好多了。三月三一早，趁着天未亮，十五婆便往每家每户的门槛上放一碗黑米饭。熟悉的脚步，熟悉的敲门声，熟悉的老味道，大家吃着十五婆的黑米饭，心里溢出的满满都是她的好，那些不满早已消散了。

有一年春天，十五公得了重病住院了，这个消息在大屋里传开了，大伙都很难过。如同对亲人一般的惦记和牵挂化作实实在在的行动，谁家有时间就跑一趟到医院嘘寒问暖，送点稀罕物给十五公补充营养，十五婆田里的活都搭把手抢着干。看到友邻如此热情，那年三月三，天虽下着雨，浇湿了十五婆的眼睛，但她心里却暖洋洋的，一直用壮话跟大伙说“恭稀恭稀（感谢感谢）”。

大前年的仲春，十五婆积劳成疾，病倒了，三月三的清早少了熟悉的敲门声和脚步声。越发富足的人们不再缺那碗香喷喷的黑米饭，但少了十五婆曾经不甜不黏的黑米饭味道，心里还是空落落的，三月三也变得寡淡了。

之后这几年，十五婆的病情时好时坏。后来，年老力衰的她彻底失去了劳动能力，身体也是异常虚弱。我那与十五婆要好的母亲在前几年走了，我们兄弟姐妹也各处一方，为了自己的小家去打拼。虽然如此，但友爱的接力棒在亲朋和邻居之间传递——婶娘提前做好了黑米饭，还根据自己的喜好加上炒香了的花生末和芝麻，拌上焖香的五花肉。婶娘和堂弟媳凌晨两点就起床开始捣枫叶、过滤叶渣、浸泡糯米、蒸煮米饭……做好黑米饭后，悄悄推开大门，把一碗黑米饭放在十五婆的门槛上，轻轻叩几下，又悄悄返回家中。

那天婶娘去十五婆家串门，年近九旬的十五婆张着没有门牙的嘴，感激地说：“最近老是有人在我家门口放黑米饭，色泽、味道和食材都不同，不是一个人送的，都收到好几碗了。哎，难为大家都想着我们这两个老公公老婆子……”

今年三月三，我们兄弟姐妹结伴回老家看望十五公和十五婆。老远听到十五公家中那台半导体收音机飘出《爱我中华》优美的旋律："五十六个星座五十六枝花，五十六族兄弟姐妹是一家……"

此时的太阳透过天空的云层，生出一片暖意。

牢记使命 肩负担当

——首家上海援桂企业促进民族团结进步事业发展纪实

付君洪

广西民族印刷包装集团作为首家上海援桂企业，于 1957 年 3 月 10 日在广西运营投产，时名广西民族印刷厂。65 年来，广西民族印刷厂成长为广西民族印刷包装集团，并成为国家印刷示范企业，是广西书刊印刷行业和文化产业的龙头企业。

2021 年，广西民族印刷包装集团认真学习中央民族工作会议及全区民族工作会议精神，在新起点上，以铸牢中华民族共同体意识为主线，怀使命，负担当，致力于促进广西民族文化事业繁荣发展，助力广西民族团结进步事业高质量发展。

坚守初心使命，塑造品牌优势

20 世纪 50 年代，广西工业基础薄弱。相较于民族单一省份，广西有十几个少数民族聚居，民族团结进步事业显得更为重要。文化教育事业作为基础性工程，更是重中之重。当时主持广西工作的韦国清同志认识到这些问题，争取中央支持，从上海引进数十家企业支援广西建设。1916 年在上海成立的大东书局，成为第一家援桂企业，1956 年在南宁选址（今南宁市西乡塘区明秀西路 53 号）建厂，1957 年投产，成立了广西民族印刷厂。

2010年，以广西民族印刷厂为主体，整合广西出版传媒印刷板块资源，于2011年组建成广西民族印刷包装集团。

广西民族印刷包装集团集书刊印刷、保密件印刷、印刷物资贸易、物业管理和仓储物流为一体，坚持精品印制战略，秉持为社会呈现精品阅读出版物的责任，用最好的纸张、油墨、胶、设备、工艺、技术，印制出一批批图书，质量较好，社会认可度高。

2016年以来，广西民族印刷包装集团在国家三科统编教材和人教版教材印制质量评比中始终名列全国前3名；获国家印刷示范企业、人民教育出版社印刷示范企业、《求是》杂志印制优秀单位等荣誉；印制的《桂林古建筑研究》、《广西通志》（嘉庆，全6卷）获第六届中华印制大奖铜奖；印制的《毛泽东读书笔记精讲》（4册）、《广西铜鼓》（上、下卷）、《庄子哲学讲记》荣获第七届中华优秀出版物（图书）奖；印制的《哭了笑了》《蝉声唱》等图书获第九届广西文艺创作铜鼓奖；印制的《诗化智慧》《广西历史人物大辞典》分别获第七届中华印制大奖铜奖、优秀奖；印制的《壮族科学技术史》获第八届中华印制大奖银奖；印制的《余映潮口述——用奋斗定义时光》《义教〈化学〉九年级下册》获第八届中华印制大奖铜奖；3个品种的图书被广西新闻出版局选送参评第五届中国出版政府奖获印刷复制奖；在每年“3·15”出版物印刷产品质量监督抽查活动中，印装的书刊合格率达到100%。

65年来，该集团年均印制图书近两亿册，为广西文化事业的发展，尤其是文化教育事业的发展做出了重大贡献。

党的十八大以来，该集团深入学习贯彻新时代民族理论政策，以铸牢中华民族共同体意识为主线，将印刷主业与广西出版传媒集团编、发板块业务融合，融入新时代广西出版传媒集团“一轴两平台”发展规划，为“广西出版现象”贡献力量。

弘扬以人民为中心的大国工匠精神

投产之初，该集团及时完成领袖著作、重要文献资料、红色读物，以及广西所有的壮文书刊报纸如《壮文报》、《壮文识字课本》、壮文干部培训班教材等的印制任务，结束了广西依赖外省印制课本的历史，有力地推动了民族文化事业的发展。该集团从上海带来先进的设备、工艺和管理经验，传承工匠精神和优良作风，铸就了广西印刷行业的摇篮和标尺，培养了一批又一批印刷技术人才，推动了广西印刷行业的发展。

1980 年，该集团抽调干部创建印刷专业技术学校，成为广西唯一的出版技工学校（即今广西新闻出版技工学校），培养了一批批广西本土出版技工人才。

广西民族印刷包装集团从沪到桂、从无到有、从弱到强，一次次从困难中奋起，从奋起中不断成熟，可谓“征途漫漫，惟有奋斗”。在促进广西民族团结进步事业发展的过程中，广西民族印刷包装集团坚定推动民族文化事业繁荣发展的志向，牢固树立“质量是企业生命线”的理念，艰苦奋斗，紧跟时代步伐，听党话，跟党走，持续深化企业改革，夯实推动广西民族文化事业高质量发展的基础。

不断促进民族团结进步事业走深走实

广西民族印刷包装集团的发展史，是广西印刷业发展史的一个缩影，同时也是上海支援广西工业经济发展，促进广西民族团结进步事业发展的见证。

20 世纪 60—80 年代，广西民族印刷厂的印刷技术实力长期处于领先地位，有序完成铅版印刷到平版印刷的转变，同期印制第一批双色印刷产品；装订方面进行了技术革新，完成了传统的手工铁丝钉包封到机器包封的改革。

20世纪90年代，广西民族印刷厂引进广西第一台V30八色轮转印刷机，标志着广西教材印制进入彩色印刷时代；装订工艺方面引进了广西第一条进口的无线胶订联动线，改变了传统生产方式，促进了装订生产质的飞跃。

进入21世纪，广西民族印刷包装集团结合课本质量要求高、数量需求大、印制周期短等特点，有序推进设备技术改造，不断提高印刷产能和产品质量，为图书印制工作保驾护航。

党的十八大以来，随着改革进入攻坚期和深水区，广西民族印刷包装集团坚持党建引领、实施精细化管理、落实板块融合发展、依法依规加强市场主体管理、推行“质量是企业生命线”的管理理念5个“毫不动摇”，努力向现代企业转型，提升图书精品的印制能力，企业系统性、整体性和协同性不断增强，社会认可度再攀新高。

据统计，广西民族印刷包装集团2016—2020年营收额依次为2.31亿元、2.33亿元、2.35亿元、3.01亿元、5.70亿元，年度利润持续增长。员工收入较“十二五”时期实现翻倍增长，幸福感提升，归属感增强。全员凝心聚力干事创业的氛围越发浓厚，集团的社会效益得到大幅度提升。

此外，广西民族印刷包装集团积极聘用少数民族同胞在企业就业。据统计，壮族员工在全体员工人数中的占比从2016年1月的27.69%提升至2021年9月的45.35%。截至2021年9月，回族、土家族、毛南族、苗族、仫佬族、水族、满族、瑶族等民族的职工总人数占全体职工总数的4.18%。

与时俱进促高质量发展

铸牢中华民族共同体意识是新时代民族团结进步工作的主线。广西民族印刷包装集团作为老牌国企，经过60多年的实践创造，形成了地方性、民族性、区域性“三性合一”的发展格局，是意识形态阵地建设的重要窗口。

企业一直肩负使命担当，顺应市场变革，坚决抵制非法出版物，为民族文化教育事业站好岗。

当前，广西12个世居民族文化交融更为频繁，“民族文化上的兼收并蓄、经济上的相互依存、情感上的相互亲近”越发密切，文旅融合日渐深入，为边疆地区民族文化事业发展带来新机遇。广西民族印刷包装集团与时俱进，通过“产学研”联动发展等一系列举措，促进多元文化产品市场流通，构筑各民族共有精神家园，在规模与示范效应中，形成推动民族文化教育事业繁荣发展的聚合力，推进共建铸牢中华民族共同体意识示范区，助力广西民族团结进步事业高质量发展。

老骥伏枥追梦人

黄浩云

如雷贯耳“苏大仙”

时间回到20世纪90年代末，地点是南宁市星湖路北二里8号大院，那是当时自治区民委、民语委系统广西民族报社、广西三月三杂志社、广西民族出版社三家民族文化单位（号称“一报一刊一社”）的办公地点。当时，我还是一个初出大学校门刚分配到广西民族报社工作的黄毛丫头，对于陌生的工作环境，怀有战战兢兢的心情，对报社、杂志社、出版社的编辑前辈们更是敬仰有加。三家单位挤在一个小院子里，再加上壮族作家创作促进会的牌子也挂在这里，每天人来人往，门庭若市，十分热闹。

当时苏长仙老师就住在小院内职工住宿楼第四单元四楼，我们办公楼外置的露天楼梯就横过他家的厨房窗口，每天上下班都看得见。这个“丁”字形的小院子有个不成文的规定，周末各单位职工都要出来打扫院内和门外街道，做到“门前清”。每到这时，一帮青年人，不分男女，都拖着扫把前来，打扫完毕大家都喜欢围在一个中年男子身边，听他讲故事，说笑话，唱山歌。他就是大名鼎鼎的壮族作家、诗人苏长仙老师，大家都称他为“苏大仙”。

1980年，政府恢复壮文推行工作后，苏长仙是最早一批参与创办大型民族文化月刊《三月三》的开山元老之一。在极艰苦的创业年代，他住过南宁饭店废弃的旧楼，在新华社的防空洞打过“地道战”，后又到广西社科联无人管理的招待所，四处“打游击”组稿、编稿，日夜奔波，争取《三月三》早日问世。他也是最早一个搬进星湖路北二里 8 号的。我听同事讲过这样一个故事，当年苏长仙同代理副社长韦以强合作，用新壮文书写壮族现当代文学作品。他们认为，推行壮文不能只满足于用新壮文来记录民间故事和山歌，还应该用新壮文来写现当代小说、散文和诗歌。于是就由苏长仙执笔写汉文版《卜万斤》，韦以强翻译成壮文，分三期发表在《壮文报》（即《广西民族报》壮文版前身）上，引起广泛关注，后经层层评比推荐，被评为中国作家协会和国家民族事务委员会共同主办的全国少数民族文学创作奖优秀散文奖，这是壮文创作获得的第一个全国大奖。后连同发表在《三月三》汉文版创刊号上的《卜万斤》获首届广西文艺创作铜鼓奖。紧接着，趁热打铁，苏、韦二人又到武鸣壮校（今广西民族高中）采访，找壮文创作新人韦德南等人研究创作壮文中篇小说《卜造字》，发表在《三月三》壮文版上，填补了壮文没有中篇小说的空白。此后，韦以强翻译壮文上瘾了，又提出要写壮文长篇小说，当时苏长仙正好写有一部 30 万字的汉文长篇章回小说《耀武传奇》，韦以强就拿去翻译，在《三月三》壮文版上连载，为繁荣和发展民族文学做出了贡献。

后来，苏长仙调到广西民族出版社，任汉文编辑室主任。他策划出版过很多社会效益和经济效益俱佳的好书，为促进民族出版的发展尽心尽力。在汉文图书方面，苏长仙主编了“花山文库”，出版广西各少数民族作家作品集，收录了韦其麟、蓝怀昌、潘琦等 68 位作家的作品。“当代青年文化娱乐丛书”（四卷）普及大众文化，在全国引起很大反响，荣获桂版优秀图书奖。此外，苏长仙策划、编辑的《徐志摩全集》（五卷）、《聊斋志异对照注译析》（六卷）等也得到了各方广泛好评。

作为出版家、编审，苏长仙倾尽全力把心思用在图书出版上，《中国出版符号数据库》——划时代的出版“四库全书”将其收入出版家条目，包括简历、自传、主要研究论文、结集出版的主要著作、参加国内外重大出版活动、获奖及重要贡献，共6000字。作为作家、诗人、学者，苏长仙用业余时间写了大量小说、诗歌、散文、随笔，著有长篇小说三部，出版《苏长仙诗文选》四卷、散文集《山水・风物・人情》、散文诗《云絮风花》、新诗集《新月》、民间长诗《壮族十二行情诗》及其他编著作品21种，可以说是著作等身了。他早年就加入了中国民间文艺家协会和中国作家协会，在广西乃至全国都有一定影响。中国现代文学馆前的两个巨型青花瓷瓶上刻有苏长仙的名字，馆内有收藏苏长仙著作的专柜。在内蒙古大学中国少数民族文学馆，也有收藏苏长仙著作的专柜，国家版本图书馆及广西图书馆，也都收藏有苏长仙著作。

笔耕不辍献余热

1996年，苏长仙从广西民族出版社退休。人退心不退，他离开了工作岗位，但却没有离开过他热爱的写作。2009年，他又出版了约20万字的个人文集第五卷《南国红豆美》。

2016年，蛰伏已久的他决定重返文坛，不忘初心，继续奋斗。重返文坛后第一篇文章是发表在当年3月25日《广西民族报》副刊上的《拍案惊奇说“残雨”》，这是他为老友雷猛发先生《残雨集》写的评论，从此一发不可收。2016年至今，苏长仙不服老，83岁还笔耕不辍，在《广西民族报》一共发表了57篇文章，还偶尔在《右江日报》《南宁晚报》《南宁日报》《广西日报》以及《民族文学》等报刊发表诗文。他说待凑够30万字后，还想再出版一本集子。

回归文坛之初，由于不会使用电脑打字，苏长仙都是用手写纸质稿给我们投稿。虽然广西民族出版社和我们报社同在桂春路上，但两个单位相距几百米，腿脚不方便的苏长仙只好拄着拐杖颤颤巍巍地把写好的稿件交到我们总编手里。后来总编体恤他行动不便，让他把写好的稿件用信封装好放在出版社门卫处，然后派收发员上门取件。在信息时代的今天，绝大部分的作者都是以电子版的形式投稿，他那些泛黄的手写稿件显得格外与众不同。我们总编尊他既是出版老前辈又是著名作家，能给我们投稿不易，经常都是帮他打好稿件的电子版再转发给负责编辑副刊的我。但是校对版面的时候我还是必须要对照原稿看，对于一些有疑惑或不太确定的地方我就得打电话与他沟通，这样一来二去，我们渐渐熟络起来。他对我这个资历尚浅的晚辈并没有瞧不起，非常平易近人、和蔼可亲，都是用乐呵呵的语气与我交谈。作为编辑，我知道作家最不喜欢自己的文章被删改，所以除了错别字和有疑问处，我几乎不敢改动。他似乎洞察出我的怯意，反而经常鼓励我要大胆改动，根据版面需要做删节。

在看原稿时，我注意到他总会附一页关于文章写作的心得体会在稿件前。比如那篇《当今天下第一美文〈为人民服务〉》，他会在前言中说明是为了纪念建党95周年而作，在文章的构思布局中会有哪些创新写法等等。文章看得多了之后，我发现这个80多岁的老人紧跟时代，关心国家大事，具有家国情怀，对国家对民族怀有深深的热爱之情，并且才思敏捷、行文流畅。最令我佩服的是，作为一个从事写作几十年的老作家，他每写一文还求新求变，依然保持着对写作的热爱和执着。

到了2018年，苏老的手写稿就开始少了。原来，他为了减轻我们的工作量，让孙女用电脑帮他把手写稿打成电子版再转发给我。再后来，他自己学会使用智能手机并安装了微信，就经常通过微信给我发稿件。因为手机有手写输入法，他便直接用手机一个字一个字地写作，一篇两三千字的文章往往需要一天才能完成。尽管如此不易，他还是坚持用这个土办法写出了许多有分量的好文章，比如发表在广西民族报副刊的《山外泼墨写大明》（2019年4月5日）和《〈南宁，您好〉好南宁》（2019年7月5日），还有发表在《民族文学》2019年第8期的《放歌右江“小平号”》等几千字的大文章，都是他这样辛苦创作出来的。苏老这种活到老学到老、勤奋执着的精神着实让我由衷钦佩，是我等编辑后辈的学习榜样。

出谋划策赛神仙

自从有了微信，我和苏老的交流就开始多了起来。作为编辑老前辈的他真是一位良师益友，经常给我提出一些非常有建设性的建议。他说报纸副刊要有个好刊名，如《人民日报》的叫“大地”，《羊城晚报》的叫“花地”，《广西日报》的叫“花山”。他还说，“岜莱”是壮语“花山”的音译，如果《广西民族报》用“岜莱”作为副刊名，具有很浓的民族特点和地方色彩，会给读者以鲜明而深刻的印象。后来我把他的建议转达给报社领导，报社采纳了意见，把原来的副刊名改成了现在的《岜莱副刊》，果然深受读者和作者的喜爱。

后来报社领导说，我们要多发表名家名作，以提升《广西民族报》的知名度，引领、带动民族文化爱好者参与到繁荣民族文化的行列中来。于是我找到苏老商量，说《岜莱副刊》需要名家扶持，他二话不说立马就列出了一批名单，排在首位的就是广西著名文化学者彭匈。他亲自打电话跟彭匈约稿，很快我们就收到彭匈接连发来的六篇文稿，我们陆续在《岜莱副刊》头条发表。之后，我们又邀苏老写评论，于是，就有了那篇《报屁股的文章家》。可惜正当这两位热心于民族文化事业的老作家为《岜莱副刊》倾力相助的时候，彭匈却因病不幸去世。噩耗传来，广西新闻界、出版界、文学界一片震惊和悲痛，苏老执笔撰文《长歌当哭祭彭匈》悼念彭匈先生。可以说，苏老为《岜莱副刊》操碎了心，尽心又尽力。

苏老经常鼓励我说，不要小瞧自己的工作，报纸副刊是培养作家的摇篮，也是作者耕耘创作的园地。许多后来功成名就的大作家，其处女作、开山之作往往都是在报纸副刊上首发的。比如鲁迅名著《阿 Q 正传》、郭沫若早期名诗《凤凰涅槃》等都是先在副刊上发表的。苏老自己的处女作《赏月》，也是发表在《南宁日报》副刊《凤凰》上。虽然那只是一首几百字的散文诗，但对他的鼓舞极大，激励他后来走上文学道路。在苏老的身上我看到了老一辈民族文化工作者的民族热情和文化自信，这些正能量也深深感染了我，激励着我。

最近，听闻苏老要出版他的散文集《劲草》，在其扉页上，印有一首小诗《劲草》——

我同春共荣，
我与冬同好。
敢同疾风较劲，
还与暴雨同老。
朋友送我条幅，
都称我为“劲草”！

短短几行诗，却道尽他毕生的做人原则和个性光芒！

“南漂”创业　低调慈善

——记广西阿斯古丽餐饮有限公司总经理阿斯古丽

何宗威

2021年7月16日下午，在南宁市江南大道邕州老街，一群穿着各式各样民族服装的志愿者唱着高亢的红歌，跳着美妙的民族舞，成为邕城之夏一道亮丽的风景线，吸引了众多路人驻足观看。原来，这里正举行党史巡展和志愿服务活动，文艺舞台上维吾尔族姑娘的曼妙舞姿吸引了众人的眼球。

“跳新疆舞蹈的是南宁阿斯古丽美食城的维吾尔族姑娘们。这是她们的老板娘阿斯古丽，她是一位非常有爱心的慈善人士，今天特地来参加本次公益活动。”南宁星期六爱心公益志愿者协会副秘书长何武说。

为攒万元，“南漂”广西

阿斯古丽的本名是阿斯亚木·艾则孜，“古丽”的维吾尔语含义是“花朵”，所以大家都习惯叫她阿斯古丽。

阿斯古丽是维吾尔族人，来自新疆伊宁市农村，由于母亲去世得早，她过早地尝到了人间的酸甜苦辣。

1997年，22岁的阿斯古丽在农村老家结婚。婚后夫妻俩到伊宁市一家餐厅打工谋生。她一直有一个愿望，就是打工攒够1万元，然后开一家属于自己的新疆风味美食店。后来听说北京挣钱比伊宁多，于是他们决定到北京发展。

2003 年，“非典”暴发，阿斯古丽夫妇当时在北京一家新疆饭店打工。受疫情影响，餐馆无法正常经营，阿斯古丽夫妇也为此失去了工作。她曾经想过返回新疆老家，但这样做打工攒 1 万元开店的计划就会泡汤；可是继续留在北京，没有了收入生活就会很难继续。正当阿斯古丽拿不定主意的时候，弟弟给她传递一个好消息，他朋友的爸爸想在广西桂林开一家新疆风味饭店，请阿斯古丽南下桂林帮忙掌勺。

为了实现愿望，不久阿斯古丽夫妇就南下广西桂林市。经过几天选址，他们在桂林电子科技大学附近找到一个店面，经过装修等准备工作后，一家新疆风味餐饮店开张了。由于经营餐饮业很辛苦，老板在一年之后把餐饮店转让出去，新老板让阿斯古丽夫妻留下来继续做厨师工作。那时候，阿斯古丽正在怀二胎，由于反应比较大不能正常上班，一家人的收入只有丈夫每月 800 元的工资，不够支付每个月的房租、大女儿的学费和家庭的日常开支等费用。为此，丈夫把新疆葡萄干、核桃批发回来，每天上午 9 点上班前在自己上班的餐饮店门口零售。没想到，这么一试竟然引来了好生意，接下来一段时间生意一直不错。于是他对阿斯古丽说：“你在家这样躺久了对身体也不好，不如上午出去卖葡萄干。”阿斯古丽觉得这主意不错，于是她租下一个临时小摊位，白天卖葡萄干、核桃，晚上卖羊肉串，就这样开始走上了创业之路。

开美食店，夙愿实现

如此坚持一年之后，阿斯古丽终于攒了 1 万多元，这时候她的二女儿已经出生 9 个多月。有了开店的本钱，阿斯古丽决定实现她的愿望，开一家新疆风味美食店。经过多方寻找，她在桂林理工大学附近租下一个门面。经过简单装修之后，一家新疆风味美食店如期开张。

阿斯古丽的店里出售烤羊肉串、大盘鸡、馕等新疆美食，由于这些美食在桂林少有，加上她服务态度好，食品质优价廉，美食店甫一开张即一炮走红，口碑很快传遍学校及周边居民区，生意开始火爆起来。经过 10 来年的持续打拼，阿斯古丽经营的新疆美食店逐步扩大经营，她也赚到了创业的第一桶金。

2015 年她转移到首府南宁，在明园新都开了一家面积 300 平方米的新疆风味美食城，名字就叫"阿斯古丽"。

"一开张就特别火爆。"每每回忆起当初在南宁开店的情况，阿斯古丽总是津津乐道、幸福洋溢，满脸的成就感。至今，她的美食城一直生意火爆，客人就餐需要排队等候或者提前预约，否则没有座位。

阿斯古丽新疆美食城有 30 多名员工，其中一半是维吾尔族，另一半是广西各个民族。阿斯古丽把他们视为兄弟姐妹，除了按时发放工资，还拿出营业额的 2% 给大家发奖金。

融洽相处，其乐融融

刚开始创业的时候，阿斯古丽每天在出租屋里串羊肉。羊肉腥膻味比较重，因此引来一位女邻居"投诉"。阿斯古丽知道后，主动请女邻居到店里吃烤羊肉串，慢慢地，她们竟然变成了好姐妹。

女邻居叫王莉蓉，因与阿斯古丽成为好姐妹而爱上羊肉美食，以至于后来怀孕时只吃羊肉，少吃其他肉类，从此成为阿斯古丽美食店的常客。不久，女邻居生下一对龙凤胎，孩子会走路后她经常带他们光顾阿斯古丽的美食店。

"吃不吃羊肉？"每次见到女邻居的孩子，阿斯古丽总是这么问。

"吃！"龙凤胎也总是这么异口同声地回答。

"以前总是嫌我们的羊肉腥，现在怎么样啦？好吃了吧！"每当听到孩子们干脆的回答时，阿斯古丽就用开玩笑的口吻对已经成为自己好姐妹的女邻居这样说。

“每次来到，孩子们除了吃烤肉串、喝羊汤，还特别爱吃馕，并把馕称为‘阿斯古丽妈妈的饼干’。”阿斯古丽笑呵呵地说。

除了女邻居，阿斯古丽的房东一家对她也是非常关心。房东姓陈，是一位教师，阿斯古丽叫他陈老师。

“我刚刚创业的时候很忙，房东家经常帮我带孩子，帮孩子洗澡，他们对我非常好。”阿斯古丽说，“到了年三十，房东还把自己养的鸡给我宰杀，晚上我把做好的新疆大盘鸡和手抓饭带到房东家共进除夕晚餐，感觉就像一家人。”

“陈老师很简单，很普通。”阿斯古丽说。因为离开桂林许久了，去年阿斯古丽再次到桂林的时候，之前的好朋友相聚在一起，大家见面都感动得哭了。

心存感恩，低调慈善

2013 年的一天，阿斯古丽在桂林读小学的小女儿放学回家见到妈妈的第一句话就是：“妈妈，能不能给我一些钱？我们学校一名男生病了需要给他捐款。”阿斯古丽听后立即给了女儿 100 元钱，可是女儿觉得太少了，央求说：“妈妈，你能不能给我多一些钱？”

“你说多一些是多少？”阿斯古丽追问道。

“500 元。”女儿细声地说，面露怯色，因为 500 元钱对于一个小学生来说已经是一个天文数字。

原来，女儿所在学校的一名男生得了尿毒症，老师号召全校师生捐款。阿斯古丽了解具体情况后，立即给患病学生家长的银行账户汇去了 2000 元钱。

"我们离开新疆到广西创业的时候遇到了很多困难，广西各民族兄弟姐妹都帮助过我们，所以我很感恩他们。刚开始打工的时候自己没有能力去帮助别人，现在自己有能力了就要去帮助别人。"阿斯古丽如此说，"钱这东西没有不行，有多了到你快死的时候它也救不了你。来到这个世界的时候我什么也没有带来，离开的时候什么也带不走，只能带走我所做的好事和坏事。"所以，她有了一定的经济能力就开始做慈善。

患病男生的妈妈收到阿斯古丽的捐款后非常感激，后来专程骑着电动车到她的店面致谢，一下车就紧紧拥抱着阿斯古丽，双眼噙着泪水说："谢谢你的帮助！"男生的妈妈还特地给她送来红薯粉、米辣椒等广西特产。

阿斯古丽深深感受到帮助别人带来的幸福和快乐，她做慈善因此而起，并从此不辍。

作为民族团结进步的典型代表，桂林有重大活动的时候，阿斯古丽都成为被邀请参加的对象。

有身边的朋友问："你在广西过得好吗？"

"安心，放心，开心。"阿斯古丽总是脱口而出。她说这6个字除了表达自己的心声，也是其他新疆兄弟姐妹的心声。

共渡难关，因爱得福

2020年初，新冠肺炎疫情暴发。为了全面抗击疫情，全国各地餐饮、影院、娱乐等场所暂停开放，阿斯古丽的美食城也受到波及。此时离春节已经没有几天，美食城已经接到几桌年夜饭的订单，为了配合抗疫，阿斯古丽通知员工停业休息一个星期。在此期间，为了解疫情她天天收看新闻，感觉形势不容乐观。后来听一位医生朋友说，这场疫情估计要持续一段时间。得知这消息时，阿斯古丽几乎被吓蒙了——她刚刚从新疆采购了价值30万元的绵羊肉，到底该怎么办？她不得不做最坏的打算：美食店破产，她再一次去打工。

当她了解到新冠病毒传染性强，人必须佩戴口罩、保持距离、注意消毒时，整个美食城却连一个口罩、一瓶酒精都没有，而药店里这些东西早已被抢购一空。面对这突如其来的疫情，阿斯古丽顿时感到很无助。突然间，她想起了微信朋友圈，于是发了一则求助信息，希望爱心人士提供口罩和消毒酒精。消息发出不久，果然陆陆续续有人给阿斯古丽送口罩、酒精。这时候，阿斯古丽突然做出一个决定，万一疫情结束之日遥遥无期，采购的羊肉冻久了会变得不新鲜，不如现在就把羊肉全部赠送出去，这样以后还有客人想起她的羊肉美食。于是，她号召因疫情不能返乡的新疆员工返岗工作，每天烤羊排、羊肉串，然后送到南宁急救医疗中心、辖区公安机关、医疗单位等抗疫第一线。与此同时，阿斯古丽把赠送羊肉串的消息发在朋友圈。结果一石激起千层浪，有公安、医生、老师等微信好友纷纷留言表示“我们也想吃羊肉串了”。就是这么简单的一句话，顿时给阿斯古丽带来了极大的鼓舞。“因为他们信任我的美食没有问题，所以我很开心地送出羊肉美食，希望很快把肉加工送完。”她说。

没有想到，阿斯古丽刚刚送出约 10 万元的烤肉，2 月 24 日，南宁餐饮业就可以进行堂食营业了。因为她送出 10 万元的烤羊肉吸引了朋友圈的众多吃客，大家期盼已久，美食城恢复营业后食客暴满。

春节期间，餐饮业大多备足食材以供客人消费。新冠肺炎疫情发生后，许多行业受到较大影响，其中餐饮业首当其冲。许多餐饮店面由于无人问津，大量预备的食材只能低价贱卖。然而，疫情无情，真爱有价，阿斯古丽因爱得福。

“很多人说我帮助别人，其实就是帮助自己。我已经做了倒闭的打算，所以才想把东西都送出去，谁知道我这无意中的举动，使美食城恢复营业后就食客暴满了。”阿斯古丽说。

爱心恒在，慈善不止

2021 年 7 月，河南持续遭遇强降雨天气，郑州等城市发生严重内涝，人民的生命财产安全受到严重威胁。灾情牵动着全国人民的心，也牵动着广西各族人民的心。7 月 23 日，广西各界爱心人士、爱心组织、爱心企业紧急筹措一批应急物资并及时向河南运送，表达了广西各族人民的一份心意。这一次，阿斯古丽捐了方便面和矿泉水各 100 箱。她说：“因为我看到了河南那边的洪水，就想着要帮助他们。我们都是中国人，也是一家人，一方有困难的时候大家一起联手帮忙，一起渡过难关。”

阿斯古丽做慈善不分时间和领域，捐助面涵盖孤寡老人、贫困家庭、智障儿童。捐资助学、见义勇为，只要有能力，她都尽力而为。十多年来，她一直在做慈善的路上。

“我每年花超过 10 万元去做慈善。”她认真地对记者说。

从外来摆摊青年到政协委员

——维吾尔族80后买买江·吾曼尔江的柳州奋斗史

苏格真　覃剑锋　覃振江

在柳州市柳北区北雀路的江景美食城，“买买江维式烧烤店”的招牌格外醒目。在这里，独特的新疆风味征服了众多柳州人的味蕾。热情好客的店主是一名新疆籍维吾尔族 80 后青年，他叫买买江·吾曼尔江，已扎根柳州 18 年。从路边摊摊主成长为连锁店店主，从毛头小伙成长为“民族团结模范”、政协委员，他创造了一段民族团结、各民族群众交往交流交融的佳话。

买买江·吾曼尔江的老家位于天山脚下的新疆维吾尔自治区乌鲁木齐市，他的家族跟柳州有着特殊的缘分。20 世纪 90 年代，他的哥哥就开始在柳州摆烧烤摊谋生。1997 年初中毕业后，他开始盘算到柳州寻求发展。终于在 2003 年，他跟随哥哥坐了整整 5 天的火车从乌鲁木齐来到柳州。从天山到雀儿山跨越 3000 多公里，他刚开始饮食、语言、文化上都不习惯，后来一点一滴慢慢融入当地生活，现在能说一口标准的普通话，能听懂大部分的柳州话。也许是柳州散发的独特魅力吸引着他，让离家千里的他安心在柳州打拼生活，2012 年他与新疆姑娘米热帮古丽·吾布力结婚后生下美丽可爱的女儿，2018 年他把一家三口的户籍迁到柳州，成了一个地道的柳州人。

从路边摊到连锁店

在柳州期间，买买江·吾曼尔江先是在哥哥的烧烤摊里当学徒，然后和来自新疆的兄弟们摆烧烤摊，在很多老柳州地标留下了自己青春的记忆。因为手艺好，之后便和朋友合伙开了一家新疆烧烤店。原本顺风顺水，却不料哥哥在2016年突然离世，这让他一度陷入悲痛之中。接着，他的烧烤店因为城市建设需要必须拆迁，诸多问题如潮水般涌来。“就在最困难的时候，地方政府相关部门一次次上门，实地了解和解决我的困难，让我在柳州的创业之路越走越顺畅。”买买江·吾曼尔江的话语间充满了感激。在各方支持下，2018年，买买江·吾曼尔江开始独自创业，开了一家新疆烧烤店，并创建了自己的品牌。2019年，他审时度势，将重心转移到条件更加利于自己事业发展的柳北区，分别在北雀路、白沙路等处开设了3家连锁店，事业做得风生水起。

从人名到店名

甘甜的天山雪水与清澈的柳江水交替滋养着买买江·吾曼尔江，使他养成了豪爽、大气的性格。熟悉他的人都会对他标志性的真诚憨厚的笑容印象深刻。“我在柳州发展得好，关键靠政府，靠我的好人缘。”他经常说。他用自己的名字作店名，是希望用自己的好人缘做招牌，宣传民族美食，结识更多朋友，更好地发展事业。

因为烧烤店的生意关系，多年来他的足迹踏遍柳州各个角落，他坚持生意做到哪里，朋友就交到哪里。2019年，他认识了柳北区解放街道派出所民警吕介良。吕警官把他的女儿到托儿所上学、将户口从新疆迁来柳州等事情当成自己的事挂在心上，与他真心实意交朋友，为他提供了很多帮助。多次来往以后，他们俩的孩子现在也成了好朋友。2021年5月，他和店里的新疆员工想接种新冠疫苗。因担心他们日常语言交流不顺畅，烧烤店所在的胜利街道星望社区的志愿服务队员主动带领他们前往疫苗接种点，在疫苗接种现场耐心解答他们的疑问，并协助完成登记、填表等手续，让他们身在异乡也能感受到温暖和关爱。2021 年 8 月，他在白沙路的烧烤店面因施工队施工损坏了部分墙体，在柳北区民宗局和跃进街道的协调下，施工单位很快进行了修缮，使他得以安心地经营。在他的店里，有一位壮族大姐名叫韦桂成，从 2016 年开始一直跟随他务工。工作之余，他们两家人经常聚餐聚会、互帮互助，两家人就像一家人一样。2021 年 11 月，他与一个柳州本地汉族朋友合伙在江景美食城开的烧烤总店扩大规模、重新装修，这次合作共赢碰撞出了绚丽的火花。可以说，他在柳州的亲身经历，真正诠释了“远亲不如近邻”这句中国古话。

从雪莲花到紫荆花

圣洁的雪莲花是新疆的象征，绚丽的紫荆花是柳州的市花，从新疆来到柳州发展的买买江·吾曼尔江深深感受到民族团结进步的事迹就像花儿一样绽放，他也愿为浇灌民族团结进步之花贡献自己的力量。“柳州是我的第二故乡，我要做些力所能及的事来回馈它。”买买江·吾曼尔江是这样说的，也是这样做的。

2020 年，新冠肺炎疫情肆虐，他自发给柳州各大高速路口防疫检查站的执勤人员送去热乎的烤馕、烤串和饮料，与柳州各族同胞携手共抗疫情。2021 年 7 月 4 日凌晨，他带领烧烤店的新疆籍员工来到刚刚遭遇洪灾的柳江河堤与环卫工人一道清理淤泥，并给环卫工人送上矿泉水和手抓饭。他经营的烧烤店积极吸纳各族群众就业，已先后解决近 30 人的就业问题。

从老板到政协委员

2021 年，在柳州市民宗委、柳北区民宗局和胜利街道、星望社区的帮助下，买买江·吾曼尔江依托江景美食城烧烤总店，打造了买买江“石榴红”联络站。他作为站长，经常在店内开展政策宣传、情感沟通、文化交流、意见收集等活动。各民族同胞经常在此举办美食、歌舞联谊会，开展“我教你学普通话，你教我学新疆话”等活动，该店成为一座各族群众交往交流交融的“连心桥”。他本人也因热心公益事业、积极参与民族团结进步活动，于 2021 年 8 月当选柳北区政协委员，以参政议政的崭新姿态进一步融入开放包容的柳州。

“新疆是个好地方，柳州是第二故乡，祖国处处是家园”，买买江·吾曼尔江的店中挂着这几句话。“我还想开一个更大更好的新疆餐厅，回报我的家乡新疆和柳州。”买买江·吾曼尔江动情地说。有柳州浓厚的民族团结进步氛围作为坚强后盾，我们相信他的愿望一定很快就能实现。

图书在版编目（CIP）数据

石榴花　石榴红：铸牢中华民族共同体意识广西故事集 / 本书编委会编．—南宁：广西民族出版社，2022.10

ISBN 978-7-5363-7605-2

Ⅰ.①石…　Ⅱ.①班…　Ⅲ.①故事—作品集—中国—当代　Ⅳ.①I247.81

中国版本图书馆CIP数据核字（2022）第164376号

石榴花　石榴红

铸牢中华民族共同体意识广西故事集

本书编委会　编

出 版 人：石朝雄
责任编辑：黄一清　宾伟贤
装帧设计：张文昕
责任印制：刘文峰
出版发行：广西民族出版社
地址：广西南宁市青秀区桂春路3号　邮编：530028
电话：0771-5523216　传真：0771-5523225
电子邮箱：bws@gxmzbook.com
印　　刷：广西民族印刷包装集团有限公司
规　　格：787毫米 ×1092毫米　1/16
印　　张：17.75
字　　数：242千
版　　次：2022年10月第1版
印　　次：2022年10月第1次印刷
书　　号：ISBN 978-7-5363-7605-2
定　　价：48.00元

※ 版权所有 · 侵权必究 ※